D1937796

Prof. Dr. Klaus Burghart

UNTER DEM DEUTSCHEN REICHSADLER

Prof. Dr. Klaus Burghart
(Herausgeber)

UNTER DEM DEUTSCHEN REICHSADLER

100 deutsche Hauptstädte in Geschichte und Gegenwart

DSZ Verlag

© 1996 by DSZ-Verlag, 81238 München
Alle Rechte bleiben vorbehalten.
Druck: DSZ Druck GmbH, 81238 München
Printed in Germany
ISBN 3-925924-13-2

Einleitende Worte

Planmäßig gezüchtete Geschichtslosigkeit führt dazu, daß vielen deutschen Zeitgenossen beispielsweise beim Stichwort AACHEN der Karneval mit dem »Orden wider den tierischen Ernst« einfallen dürfte,wohl kaum aber, daß in den Mauern der altehrwürdigen Stadt über mehr als sieben Jahrhunderte die deutschen Könige gekrönt wurden und Aachen im hohen Mittelalter als Haupt des Deutschen Reiches (caput regni Theutonici) galt.

Wer weiß schon, daß PRAG einst unter dem deutschen König und Kaiser Karl IV. zur Metropole des Deutschen Reiches aufstieg und daß in der Hauptstadt Böhmens noch Mitte des 19. Jahrhunderts überwiegend Deutsche lebten? Daß WIEN Hauptstadt der Republik Österreich ist, kann als bekannt vorausgesetzt werden; auch, daß Wien als Residenz der deutschen Kaiser bald ein halbes Jahrtausend die Hauptstadt des Heiligen Römischen Reiches Deutscher Nation war?

Opfer der herrschenden Radikalumerziehung dürften nicht die leiseste Ahnung haben etwa von der überragenden Bedeutung, die FLENSBURG 1945 bei Ende des Zweiten Weltkriegs zukam – zwar nur für wenige, doch für entscheidende Wochen –, als die Stadt im hohen deutschen Norden Sitz der Reichsregierung unter Reichspräsident Großadmiral Karl Dönitz war. Von Flensburg aus wurde die Endphase der größten humanitären Rettungstat über See in der Geschichte der Menschheit geleitet, welche Millionen aus dem Osten vor dem Verderben bewahrte.

Das vorliegende Buch spannt den Bogen von den alten Reichsmetropolen bis hin zu Berlin, das als deutsche Hauptstadt wiederaufersteht, von historischen Residenz- und gegenwärtigen Landeshauptstädten des gesamten deutschen Bereichs Mitteleuropas (einschließlich der Provinzen, die fremder Gewalt unterworfen sind) bis hin zu den Hauptorten des Deutschtums im europäischen Osten und Südosten sowie in Übersee und den Verwaltungszentren ehemaliger deutscher Besitzungen in Afrika, Asien, Ozeanien.

Anspruch auf vollständige Behandlung des Themas »deutsche Hauptstädte« wird nicht erhoben; angesichts der überwältigenden Vielgestaltigkeit deutschen Volksgebietes und deutscher Geschichte kann das im Rahmen dieses Buches auch nicht erzielt werden. Hinweise der Leserschaft für weitere Auflagen bzw. einen etwaigen Fortsetzungsband werden gern berücksichtigt.

Möge das Werk dazu beitragen, einer bewußt inszenierten Unkenntnis entgegenzuwirken, durch die man insbesondere junge Deutsche um dringend notwendiges geschichtliches Wissen betrügen will.

Inhalt

Aachen

Krönungsort von 37 Königen und Kaisern

Aachen gehört zu den ältesten Städten Deutschlands. Lange bevor die Römer zwischen 89 und 120 unserer Zeitrechnung im Gebiet der warmen Quellen des Aachener Kessels ihre Militärbäder bauten, war hier vermutlich ein keltischer Heiligtumsbezirk. Sicherer ist, daß zu Cäsars Zeiten dort Germanen vom Stamm der Eburonen wohnten. Frühchristliche Grabsteine aus dem 4. und 5. Jahrhundert beweisen, daß es eine kleine Christengemeinde bei einem Kultraum in einer römischen Badeanlage gegeben hat. Über die Zeit nach dem Abzug der Römer ist recht wenig bekannt.

Unter dem Frankenkönig Pippin bestand in Aachen eine Pfalz, die Karl der Große zur Residenz seines Reiches machte. Die wichtigsten Gebäude waren die Pfalzaula (Königshalle) von 798, die Hofkapelle (um 800) und das Königsbad. Im Mittelpunkt lag der heutige Katschplatz (Pranger). Die Pfalzaula ist in den Grundmauern des Rathauses erhalten, der Pfalzkapelle entspricht das Oktogon des Doms, und das Bad lag an der Stelle des heutigen Kaiserbades. Mit der Königshalle war der Wohnbereich des Kaisers verbunden, von dem der Granusturm erhalten geblieben ist. Der Aachener Dom zählt zu den bedeutendsten europäischen Kulturdenkmälern. Vorbilder des zweigeschossigen Oktogons, das in den Außenmauern von einem Sechzehneck ummantelt ist, sind Kirchen in Ravenna und Konstantinopel. In den Bogenöffnungen der doppelten Galerien befinden sich antike Säulen aus Ravenna und Rom. Aus karolingischer Zeit sind die Bronzegitter der Obergeschoßöffnungen und die Bronzetüren erhalten. Die Gebeine Karls des Großen ruhen im Karlsschrein (1165-1215).

Aachen wurde unter Karl dem Großen zu einem europäischen Zentrum der Kunst, der Wissenschaft und der Kultur. Im Jahr 881 wurde Aachen von den Normannen geplündert. Einen erneuten Aufschwung nahm die Stadt, als sich Otto der Große 936 hier zum König salben ließ und Karls Erbe antrat. Mit der Heiligsprechung Karls des Großen durch den Kölner Erzbischof Rainald von Dassel verlieh Friedrich Barbarossa den Aachenern 1166 das Stadtrecht. Aachen erhielt einen ersten Mauerring, die Barbarossa-Mauer, deren Verlauf noch an den »Graben«-Straßen erkennbar ist.

1250 erteilte der deutsche König Wilhelm von Holland den vom Rat beschlossenen Statuten seine Zustimmung. Dennoch bestanden Vogt und Schultheiß als königliche Beamte fort. Im Mittelalter zählte Aachen mehr als 100 000 Einwohner. Es hieß »des Heiligen Römischen Reichs freie Stadt« und spielte im Rheinischen Städtebund eine hervorragende Rolle. Von Ludwig dem Frommen (813) bis Ferdinand I. (1531) wurden in Aachen 37 deutsche Könige und Kaiser gekrönt. 17 Reichstage fanden hier statt. Im hohen Mittelalter wurde Aachen als »caput regni Theutonici« (Hauptstadt des Deutschen Reiches) bezeichnet. Im Jahr 1450 erzwangen die Zünfte durch einen Aufstand Anteil an der Regierung der Stadt. Die Reformation fand über die Zuwanderung niederländischer Glaubens-

Das Rathaus zu **Aachen.**

flüchtlinge Eingang. 1587 wurde gar der katholische Magistrat verjagt, worauf 1588 die Reichsacht über Aachen verhängt und vom Kurfürsten Ernst von Köln vollstreckt wurde. 1605 wies der Reichshofrat sämtliche Protestanten aus der Stadt. Als während des jülischen Erbstreits durch die Nähe protestantischer Heere die Protestanten erneut die Oberhand gewannen, wurden spanische Truppen unter Spinola aus den Niederlanden herbeigerufen und durch sie 1614 das Edikt des Reichshofrats vollzogen.

Die Verlegung der Krönungen nach Frankfurt, die Religionsstreitigkeiten und eine große Feuersbrunst 1656 führten Aachens Verfall herbei. Im Jahr 1793 und erneut 1794 besetzten die Franzosen die Stadt. 1801 wurde sie durch den Lunéviller Frieden französisch und Hauptstadt des Départements de Roer. Im Jahr 1815 fiel sie an Preußen.

Zwei Friedensschlüsse tragen den Namen Aachens. Der erste Friede von Aachen beendete am 2. Mai 1668 den sogenannten Devolutionskrieg Ludwigs XIV. gegen Spanien, wodurch er sich mit einem Teil Flanderns begnügen mußte und Spanien die Franche-Comté zurückerhielt. Der zweite Friede von Aachen, am 18. Oktober 1748 zwischen Österreich, England, Holland und Sardinien einerseits und Frankreich, Spanien, dem Herzog von Modena und der Republik Genua andererseits abgeschlossen, beendete den Österreichischen Erbfolgekrieg. Die Pragmatische Sanktion Kaiser Karls VI. wurde von allen Mächten anerkannt.

Im 18. Jahrhundert wurde Aachen zum Mode- und Gesellschaftsbad. Mehrere Bäder sind 1723-24 zum »Herrenbad« (im Gegensatz zum »Armenbad«) zusammengefaßt worden. 1825-27 baute man den Elisenbrunnen, einen Säulenbau im antiken Stil nach den Plänen Karl Friedrich Schinkels. Hier befindet sich heute ein öffentlicher Thermaltrinkbrunnen.

Vom 29. September bis 21. November 1818 fand der Aachener Kongreß statt, zu welchem die Monarchen von Österreich, Rußland und Preußen persönlich erschienen. Frankreich trat der Heiligen Allianz bei. Es wurde ferner beschlossen, den für 1820 vorgesehenen Abzug der Okkupationstruppen vorzuziehen und die französischen Reparationszahlungen von 700 auf 265 Millionen Francs herabzusetzen.

Das gotische Rathaus wurde im 17. und 18. Jahrhundert als Barockschloß umgestaltet. Bei der Restaurierung im 19. Jahrhundert wurden diese Veränderungen wieder beseitigt. Die Nordfassade ist mit Statuen deutscher Herrscher geschmückt. Im Inneren gibt es neben verschiedenen Prachträumen aus dem 18. Jahrhundert den berühmten Krönungssaal (Reichssaal), einen der schönsten mittelalterlichen Saalbauten. Es wurde von 1816 bis 1859 mit Historienmalereien ausgestattet (Karlszyklus A. Rethels).

Im Zweiten Weltkrieg zerstörten 77 Bombenangriffe die Stadt zu 60 Prozent. Beim Wiederaufbau wurden viele Kulturdenkmäler erneuert. Zum Stadtbild gehören auch heute zahlreiche Brunnen. Das älteste Aachener Haus ist das gotische Haus Löwenstein (1344-1345). Der »Postwagen«, ein rekonstruiertes Holzhaus, stammt aus dem Jahr 1675 und liegt zwischen Rathaus und Granusturm. Heute hat Aachen rund 250 000 Einwohner.

Amsterdam: Dam mit Königlichem Palast (oben), Leidscheplein (unten).

Amsterdam

Hauptstadt der Niederlande

Amsterdam war noch zu Anfang des 13. Jahrhunderts ein Fischerdorf im Besitz der Herren von Amstel. In der Mitte desselben Jahrhunderts erhob es sich dann zu einem Ort mit städtischen Rechten. Wegen der Teilnahme Gysberts van Amstel an der Ermordung des Grafen Floris von Holland 1296 von den benachbarten Kennemers überfallen und verwüstet, kam es bald darauf (1311) mit Amstelland an die Grafen von Holland, die der Stadt viele Vorrechte gewährten.

Im 14. Jahrhundert wuchs Amsterdam insbesondere durch die Einwanderung Brabanter Kaufleute. Seit 1369 war die Stadt Mitglied der Hanse. Im Jahr 1421 brannte unter Johann von Bayern ein Drittel der Stadt ab, die sich jedoch bald darauf wieder erholte. Kaiser Maximilian I. verlieh ihr 1490 die kaiserliche Krone als Helmschmuck ihres Wappens. Die eigentliche Blüte Amsterdams begann nach dem Abfall der Niederlande (1566). Die Größe Antwerpens wurde vernichtet und eine bedeutende Zahl achtbarer Bürger war gezwungen, aus Flandern auszuwandern und für ihren Glauben und ihre Sicherheit einen neuen Lebensraum zu finden. Die rücksichtslose Verfolgung durch die Spanier vertrieb eine Vielzahl geschickter Handwerker und erfolgreicher Kaufleute aus ihrer Heimat und lähmte ihr Interesse, weiter unter dem Dach des Heiligen Römischen Reiches Deutscher Nation leben zu wollen. Der Westfälische Friede beendete diese Epoche 1648 auch formal. Rund acht Jahrhunderte war das Gebiet der Niederlande, deren Einwohner fränkischen, sächsischen und friesischen Stammes sind, Teil des ersten Deutschen Reiches.

Infolge der Waffenruhe (1609) und der Stiftung der Ostindischen Kompanie (1602) schwang sich dann Amsterdam zur ersten Handelsstadt der Vereinigten Niederlande empor. Die Stadt wuchs bis 1622 zu einer Metropole mit über 100 000 Einwohnern heran. Die Versuche des Engländers Leicester, sich 1587 der Stadt durch Verrat, und des Prinzen Wilhelm II., sich ihrer 1650 durch Überrumpelung zu bemächtigen, scheiterten an der Klugheit der Bürgermeister Hoest und Bitter, und schadeten, wie auch Ludwigs XIV. drohender Eroberungszug (1672), nur wenig. Der stark wachsende Kolonialhandel machte sie schließlich sogar zur ersten Handelsstadt im Westen Europas. In dieser Zeit dehnte sie sich bis zum alten Festungsgürtel an der Singelgracht aus. Im 18. Jahrhundert ging die Bedeutung Amsterdams als Stapel- und Zwischenhandelsplatz weitgehend verloren. Dennoch blieb es einer der bedeutendsten Handelsplätze Europas. Die Besetzung durch französische Truppen (1797) und die Annexion durch Frankreich zerstörten Amsterdams Handel und Wohlstand. Erst Mitte des 19. Jahrhunderts nahm die Stadt mit der Eröffnung neuer Binnenwasserstraßen einen neuen Aufschwung.

Von den Verwüstungen des Ersten Weltkriegs blieben die Niederlande und damit auch Amsterdam völlig verschont, und auch der Zweite Weltkrieg hinterließ hier weniger Spuren als anderswo. Die Zahl der Einwohner erreichte 1960 mit 869 600 einen Höhepunkt.

Apia: Der Hafen von Apia (oben), samoanische Krieger in der Hauptstraße zur deutschen Zeit (unten).

Von der mittelalterlichen Ummauerung sind noch einige Türme erhalten, so der »Schreierstoren«, »Munttoren« und »Montelbanstoren«. Den Mittelpunkt der Altstadt bildet der »Dam« mit dem monumentalen Königlichen Palast. Zahlreiche Kirchen zieren die Stadt. Die Westerkerk, 1620 begonnen, ist die größte Renaissancekirche der Niederlande. Die Häuser um den 1346 gegründeten Beginenhof stammen aus dem 16. und 17. Jahrhundert. Am geschlossensten ist die historische Bebauung mit zahlreichen schönen Bürgerhäusern an der Heren-, Keizers- und Prinsengracht. Mehr als 15 Millionen Gäste jährlich statten der niederländischen Hauptstadt einen Besuch ab. Die Regierung des Königreiches findet man hier allerdings nicht. Sie sitzt im Haag.

Apia

Zauber der Südsee

Apia ist die Hauptstadt des seit 1962 unabhängigen Staates »Samoa i Sisifo«, des vormaligen Deutsch-Samoa. Die Siedlung umsäumte zunächst nur eine halbmondförmig ins Land einschneidende Bucht im Nordwesten der 1102 qkm umfassenden zweitgrößten Insel von Samoa, Upolu. Der Hafen ist von Korallenbänken auf beiden Seiten eingeengt, im Osten zusätzlich noch durch eine große Sandbank. Diese liegt vor der Mündung des Vaisigano-Flusses und wird durch sein Geschiebe weiter verstärkt. Der Vaisigano hat sich zwischen dem 394 m hohen Vulkan Apia im Westen und der Vailele-Pflanzung, einer ursprünglich deutschen Plantage im Osten, in einer gefällreichen Schlucht eingegraben. In die Küstenebene tritt der Vaisigano in einem beeindruckenden Wasserfall. Nördlich der Mündung hatte die deutsche Handelsgesellschaft Ruge und Nedermann schon ihre Niederlassung, bevor West-Samoa deutsches Schutzgebiet wurde. In den Hafen einfahrende Schiffe konnten backbord den Fahnenmast dieser deutschen Gesellschaft nicht übersehen. Westlich des Hafens lag auf einem markanten Strandhaken die Deutsche Wache und ihr vorgelagert auf der Landzunge von Muliny das Ehrengrab für die im Gefecht vom 18.12.1888 gefallenenen deutschen Seeleute. Damals war es in einem örtlichen Thronstreit zu einem Übergriff auf deutsche Plantageninhaber gekommen, der zur Intervention von deutschen Schiffsbesatzungen führte.

Apia ist nach Norden zu völlig ungeschützt. Von dort her kommt es immer wieder zum Einbruch tropischer Wirbelwinde. Einem solchen fielen am 16. März 1889 die zwei deutschen Kriegsschiffe »Adler« und »Eber« zum Opfer. Die 99 dabei ums Leben gekommenen Marinesoldaten wurden gleichfalls bei der Königs-Hütte auf Muliny beigesetzt. Der Friedhof ist heute aufgelassen, aber als solcher noch erkennbar. Im Hafen selbst waren die Lagerräume und Werkstätten der Deutschen Handels- und Plantagengesellschaft der Südseee, ursprünglich der Hamburger Firma J. C. Godeffroy, auf deren Initiative mit der Proklamation von

Augsburg: Blick auf Dom, Perlachturm und Rathaus (oben), Stadttheater (unten).

Kaiser- Wilhelms-Land auf Neuguinea der Anfang einer deutschen Kolonialpolitik gesetzt wurde.

1824 war mit Kotzebue der erste Deutsche nach Samoa gekommen, ab 1850 auch deutsche Firmen, deren Tätigkeit zum Erwerb des an einer offenen Bucht ostwärts von Apia gelegenen Saluafata 1879 geführt hatten. Noch 1890 hat die deutsche Reichsregierung die Errichtung eines deutschen Schutzgebietes auf Samoa abgelehnt. Leo von Caprivi, der österreichisch-stämmige Nachfolger (aus Galizien) von Bismarcks ließ dann gezielt dem Handel die Flagge folgen. Und diese Politik wurde auch nach ihm fortgesetzt. Die Samoafrage drohte zu einem Machtkampf mit den USA zu eskalieren. Die Berliner Samoakonferenz vom 14.6.1889 hatte Samoa mit nur kurzzeitigem Erfolg als unabhängig und neutral erklärt. Auch England hatte an dieser Konferenz teilgenommen und später eigene Ansprüche für einen Gebietszuwachs auf den Salomonen aufgegeben. Zuvor hatte nur ein tropischer Wirbelwind das Aufeinanderprallen deutscher und amerikanischer Schiffseinheiten verhindert - neben »Adler« und »Eber« hatte es auch US-amerikanische Verluste gegeben. 1899 wurde Samoa schließlich geteilt.

Deutsch-West-Samoa wurde 1914 nach Kriegsbeginn von den Engländern besetzt und nach dem Ersten Weltkrieg neuseeländisches Völkerbundmandat. In dieser Zeit entwickelte sich die »Western Samoa Trust Estate Corporation« mit 7500 ha landwirtschaftlicher Nutzfläche zur größten Kokospalmplantage der Erde. Ost-Samoa ist immer noch US-amerikanisch (nur 197 qkm) und stand in den 60er Jahren durch die Wasserungen der damaligen bemannten Raumflüge im Mittelpunkt der Weltberichterstattung. Deutsche Techniker - ohne die eine amerikanische Weltraumfahrt undenkbar war - brachten wieder deutschen Geist und deutsches Können nach Samoa, wenngleich diesmal in den Ostteil der Inselgruppe und unter fremder Flagge.

Augsburg

Wo auf dem Lechfeld die Ungarn geschlagen wurden

Die Hauptstadt des bayerischen Regierungsbezirks Schwaben liegt verkehrsgünstig am Zusammenfluß von Wertach und Lech, auf dem historischen Lechfeld. An ihrer Stelle wurde 15 v. Chr. ein römisches Legionslager errichtet. Unter Tiberius wurde die Zivilstadt Augusta Vindelicorum, benannt nach einem hier einst siedelnden keltischen Stamm, gegründet. Sie war die Hauptstadt der neu geschaffenen Provinz Raetia et Vindelicia. Seit Hadrian Municipium, wurde sie in der ersten Hälfte des 4. Jahrhunderts Hauptstadt der Provinz Raetia secunda. Mit dem Ende der römischen Herrschaft verfiel der Ort.

Keimzelle der mittelalterlichen Stadt, die eng mit der Entstehung des Bistums verbunden ist, wurde der befestigte Bereich um den 807 geweihten Dom. Bischof Ulrich umgab Dom und Siedlung mit einer Mauer und verteidigte sie 955 gegen die Ungarn. Daraufhin erhielt sie die hohe Gerichtsbarkeit, das Markt- und

Bayreuth: Das Festspielhaus (oben), Blick ins Markgräfliche Opernhaus (unten).

Münzrecht. In der ersten Hälfte des 11. Jahrhunderts entwickelte sich eine Bürgersiedlung um den Stadtturm Perlach. Gegen 1200 wurden Domstadt, Bürgerstadt und zwei Klosterbezirke mit einer gemeinsamen Mauer umgeben. Die Stadtrechtsurkunde von Kaiser Friedrich I. schränkte 1156 erstmals die Rechte des Bischofs ein. 1276 schuf sich Augsburg ein eigenes, von Rudolf I. von Habsburg bestätigtes Stadtrecht. 1316 sicherte Kaiser Ludwig der Bayer die Reichsfreiheit in vollem Umfange zu. Bis 1368 lag das Stadtregiment beim Patriziat, danach erhielt Augsburg bis 1548 eine Zunftverfassung.

Seine Blüte verdankte Augsburg dem Fernhandel über die Alpenpässe nach Mailand und besonders nach Venedig. Leinen- und Barchentweberei, die frühe Nutzung der Wasserkraft, das Kunstgewerbe und vor allem die weltumspannenden Unternehmungen der Fugger und Welser bildeten eine sichere Grundlage für großen Reichtum. Mit Antwerpen und Lissabon wurde Augsburg zu einem der ersten Geldmärkte Europas. Neben der Pflege humanistischer Bestrebungen trat die der Goldschmiedekunst, der Malerei und der Bildhauerei.

Vom Ende des 15. bis gegen Mitte des 16. Jahrhunderts galt Augsburg als bedeutendste Stadt des Reiches. Von den vielen Reichstagen unter Maximilian I. und Karl V. ragen die von 1530 (»Augsburger Bekenntnis«), 1548 (»Augsburger Interim«) und 1555 (»Augsburger Religionsfriede«) hervor. 1534 wurde die Reformation durchgeführt. Ab 1548 jedoch mußten alle Stellen konfessionell paritätisch besetzt werden. Im Dreißigjährigen Krieg sank die Zahl der Einwohner von 48 000 auf 16 000. Das 18. Jahrhundert brachte wieder eine Steigerung von Handel, Industrie und Wirtschaft. Eine kurze Unterbrechung bedeutete das Ende der Reichsfreiheit und der Übergang an Bayern im Jahre 1805. In den vierziger Jahren des 19. Jahrhunderts begann der Aufschwung der Textil- und Metallindustrie.

Anfang der achtziger Jahre des vorigen Jahrhunderts lebten in Augsburg 61 400 Menschen. Ihre Zahl stieg bis zur Zeit vor dem Zweiten Weltkrieg auf 168 000. Bis dahin hatte die Innenstadt weitgehend ihren mittelalterlichen Charakter und den Ruf vom »Goldenen Augsburg« bewahrt. 1944 und 1945 fügten alliierte Luftangriffe der Stadt schweren Schaden zu. 12 500 Wohnungen wurden vernichtet und 32 000 beschädigt. Der Wiederaufbau war bis 1963 im wesentlichen abgeschlossen. Bedeutende Teile des alten Stadtbildes konnten bewahrt werden, wenn auch viele Einzelbauwerke durch Neubauten ersetzt werden mußten. Heute leben in Augsburg rund 265 000 Einwohner. 1970 wurde die Universität gegründet. Die im 16. Jahrhundert angelegte »Fuggerei« erfüllt immer noch ihren mildtätigen Zweck als Wohnstätte armer Bürger.

Bayreuth

Stadt der Festspiele

Die Hauptstadt des bayerischen Regierungsbezirks Oberfranken und des ehemaligen Fürstentums Bayreuth wurde 1194 erstmals als Baierrute urkundlich erwähnt. 1231 erhielt es Stadtrecht und kam 1260 endgültig an die Burggrafen von Nürnberg. 1430 verheerten es die Hussiten und 1553 zerstörte es Heinrich Reuß von Plauen fast vollständig. 1603 wurde es Residenz unter Markgraf Christian.

Unter Markgraf Friedrich (1735-63) und seiner Frau Wilhelmine, der Schwester Friedrichs des Großen, erlebte Bayreuth seine Glanzzeit. 1769 wurde Bayreuth nach dem Aussterben der Markgrafen noch einmal mit Ansbach vereint, bis 1792 beide Länder an Preußen fielen. 1807 von Napoleon annektiert, kam es 1810 an Bayern. In der Stadt lebten 1804-25 Jean Paul, 1886 Friedrich Liszt und 1872-83 im Haus Wahnfried Richard Wagner. Im Garten des Hauses befinden sich sein und seiner Frau Cosima Grab.

Die älteren Teile der meist planmäßig erbauten Stadt tragen noch die Züge einer Residenz- und Beamtenstadt. Hier finden wir die spätgotische Stadtpfarrkirche, die 1446 erbaut wurde, 1605 abbrannte und bis 1614 wiederhergestellt wurde. Das Alte Schloß, auch Sophienburg genannt, wurde 1564-88 im Stile der Renaissance errichtet. Die ehemalige Residenz der Markgrafen mit dem Bronzestandbild Königs Max II. von Bayern im Schloßhof diente in späteren Zeiten als Unterkunft für Behörden. Das Neue Schloß, 1753 vom Markgrafen Friedrich im Rokokostil erbaut, ist von einem Hofgarten nach französischem Geschmack umgeben. Das prachtvoll ausgestattete Opernhaus wurde 1744-48 errichtet. Die heutige Stadthalle diente, 1753-61 entstanden, ursprünglich als Markgrafenreithaus.

Auf einer Anhöhe nördlich der Stadt liegt das Richard-Wagner-Festspielhaus aus den Jahren 1872-76. Die weltbekannten Bayreuther Festspiele, 1872 von Richard Wagner gegründet, finden in jedem Sommer statt. Dabei werden die Musikdramen Wagners gespielt. Erstaufführungen gab es 1876 mit »Der Ring des Nibelungen« und 1882 mit »Parsifal«.

Leiter der Bayreuther Festspiele nach Wagners Tod 1883 waren seine Witwe Cosima (bis 1906), sein Sohn Siegfried Wagner (1906-30), dann dessen Witwe Winifred (ab 1931). Nach dem Zweiten Weltkrieg folgten ab 1951 die Enkel Wieland und Wolfgang Wagner, ab 1966 nach Wielands Tod Wolfgang allein.

Berlin

Von der Hohenzollernresidenz zur Reichshauptstadt

Berlin entstand an den Schnittpunkten der Handelswege von Magdeburg nach Frankfurt an der Oder, von Leipzig nach Stettin und von Hamburg nach Breslau. Erste Siedlungen in der von Seen, Sümpfen und Sandhügeln geprägten Gegend wurden von Fischern und Schiffern angelegt. Die Orte wurden 1237 (Cölln) und 1244 (Berlin) erstmals urkundlich erwähnt. Unter den zu dieser Zeit regierenden Markgrafen Johann I. und Otto III. erhielten sie auch das Stadtrecht.

Seit 1307 wurden beide Orte unter dem Markgrafen Hermann zu einer einzigen Stadt mit gemeinschaftlicher Kommunal- und Gerichtsverfassung vereinigt. Schon 1308 gebot Berlin die mächtigsten Städte der Mittelmark zu sich, um mit ihnen über die Aufrechterhaltung des Landfriedens zu beraten. So wurde der Grundstein zu einem Städtebund in der Mark gelegt, an dessen Spitze Berlin seiner zentralen Lage wegen naturgemäß stehen mußte. Die Bundesversammlungen fanden bald regelmäßig nur noch in Berlin statt, und von hier aus entwickelte sich dann auch jene oppositionelle Richtung gegen die schwachen und oft wechselnden Landesregierungen nach dem Aussterben der Askanier. Berlin war es, das als Vertreterin des märkischen Städtebundes die Verbindung mit der mächtigen Deutschen Hanse bewirkte und in dessen Mauern die Landstände der Mark Brandenburg bald auch jenseits von Elbe und Oder zusammenkamen und tagten. 1319 hatte die Stadt das Münzrecht und 1392 die Blutgerichtsbarkeit erworben.

Die Unabhängigkeit Berlins hat erst Friedrich II., der Eiserne, der zweite Hohenzoller in der Mark, gebrochen. Er benutzte 1442 einen Streit zwischen dem aristokratischen Rat und der Bürgerschaft. Von letzterer gerufen, erschien er vor der Stadt, beseitigte den alten Rat und die selbständige Gerichtsbarkeit und führte die Trennung der beiden Städte herbei. Außerdem setzte er ein neues Regiment ein, machte die Wahl neuer Ratsmitglieder von seiner Zustimmung abhängig und verbot alle Bündnisse der Städte innerhalb und außerhalb des Landes. Gegen diese neue Ordnung entwickelte sich ein langanhaltender Widerstand der Bevölkerung, der bis zur offenen Fehde (»Berliner Unwille«) ausartete. Von den anderen märkischen Städten im Stich gelassen, wurde Berlin 1448 besiegt. Die Strafe war hart: Verlust der Mühlen, des Zolles und des Stapelrechtes. Als schlimmsten Schimpf mußten die Bürger der stolzen Hansestadt den Bau der kurfürstlichen Burg durch ihren Besieger zulassen. Gerade dies wurde aber die wichtigste Grundlage zu erneuter Blüte, da Berlin nun die Residenz der brandenburgischen Hohenzollern wurde.

Eine dauernde Hofhaltung führte zuerst Johann Cicero in Berlins Mauern ein. Joachim I. gründete 1516 das Kammergericht, wodurch das römische Recht in der Mark weitere Verbreitung fand. Joachim II., mit dem Berlin 1539 die lutherische Reformation annahm, reformierte das Kirchen- und Schulwesen, gründete ein evangelisches Konsistorium und baute die noch aus dem 13. Jahrhundert stammende Dominikanerkirche (auf dem heutigen Schloßplatz) zu einer Dom- und Gruftkirche für das Herrscherhaus um. Seit 1539 befand sich eine Buchdruckerei in Berlin; Maler, Tonkünstler, Baumeister und Bildhauer wurden herangezogen. Unter Joachim II. begann 1538 der Um- oder Neubau des königlichen Schlosses in Cölln, ein Werk, das unter dem Großen Kurfürsten fortgeführt und unter seinen Nachfolgern zur Vollendung gebracht wurde. In die Regierungszeit Johann Georgs (1571-98) fallen die erste Bebauung des Werders in der Nähe des Schlosses, die Errichtung der ersten lateinischen Schule 1574 im aufgehobenen Franziskanerkloster sowie die Zuwanderung vieler geschickter Handwerker und Künstler aus den Niederlanden. Die Einwohnerzahl von Berlin und Cölln war zu dieser Zeit noch relativ unbedeutend, sie überstieg kaum die 12 000. Der 1613 erfolgte Übertritt des Kurfürsten Johann zum reformierten Bekenntnis hatte religiös motivierte Unruhen zur Folge.

Der Dreißigjährige Krieg brachte den Städten Berlin und Cölln eine Zeit der Unsicherheit, des Elends und der Verwüstung. Die Truppen aller kriegsführenden

Berlin: Brandenburger Tor und Reichstagsgebäude in ursprünglicher Gestalt.

Parteien zogen durch, eine Streitmacht der Mark Brandenburg, die dies hätte verhindern können, gab es nicht. So sank die Zahl der Einwohner beider Städte auf 6000, die Vorstädte waren eingeäschert, und das Schloß begann zu verfallen. Ungepflasterte Straßen, Ziehbrunnen, einstöckige, mit Stroh gedeckte Häuser, vor denen Schweineställe angebracht waren, bildeten einen traurigen Anblick.

Unter solchen Verhältnissen übernahm Friedrich Wilhelm, der Große Kurfürst, die Regierung und schuf die Grundlage für die Macht der preußischen Monarchie und den Glanz ihrer Hauptstadt Berlin. 1650 begann sein rastloses Wirken für die Verbesserung seiner Residenz. Zuerst sorgte er für die Pflasterung und Beleuchtung der Straßen, dann wurden Pläne für die Bebauung der wüsten Stellen ausgearbeitet. Alle kurfürstlichen Gebäude wurden wiederhergestellt und der Lustgarten, ein Park im holländischen Stil mit Lusthaus und Orangerie, angelegt.

Die Verfolgung der Protestanten in Frankreich, die Aufhebung des Edikts von Nantes, verbunden mit dem Potsdamer Edikt von 1685, führten eine große Zahl französischer Hugenotten ins Land, die als Handwerker und Gewerbetreibende sich auch in Berlin niederließen. Ihnen folgten 1689 und 1697 viele Pfälzer und Schweizer. Dadurch wurde eine bedeutende Erweiterung der Städte notwendig. Mehrere Vorstädte wurden neu angelegt, und beim Tode Friedrich Wilhelms betrug die Einwohnerzahl 20 000 (1688).

Friedrich III. (als König: Friedrich I.), prachtliebend, baute die Stadt weiter aus und hob ihr kulturelles Niveau bedeutend. 1709 wurden beide Stadtteile wieder zu einem Ganzen vereinigt.

Während der Regierung Friedrich Wilhelms I. wurde der Schloßbau bis 1716 im wesentlichen vollendet und der Lustgarten in einen Exerzierplatz verwandelt. Baulücken wurden beseitigt, die Friedrichstadt, unter seinem Vorgänger angelegt, wesentlich vergrößert. Im Nordwesten wurde ein Pesthaus errichtet, an dessen Stelle unter Friedrich dem Großen die berühmte Charité entstand.

Unter Friedrich dem Großen wurde der Tiergarten zu einem Park umgestaltet und erfolgte die Abtragung der noch vorhandenen Befestigungswerke (1745), an deren Stelle die Neue Friedrichstraße, die Alexanderstraße und die Wallstraße traten. Im Siebenjährigen Krieg wurde die Stadt mehrfach von durchziehenden Truppen der Gegner Preußens drangsaliert, die Einwohnerzahl ging von 126 600 auf rund 98 000 zurück. Zeitweise war Berlin russisch besetzt. Friedrich begann unmittelbar darauf mit der Wiederbelebung der Stadt; die Porzellanmanufaktur wurde erweitert, die Seidenproduktion eingeführt, und durch Reformen der städtischen Genossenschaften und Innungen unterstützte er den Vertrieb der gesteigerten Produktion. Im Jahr seines Todes, 1786, war die Einwohnerzahl auf fast 150 000 gestiegen. Dieser Zuwachs machte die Anlegung der Rosenthaler und Erweiterung der Stralauer Vorstadt notwendig. Zur Verschönerung der Stadt trugen die beiden Türme am Gendarmenmarkt, das Opern- und das Schauspielhaus und natürlich auch das berühmte Brandenburger Tor bei, das unter Friedrich Wilhelm II. 1788-1791 errichtet wurde. Die Prachtstraße »Unter den Linden« nahm Gestalt an, und die königlich-preußische Residenz stellte sich mehr und mehr würdig an die Seite anderer europäischer Hauptstädte.

Einen kurzen Rückschlag brachte die preußische Niederlage gegen Napoleon von 1806. Trotz dieser Erniedrigung kam es zu zwei wesentlichen Fortschritten in dieser Zeit: Die Einführung der Städteordnung 1808 und die Gründung der Universität 1810. Als Preußen sich 1813 gegen Frankreich erhob, opferten die Berliner Eigentum und viele ihr Leben zur Vertreibung der französischen Besatzer.

Nach 1816 begann von neuem die Verschönerung Berlins durch Prachtgebäude, an deren Planung und Ausführung der berühmte Karl Friedrich Schinkel maßgeblich beteiligt war. Wie Schinkel in der Baukunst, so war der Name des Bildhauers Rauch mit der Erschaffung großartiger Monumente verknüpft.

1848/49 Schauplatz revolutionären Aufruhrs und seiner raschen Überwindung, ging die wirtschaftliche und kulturelle Entwicklung Berlins stürmisch voran. Ein neuer Abschnitt begann mit dem Jahr 1871, als Berlin Hauptstadt des Deutschen Reiches wurde. Unter Bismarcks Regie fand hier der Berliner Kongreß des Jahres 1878 statt, der für längere Zeit den europäischen Frieden sicherte. Im Jahr zuvor war die Millionengrenze in der Einwohnerzahl überschritten worden. Es gab in der Zeit bis zum Beginn des Ersten Weltkrieges kaum eine Stadt, deren Entwicklung derart von den Spitzenleistungen des technischen Fortschritts geprägt war wie Berlin.

Das Ende des großen Völkerringens brachte 1918 die Revolution auch in die Reichshauptstadt. Man verkündete die Abdankung des Kaisers, die Republik wurde ausgerufen, und es begann ein erbittertes Ringen um den Weg, der nun eingeschlagen werden sollte. Letztlich unterlagen die Anhänger einer kommunistisch beherrschten Rätediktatur, und die parlamentarische Demokratie trug zunächst den Sieg davon. Von Anfang an schwer belastet durch die überaus harten und ungerechten Bedingungen des Versailler Vertrages, schlingerte das Staatsschiff von Krise zu Krise. Eine kurze Beruhigung brachte die wirtschaftliche Blüte nach der Inflationszeit. Sie ging rasch zu Ende, nachdem der »Schwarze Freitag« 1929 die Weltwirtschaftskrise ausgelöst hatte. In ihrem Strudel stürzten breite Bevölkerungschichten in unbeschreibliches Elend; die Parteien der Weimarer Demokratie verloren an Einfluß und wurden von Nationalsozialisten und auch Kommunisten überflügelt. Erstere gewannen mit dem 30. Januar 1933 die Macht und konnten sie im Laufe des Jahres so festigen, daß jegliche Opposition ausgeschaltet war.

Anläßlich der Olympischen Spiele 1936 wurde das Reichssportfeld errichtet, hinzu kamen Zweck- und Repräsentationsbauten wie die Reichsbank, das Reichsluftfahrtministerium und die neue Reichskanzlei. Letztgenanntes Gebäude wurde im Zweiten Weltkrieg stark beschädigt und danach abgerissen. Die gesamte Innenstadt wurde weitgehend verwüstet, erst durch den verbrecherischen Bombenkrieg der Westalliierten, dann durch die Straßenkämpfe in den letzten Kriegstagen. Wer die Trümmerwüste sah, konnte sich eine blühende Stadt für die Zukunft kaum noch vorstellen.

Den zwischen den Siegermächten getroffenen Abkommen gemäß wurde Berlin in vier Besatzungszonen aufgeteilt. Bald brachen die Gegensätze zwischen den westlichen und den sowjetischen Besatzern offen aus, und es kam zur Spaltung der Stadt. Ein Höhepunkt in den Auseinandersetzungen war die Blockade Westberlins, die durch den Einsatz der »Rosinenbomber«, einer Luftbrücke zur Versorgung der

Bevölkerung, durchbrochen werden konnte. Bis zum 13. August 1961 war die Grenze zwischen dem Westen und dem Ostsektor der Stadt noch offen, die optischen Unterschiede zwischen beiden Stadtgebieten wurden jedoch immer größer. Während im Westen durch die Belebung der Wirtschaft ein rascher Neu- und Wiederaufbau in von kommerziellen Gesichtspunkten gekennzeichnetem Stil erfolgte, sollte im Osten, der zur »Hauptstadt der DDR« erklärt worden war, etwas ganz Neues entstehen. So wurde auf Geheiß Ulbrichts das beschädigte, aber wiederaufbaufähige Stadtschloß gesprengt und mit der Anlage der pompösen Stalinallee begonnen. Die Bauarbeiter dieses Großprojektes waren es, deren Streik gegen die willkürlichen Normenerhöhungen am 17. Juni 1953 zum Volksaufstand führte, der erst von sowjetischen Panzern niedergewalzt werden konnte.

Die offene Grenze wurde zunehmend zum Tor, durch das die Massenflucht Mitteldeutscher erfolgte. Im Auftrage der Sowjetunion und zwischen den Großmächten abgesprochen, wurde die Berliner Mauer errichtet, ein heute kaum noch vorstellbares Monstrum bestehend aus Betonteilen, Stacheldrahtverhau und Todesstreifen. Die Kommunisten tauften die Berliner Mordmauer »antifaschistischer Schutzwall«. Im Zuge der friedlichen Revolution von 1989 schüttelte die Bevölkerung Mitteldeutschlands die SED-Herrschaft ab, und am 9. November jenes Jahres fiel die Mauer. Seit dem 3. Oktober 1990 ist die deutsche Hauptstadt (rund 3,5 Millionen Einwohner) wiedervereinigt. Der Bundestag bestätigte Berlins Rang als Hauptstadt Deutschlands.

Bern

Die Landeshauptstadt der Schweiz

Die Zeit der römischen Herrschaft in Helvetien hat im Gebiet des heutigen Kantons Bern nur geringe Spuren hinterlassen. Bei der Völkerwanderung begegneten sich hier Alemannen und Burgunder, mit deren Unterwerfung das Land unter fränkische Herrschaft kam. Seit 888 Bestandteil des Neuburgundischen Reichs, fiel es mit diesem 1032 an Deutschland. Die Zähringer, die 1156 von Friedrich I. Barbarossa das »Rektorat« über das diesseits des Jura gelegene Burgund erhalten hatten, suchten den widerspenstigen Adel durch Anlegung fester Waffenplätze in Zaum zu halten. So gründete im Mai 1191 Berchtold V. die Stadt Bern.

Da die Stadt auf Reichsgrund lag, wurde sie mit dem Tod ihres Gründers, des Letzten seines Geschlechts, 1218 reichsfrei. Um den Ansprüchen der mächtigen Grafen von Kyburg entgegenzutreten, die die schweizerischen Besitztümer der Zähringer geerbt hatten, begab sich die Stadt 1255 in ein Schirmverhältnis zu Savoyen. Dadurch geriet sie allerdings in den Streit dieses Hauses mit Rudolf von Habsburg und wurde von ihm 1288/89 wiederholt belagert.

Ein Sieg, den Bern 1298 über das österreichische Freiburg und den mit ihm verbündeten Adel am Dornbühl erfocht, begründete seine Macht. Es nutzte sie, um die benachbarten Dynastien zu zwingen, Bürger der Stadt zu werden. Das

Das Münster zu **Bern.**

verpflichtete sie zur Kriegsfolge und brachte deren Gebiet indirekt unter die Herrschaft von Bern. Andere Besitzungen wurden durch Kauf erworben, wie Thun (1323), Laupen (1324), die Reichsvogtei über Hasli (1334). 1339 vereinte sich fast der gesamte Adel des schweizerischen Burgund mit Freiburg gegen die Stadt. Er wurde aber von Bern mit Hilfe der Waldstätte, mit denen es 1323 ein Bündnis geschlossen hatte, bei Laupen am 21. Juni 1339 völlig geschlagen.

Am 6. März 1353 wandelte Bern sein Verhältnis zu den Waldstätten in einen Ewigen Bund um. Nachdem es in der Folgezeit eine Reihe weiterer Herrschaften durch Kauf erworben hatte, eroberte es 1415 im Reichskrieg gegen Österreich den größten Teil des Aargaus. Während der Burgunderkriege übernahm Bern die Führung der Eidgenossenschaft. Es faßte durch die mit Freiburg gemeinsam vorgenommene Eroberung von Murten, Granson, Orbe und Schallens 1475 festen Fuß in der Waadt, die es 1536 Savoyen gänzlich entriß. Seitdem beherrschte Bern ein Drittel des Gebietes der Schweiz.

Die Reformation fand hier in dem Pfarrer Berthold Haller und dem als Dichter und Maler bedeutenden Niklaus Manuel eifrige Anhänger. Durch Zwinglis Disputation im Januar 1528 wurde auch Bern protestantisch. Von da an stand es mit Zürich an der Spitze der protestantischen Schweiz und nahm teil an den Religionskriegen von 1531, 1656 und 1712. In diese Zeit fällt die Ausbildung der Berner Aristokratie, die der Gemeinde jeden Einfluß auf die Wahlen nahm. Jedes Verlangen nach Veränderung der bestehenden Ordnung wurde als Aufruhr behandelt, und Umsturzversuche wurden mit Härte bestraft, so 1749 die Verschwörung von Hentzi. Andererseits zeichnete sich die Berner Regierung durch ihre sorgfältige, sparsame und milde Verwaltung aus, so daß Männer der verschiedensten Richtungen, Haller, Rousseau, Napoleon u.a., in Bern das Muster eines weise verwalteten Staates erblickten.

Der durch die Französische Revolution erwachte unruhige Geist vertrug sich jedoch nicht mehr mit diesen Zuständen. Das nach dem Berner Staatsschatz lüsterne französische Direktorium bot den unzufriedenen Waadtländern heuchlerisch die Hand. Trotz heldenmütigen Widerstandes bei Fraubrunnen und Neueneck unterlag Bern am 5. März 1798 der französischen Übermacht. Die Herrschaft der Aristokratie brach zusammen. Durch die helvetische Verfassung wurden Waadt, Aargau und Oberland als eigenständige Kantone losgerissen. Die Mediationsakte 1803 bestätigte die Selbständigkeit der Waadt und des Aargaus, vereinte dagegen das Oberland mit Bern.

Versuche Berns 1813, die Verhältnisse des 18. Jahrhunderts wiederherzustellen, scheiterten am Widerstand Aargaus und der Waadt sowie am Einspruch der Mächte. Dafür erhielt Bern vom Wiener Kongreß als Entschädigung den größten Teil des ehemaligen Bistums Basel (Berner Jura). Im Innern wurde die alte Verfassung wiederhergestellt mit der Veränderung, daß das Bürgerrecht der Stadt geöffnet und dem Rat der Zweihundert 99 Vertreter der Landschaft hinzugefügt wurden.

Die Julirevolution 1830 gab auch in Bern den Anstoß zur demokratischen Umgestaltung des Staatswesens. Auf das stürmische Verlangen einer am 10. Januar 1831 in Münsingen abgehaltenen Volksversammlung berief der Große Rat einen

Blumenau einst und heute.

Verfassungsrat von 240 Mitgliedern, der nach der Bevölkerungszahl der Gemeinden gewählt wurde. Die neue, am 31. Juli angenommene Verfassung hob die Vorrechte der Stadt gänzlich auf und setzte proportionale Vertretung im Großen Rat ein, dessen Wahl indirekt durch Wahlmänner erfolgte. Die entmachteten Patrizier trugen sich eine Zeitlang mit gewaltsamen Umsturzplänen, deren Entdekkung im August 1832 einen Monsterprozeß herbeiführte, der ihren Einfluß vollkommen brach.

Am 27. November 1848 wurde Bern zur Bundeshauptstadt erhoben. Es bildete sich neben der bestehenden radikalen eine konservative Partei, die bei den Wahlen 1850 die Oberhand gewann und die Regierung bildete. Ihr Einfluß ging aber im Laufe der Jahre wieder zurück. Durch eine vom Volk am 4. Juli 1869 angenommene Partialrevision wurde die Volksabstimmung über Gesetze, größere Ausgaben und das vierjährige Budget eingeführt.

Die Gegensätze zwischen katholischen Bewohnern des Jura und den protestantischen Bernern flackerten in der zweiten Hälfte des 19. Jahrhunderts immer wieder auf. Die Bestrebungen nach Loslösung führten jedoch erst 1979 zur Bildung eines eigenen Kantons. An den Weltkriegen hat sich die Schweiz nicht beteiligt, und so nahm auch die Entwicklung Berns einen recht ruhigen Verlauf in diesem Jahrhundert. Die Einwohnerzahl stieg von 44 000 im Jahre 1880 über 112 000 Anfang der dreißiger Jahre auf derzeit rund 140 000. Das städtische Einzugsgebiet mitgerechnet, sind es über 300 000. In der malerischen Altstadt finden sich heute noch Reste der alten Befestigung mit dem Zeitglockenturm von 1191. Der Turm des Münsters aus dem 15./16. Jahrhundert wurde 1893 vollendet. Noch älter ist das Rathaus, das 1406-17 errichtet wurde. Ferner befindet sich hier das Alte und das Neue Bundeshaus, das Parlamentsgebäude und die 1834 gegründete Universität. Mehrere Museen laden zu einem Besuch ein. Besonders zu nennen sind hier das Kunstmuseum, die Kunsthalle und das schweizerische Gutenbergmuseum. Auch zahlreiche historische Brunnen und Bürgerhäuser geben der Stadt bis heute ihr von deutscher Kultur geprägtes Aussehen.

Blumenau

Deutsche Siedlung in Brasilien

Die deutsche Ackerbaukolonie in der brasilianischen Provinz Santa Catarina wurde 1852 von dem aus Rudolstadt stammenden Apotheker Dr. Blumenau gegründet. Er und 17 weitere Personen ließen sich im Tal des Flusses Itajai-Acu nieder. Es bot ein gesundes Klima und sehr fruchtbaren Boden. 1860 übernahm die brasilianische Regierung das Tal als Staatskolonie. 1867 öffnete das deutsche Konsulat. Mitte 1882 hatte Blumenau bereits eine Bevölkerung von 15 710 Einwohnern, darunter etwa 12 000 Deutsche. Stark vertreten waren zunächst Rheinländer, Pommern und Badener, später kamen Österreicher, Schweizer und Bewohner anderer deutscher Gebiete hinzu.

Bonn: Das Münster St. Martin (links), Bonngasse mit Beethovenhaus (rechts).

In den dreißiger Jahren lebten in dem Gebiet 72 000 Menschen, in der Stadt selbst 7000, von denen noch die meisten Deutsche waren. Völlig grundlos wurden auch sie am Ende des Zweiten Weltkrieges Opfer von Schikanen. Die deutschen Schulen wurden geschlossen, und bis 1947 war der Gebrauch der deutschen Sprache in der Öffentlichkeit verboten. Wer dagegen verstieß, mußte mit Haft rechnen.

Die Lage beruhigte sich aber wieder. Wesentlich schwerwiegender waren die Veränderungen, die sich aus dem wachsenden Zuzug von Menschen anderer Volkszugehörigkeiten ergaben. Der deutsche Charakter ist im Kern der Stadt trotzdem immer noch zu erkennen, die Deutschen selbst aber wurden zu einer Minderheit in der von ihnen gegründeten Kolonie. Heute leben in der Bezirkshauptstadt des südbrasilianischen Santa Catarina insgesamt 87 000 Einwohner.

Bonn

Wo Beethoven das Licht der Welt erblickte

An die von Tacitus erwähnten »Castra Bonnensia«, die Drusus gegründet haben soll, lehnte sich ein keltischer Ort an, der mit der kleinen römischen Vorstadt des Lagers in frühester Zeit verschmolz. Im Jahr 70 nach der Zeitenwende wurden die Römer in der Nähe der Castra Bonnensia von den germanischen Batavern geschlagen. Im 4. Jahrhundert zerstört, wurde Bonn durch Kaiser Julian wiederaufgebaut. Die Kämpfe in der Zeit der Völkerwanderung zogen Bonn noch öfter in Mitleidenschaft. Zuletzt waren es die Normannen, die 869 die Stadt zerstörten.

921 schloß hier Heinrich I. mit König Karl von Frankreich einen Freundschaftsbund. Befestigt wurde die Stadt von Erzbischof Konrad von Hochstaden. Erzbischof Engelbert II. von Falkenburg, von den Kölnern vertrieben, verlegte um 1265 seinen Sitz nach Bonn. Bis 1794 blieb es erzbischöfliche Residenz.

In Kriegen des 16. und 17. Jahrhunderts wurde Bonn mehrmals erobert und zerstört. Im Spanischen Erbfolgekrieg wurde es von Marlborough und dem Holländer Coehoorn abermals erobert und blieb bis 1715 in den Händen einer holländischen Besatzung. Nachdem 1717 die Festungswerke geschleift worden waren, wandten sich die Kölner Kurfürsten mit besonderer Vorliebe der Verschönerung der Stadt zu. Das kurfürstliche Schloß wurde erbaut. Ihm folgten die Lustschlösser Poppelsdorf und Brühl.

Im Oktober 1794 wurde Bonn von den Franzosen besetzt. 1798 kam es an Frankreich, 1815 an Preußen. Die 1777 begründete und 1786 eröffnete Universität wurde von Napoleon I. aufgehoben und erst am 18. Oktober 1818 von König Friedrich Wilhelm III. wiederhergestellt. Die nach ihm benannte Hochschule befindet sich teilweise in den Gebäuden der früheren fürstbischöflichen Residenz.

Im Münster zu Bonn wurden zwei deutsche Könige, Friedrich der Schöne (1314) und Karl IV. (1346), gekrönt. Der imposante Tuffbau mit fünf Türmen, deren mittlerer 95 Meter hoch ist, wurde 1060-1080 im romanischen, teilweise auch im sogenannten Übergangsstil erbaut. Die heutige Form erhielt er im 11. bis 13. Jahrhundert nach 1847 wurde er restauriert. Erwähnenswert sind ferner die spätgotische Remigiuskirche und das barocke Rathaus von 1736. Das Haus von Ernst Moritz Arndt, der 1860 in Bonn starb, befindet sich in der Koblenzer Straße, das Geburtshaus Beethovens in der Bonngasse.

Bonn war lange Zeit nicht mehr als eine preußische Kreisstadt im Regierungsbezirk Köln. Lebten hier 1880 wenig mehr als 31 000 Einwohner, so waren es in den 1930er Jahren knapp unter 100 000. Die eigentliche überregionale Bedeutung bekam die Stadt nach dem Ende des Zweiten Weltkrieges. 1948/49 tagte hier der Parlamentarische Rat, und 1949 wurde Bonn zur vorläufigen Bundeshauptstadt erklärt. 1969 wurden Bad Godesberg und einige weitere Ortschaften eingemeindet. Die Einwohnerzahl stieg auf knapp 300 000.

Weil immer mehr etablierte Politiker verfassungswidrig die Wiedervereinigung abschrieben, wurde Bonn zunehmend nicht mehr als provisorische, sondern als endgültige Hauptstadt der Bundesrepublik behandelt, was auch in Bauten des Parlaments und der Regierung zum Ausdruck kam. Das Bekenntnis zu Berlin als Hauptstadt und Regierungssitz eines geeinten Deutschlands konnte nach dem Fall der Mauer als die Einheit kam, nur mit Mühe und äußerst knapp durchgesetzt werden. Immer neue zeitliche Verzögerungen haben bis heute den Umzug der Regierung verhindert.

Zu den folgenden farbigen Abbildungen:

Das Münster zu **Aachen.**

Rathaus und Augustusbrunnen zu **Augsburg.**

Berlin, Unter den Linden mit Denkmal Friedrichs des Großen (Gemälde von Eduard Gärtner, 1853).

Die Stadtpfarrkirche Mariä Himmelfahrt zu **Bozen.**

Bozen

Zentrum des deutschen Südtirol

Erstmals erwähnt wurde Bozen, Südtirols Hauptstadt, in der langobardischen Epoche als Bauzanum. Es wurde die letzte Stadt der bojoarischen (bajuwarischen) Herrschaft gegen die südlichen Nachbarn, der Sammel- und Waffenplatz in den beständigen Fehden mit den langobardischen Herzögen von Trient. Im Jahr 680 erscheint die Stadt zuerst als Sitz eines bayerischen Landgrafen. Er wurde von Alachis, dem Herzog von Trient, bekriegt und überwunden. Unter dem Schutz der Grafen des Noritals und begünstigt durch seine Lage, blühte Bozen auf. Kaiser Konrad II. verlieh einen Teil dieses Gaues, die Grafschaft Bozen, 1067 dem Bischof Ulrich II. von Trient. Die Bischöfe teilten sich später die Herrschaft mit den Grafen von Tirol, ihren Vögten. Schon Albert III., der letzte der alten Tiroler Grafen, und noch mehr sein Enkel, Herzog Meinhard II. von Kärnten, strebten nach der vollen Herrschaft über die Stadt. Letzterer hatte sie auch zeitweise in seinem Besitz. Seine Nachfolger gaben den Bischöfen das eine der beiden Stadtgerichte zurück, während das andere zum Landgericht Gries kam.

Erst im Jahre 1531 gelangten die Landesfürsten durch Austausch mit der Herrschaft Bozen in dauernden Besitz vom bischöflichen Gericht zu Bozen und damit der ganzen Stadt. Von da an blieb es bei Habsburg. 1805 kam es an Bayern, 1810 an das Königreich Italien und 1814 an Österreich zurück.

Entsprechend den geheimen Zusagen der Ententemächte für den Fall des Kriegseintritts Italiens auf ihrer Seite kam Südtirol 1919 an Italien. Das Selbstbestimmungsrecht der deutschen Einwohner wurde brutal mißachtet. Insbesondere seit in Rom die Faschisten unter Mussolini an der Macht waren, wurde alles unternommen, das Deutschtum zu unterdrücken und zurückzudrängen. Eine Übereinkunft des Jahres 1939 mit dem Deutschen Reich sah die Umsiedlung der Deutschen vor. Der Zweite Weltkrieg verhinderte diese Pläne teilweise, und nach seinem Ende kehrte ein Großteil der Bewohner zurück. Die völkerrechtswidrige Annexion Südtirols durch Italien wurde jedoch nicht beendet. Jahrzehntelange Verhandlungen um die Autonomie mit unbefriedigenden Ergebnissen begannen, begleitet von aufsehenerregenden Aktionen Südtiroler Freiheitskämpfer und unmenschlichen Repressalien der italienischen Besatzer. Die hochgepriesene europäische Integration brachte bislang auch keine Lösung des Problems. Ein »Siegestor« aus Faschistenzeit verkündet in Bozen immer noch italienischen Chauvinismus, während das Denkmal Walthers von der Vogelweide auf dem Waltherplatz die deutsche Bestimmung der Stadt bezeugt.

Südtirol gehörte 1300 Jahre zum geschlossenen deutschen Siedlungsraum, als es 1918 von Italien annektiert wurde. 97% der Bevölkerung waren Deutsche; die 3% Italienen lebten erst seit den Bahnbauarbeiten Ende des 19. Jahrhunderts dort.

Der Waltherplatz zu **Bozen** mit dem Denkmal Walthers von der Vogelweide (1981 wiedererrichtet).

Braunschweig

Stadt des Löwen

Heute ist Braunschweig die zweitgrößte Stadt Niedersachsens und wichtiger Verkehrsknotenpunkt zwischen Harz und Heide. Im Mittelalter lautete der Name »Brunswiek«. Das deutet auf einen alten Handels- und Umschlagsplatz des sächsischen Adelsgeschlechtes der Brunonen hin.

Braunschweig entstand an einem Oker-Übergang. Im neunten Jahrhundert gab es einen Wohnplatz um den heutigen Eiermarkt. Die Haupteinkaufsstraße »Damm« erinnert an einen Übergang über die Oker-Aue. Die Siedlung hat sich aus einem Rastort (Wik) durchreisender Kaufleute entwickelt.

Am Kreuzungspunkt einer Rhein-Elbe-Straße nach Magdeburg und einer Nord-Süd-Verbindung nach Frankfurt entstand der Kohlmarkt. Wahrscheinlich um 1100 schloß sich eine Gründung um den Altmarkt an. Diese städtische Siedlung, die »Altstadt«, wurde von der Burg Dankwarderode beschützt. Sie stand auf einer Okerinsel und war im 10. Jahrhundert Sitz der sächsischen Brunonen.

Auf der anderen Okerseite entwickelte sich als Stapel- und Umschlagplatz die »Altewiek«. Im 11. Jahrhundert (1031) taucht erstmals der Name Braunschweig als »Brunesguik« auf. In diesem Jahrhundert entstanden unter anderem die Magnikirche und die Ulricikirche.

Im 12. Jahrhundert baute Sachsen- und Bayernherzog Heinrich der Löwe (1129-1195) Braunschweig zu seiner Residenz aus. Er ersetzte die Burg der Brunonen durch einen Neubau und begann 1173 mit dem Bau des Domes. Das Wahrzeichen der Stadt, der von Herzog Heinrich selbst entworfene bronzene Burglöwe, wurde 1166 im Burghof von Dankwarderode aufgestellt.

Heinrich umgab die Stadt mit Mauer und Okergraben. Am rechten Okerufer gündete er nördlich der Altewiek im sumpfigen Gelände den Stadtteil Hagen.

Die geschichtliche Bedeutung Heinrichs des Löwen ist kaum zu überschätzen. Seine Verdienste liegen in der deutschen Besiedlung des Nordens und des Ostens. Im Jahre 1176 stand dieser Mann am Comer See Kaiser Friedrich I. Barbarossa gegenüber. Immer wieder hatte Rotbart ihm in Deutschland freie Hand gelassen, ihn von Italienzügen beurlaubt. Aber nun brauchte Friedrich den Sachsenherzog. Heinrich der Löwe machte seine Hilfe davon abhängig, daß der Kaiser ihm Goslar, die Stadt mit einem der reichsten Silberbergwerke Europas, überlasse. Barbarossa wertete diese Forderung als Erpressung und brach die Verhandlungen ab. Heinrichs Verhalten hatte schwerwiegende Folgen: Das deutsche Heer war nicht stark genug, als es bei Legnano zur Schlacht mit den Lombarden kam. Die Deutschen erlitten eine Niederlage. Heinrich der Löwe hatte jetzt einen mächtigen Feind. Er fühlte sich jedoch stark genug für eine Auseinandersetzung mit dem Stauferkaiser.

Nachdem er mehrere kaiserliche Ladungen unbeachtet gelassen hatte, verhängte Friedrich die Reichsacht über Heinrich. Burgen und Städte des Herzogs übergaben sich kampflos dem Reichsheer. Er hatte sich zu viele Feinde gemacht. Der Kaiser beließ ihm die Stammlande Braunschweig und Lüneburg. Nach drei

Der Burgplatz mit dem bronzenen Löwen zu **Braunschweig.**

Jahren in der Verbannung kehrte er heim nach Braunschweig, wo er 66jährig nach einem Sturz vom Pferd starb und im Dom neben seiner Gattin Mathilde die letzte Ruhestätte fand. Zuvor hatte Heinrich der Löwe sich 1194 mit dem Kaisertum (Heinrich VI.) ausgesöhnt.

Um 1200 entstanden in Braunschweig die romanischen Pfeilerbasiliken St.Martini, St.Katharinen und St.Andreas. In der Mitte des 13. Jahrhunderts trat die Stadt der Hanse bei. Unter den binnenländischen Städten hatte sie eine führende Rolle inne. Die städtischen Unabhängigkeitsbestrebungen veranlaßten den Welfenherzog 1283, seine Residenz nach Wolfenbüttel zu verlegen. Doch hat Braunschweig die Rechte einer Reichsstadt nie erlangen können.

Mit Unterstützung Bugenhagens, Luthers einstigem Beichtvater, wurde 1528 die Reformation hier durchgeführt, und 1531 trat die Stadt dem Schmalkaldischen Bund bei. Mit Waffengewalt wahrte sie sich das neue Bekenntnis gegen Herzog Heinrich den Jüngeren und unterwarf sich 1553 erst, als dieser die Religionsveränderung anerkannte.

Auch im 17. Jahrhundert mißlangen alle Versuche der Stadt, sich der Hoheit der Herzöge zu entziehen. Seit dem Dreißigjährigen Krieg setzte der Niedergang ein, und im Jahr 1671 wurde sie von dem Feldmarschall Georg Friedrich von Waldeck durch Belagerung zur Übergabe gezwungen. Sie nahm eine Besatzung des Herzogs Rudolf August auf und erhielt dafür die Bestätigung ihrer Privilegien. Die städtischen Besitzungen blieben jedoch seitdem in der Hand der Herzöge, und die wesentlichen Befugnisse des Rats gingen auf herzogliche Behörden über. Diese Zustände wurden erst 1858 durch Vergleich geregelt.

1753 wurde Braunschweig wieder Residenz. Nachdem 1806 Herzog Karl Wilhelm Ferdinand in der Schlacht bei Auerstedt tödlich verwundet worden war, kam Braunschweig im Tilsiter Frieden 1807 an das Königreich Westphalen, einen Vasallenstaat Napoleons. Als Führer eines Freikorps kämpfte Friedrich Wilhelm zu Braunschweig-Lüneburg-Öls (der »schwarze Herzog«) heldenmütig gegen die französischen Besatzer. Nach der Völkerschlacht bei Leipzig wurde 1813 das Herzogtum wiederhergestellt. 1830 zwangen die Bürger Herzog Karl II. zur Flucht und brannten sein Schloß nieder. Nachdem die Revolution gescheitert war, errichtete Baumeister Carl Theodor Ottmer ein neues monumentales Residenzschloß. Es wurde im Zweiten Weltkrieg zerstört und später abgerissen.

Auch die Braunschweiger Innenstadt fiel größtenteils (zu 90%) dem alliierten Luftterror zum Opfer. Sie wurde modern wieder aufgebaut, wobei mehrere »Traditionsinseln« um die Kirchen erhalten blieben.

Bregenz: Blick über die Bodenseestadt (links), Befestigungsmauern der Oberstadt aus dem Mittelalter (rechts).

Bregenz

Stadt der Schwaben in Österreich

Die Hauptstadt des österreichischen Bundeslandes Vorarlberg geht auf das antike Brigantium zurück. Es gehörte zu Vindelizien und war lange der Standort einer römischen Besatzung gegen die Germanen, die es im 3. Jahrhundert eroberten. Im Mittelalter residierten hier die Udalriche, die mächtigen Grafen von Bregenz, deren Gebiet sich bis nach Augsburg erstreckte. Sie erbauten um 950 eine Burg. 1249 wurde Bregenz erstmals als Stadt erwähnt.

Nach Aussterben des alten Stammes besaßen die Grafen von Pfullendorf und später die Grafen von Montfort die Herrschaft über Bregenz. 1525 verkaufte sie Hugo von Montfort an Erzherzog Ferdinand, wodurch es an das Haus Habsburg kam. Viele kleinere und größere Kriege verheerten das Land. Eine Belagerung der Appenzeller und St. Gallener (1407-08) wurde zurückgeschlagen. Dem Druck der Schweden unter General Wrangel widerstand selbst die außerordentlich feste Klause nicht. Sie wurde 1646 erobert, aller dahin ausgelagerter Güter, darunter 40 Tonnen Goldes, beraubt und im Jahr darauf zugleich mit dem Schloß Montfort beim Abzug der Schweden zerstört.

Bis 1831 ging der Verkehr aus Schwaben weiter durch die Befestigungen der Bregenzer Klause nach Vorarlberg und Tirol. Am Ostufer des Bodensees liegt die jüngere Unterstadt, während auf einer Terrasse die mittelalterliche Oberstadt mit Martinsturm und Stadtpfarrkirche zu finden ist. In der Stadt leben 28 000 Einwohner. Bregenz ist international bekannt durch seine Festspiele. Zu Beginn der achtziger Jahre ist das neue Festspiel- und Kongreßhaus eröffnet worden. Kommerzielles Zentrum und einwohnerreichste Stadt in Vorarlberg ist allerdings Dornbirn, wo rund 42 000 Menschen leben.

Bremen

Wo die Stadtmusikanten aufspielten

Die erste Erwähnung Bremens unter dem Namen Bremon findet sich in der Gründungsurkunde des gleichnamigen Bistums, das von Karl dem Großen ins Leben gerufen wurde. Bis 967 von einem königlichen Vogt verwaltet, kam die Stadt danach unter die Herrschaft des Erzbischofs. Die Vogtei wurde 1088 dem Grafen von Supplingenburg übertragen und verblieb bis 1219 dem Haus der Welfen. Dennoch erlangte die Stadt vom 11. bis zum 13. Jahrhundert so viele Freiheiten, daß sie 1276 dem Hansebund beitreten und sich der landesfürstlichen Herrschaft allmählich entziehen konnte. Offiziell galt sie immer noch als bischöfliche Stadt und erlangte erst durch Kaiser Ferdinand III. im Jahr 1646 die Reichsfreiheit. Nach außen hin wurde Bremen durch seine Abhängigkeit vom

Rathaus und Dom zu **Bremen.**

Bischof kaum behindert. Es schloß Handelsverträge, erwarb Privilegien und gründete Kolonien, so 1158 Riga in Livland. An der Durchsetzung der Interessen der Hanse beteiligte sich Bremen nicht sehr eifrig, so daß es mehrmals mit dem Ausschluß aus dem Bund bestraft, also gehänselt, wurde. Der Anfang des 15. Jahrhunderts errichtete steinerne Roland führt den Adler des Deutschen Reiches im Schilde und verkündet: »Wy hebben eyne frye stad.«

Die Reformation fand in Bremen rasch Anhänger. 1532 trat die Stadt dem Schmalkaldischen Bund bei und hielt auch nach der Schlacht bei Mühlberg trotz kaiserlicher Acht und Belagerung die Sache des Protestantismus mit Erfolg aufrecht. Wenige Jahre später jedoch erbitterte der Fanatismus lutherischer Geistlicher, vor allem des Predigers Timann, die Bürgerschaft so sehr, daß sie die calvinistische Lehre annahm.

Der Westfälische Frieden (1648) brachte das Bistum Bremen unter schwedische Herrschaft. Die Stadt wehrte sich in schweren Kämpfen gegen Fremdbestimmung. 1666 verdankte sie ihre Rettung nur der Fürsprache der benachbarten Fürsten. Der Reichsdeputationshauptschluß des Jahres 1803, der unter dem Druck Napoleons zustande kam, brachte Bremen im Gegensatz zu so manch anderer Reichsstadt zunächst nicht das Ende der Freiheit, sondern deren Bestätigung und sogar eine Gebietserweiterung. 1810 verleibte der Franzosenkaiser die Stadt seinem Reich ein und machte sie zur Hauptstadt des kurzlebigen Departements der Wesermündungen. Nach der Völkerschlacht bei Leipzig von den Verbündeten eingenommen, wurde Bremen 1815 zur Freien Stadt des Deutschen Bundes erklärt.

Von dieser Zeit an begannen in Bremen heftige innere Kämpfe. Die frühere Verfassung war trotz verschiedener Versuche, eine Demokratie herzustellen, im wesentlichen aristokratisch gewesen. Bürgermeister Johann Smidt sicherte 1827 in Zusammenarbeit mit Wasserbaudirektor van Ronzelen die Seehafenstellung durch die Gründung von Bremerhaven.

Im März 1848 kam es zu Unruhen, die zur Folge hatten, daß eine wirkliche Vertretung der Bürgerschaft gewählt und eine demokratische Verfassung ausgearbeitet wurde, die im Jahr darauf in Kraft trat, doch schrittweise wieder beseitigt wurde: 1852 wurden Pressefreiheit und Versammlungsrecht aufgehoben, 1854 die meisten anderen März-Errungenschaften suspendiert. 1866 wurde Bremen Mitglied des Norddeutschen Bundes, 1871 Bundesstaat (seit 1919 Land) des Deutschen Reiches. Dem Anschluß an das Reichszollgebiet (1888), dem Weserausbau und der Anlage neuer Häfen unterhalb der Altstadt folgte ein wirtschaftlicher Aufschwung.

Im Verlauf der Novemberrevolution 1918 errichteten aufständische Soldaten einen Arbeiter- und Soldatenrat. Nach Absetzung des Senats im Januar 1919 riefen rote Revoluzzer eine »Sozialistische Republik Bremen« aus, die jedoch bereits im Februar mit der Besetzung durch Truppen der Reichsregierung zusammenbrach. Danach arbeitete eine gesetzgebende Versammlung eine demokratische Verfassung aus, die am 18. Mai 1920 in Kraft trat.

Nach den wirtschaftlichen Verlusten im Ersten Weltkrieg gewann Bremen wieder eine bedeutende Stellung vor allem in Handel und Schiffahrt. 1928 wurden über Bremen 12,5 Prozent der deutschen Ein- und Ausfuhren abgewickelt. Als im

Breslau: Blick auf den Dom vom Hof des fürstbischöflichen Hauses (links), die Jahrhunderthalle.

Zuge der Errichtung der nationalsozialistischen Herrschaft die Länder des Deutschen Reiches gleichgeschaltet wurden, setzte die Reichsregierung auch die Verfassung von 1920 außer Kraft und vereinigte die Stadt mit dem Land Oldenburg unter einem Reichsstatthalter. Der Bau von Schiffen und Flugzeugen wurde gefördert, die Einfuhr im Rahmen der angestrebten weitgehenden Autarkie gedrosselt. Mit der Eingemeindung bisher preußischer Orte (1939) wuchsen Einwohnerzahl und Siedlungsraum der Stadt.

1945 besetzten zunächst britische, dann amerikanische Truppen die Stadt. Zusammen mit Bremerhaven bildete es die amerikanische Enklave Bremen. Am 23. Januar 1947 gründete die amerikanische Militärregierung das Land Bremen, das seit 1949 Land der Bundesrepublik Deutschland ist. Am 21. Oktober 1949 trat eine neue Verfassung in Kraft, die sich stark an das Vorbild von 1920 anlehnt. Das durch westalliierten Bombenterror schwer zerstörte Bremen wurde wiederaufgebaut. Die Stadt nahm einen neuen wirtschaftlichen Aufschwung. Sie hat rund 550 000 Einwohner.

Breslau

Die Hauptstadt Schlesiens

Breslau war bereits in vorgeschichtlicher Zeit besiedelt und blieb es auch, als die germanischen Vandalen hier lebten, wie Funde von Bernsteinschmuck aus jenen Tagen zeigen. Nach Abzug der Germanen im Verlauf der Völkerwanderung rückten slawische Stämme nach. Gegen 900 wurde von Böhmen aus eine Burg gegründet, 1017 als Wortizlawa bezeichnet. 1039 wurde der Ort von den Böhmen erobert und geplündert, und auch die folgenden Jahre, ob unter polnischer Herrschaft oder dem Regiment eines schlesischen Herzogs, standen unter keinem guten Stern. Seit dem 11. Jahrhundert von Kaiser Otto III. gegründeter Bischofssitz, siedelten sich ab dem frühen 13. Jahrhundert deutsche Kaufleute auf dem linken Oderufer an. 1241 verwüsteten die Mongolen diesen Ort, der unmittelbar danach als deutsche Stadt neugegründet wurde. Zahlreiche deutsche Kolonisten wurden aufgenommen. Bereits 1247 wurde die Stadtschule zu Maria Magdalena errichtet, und 1261 erhielt Breslau Magdeburger Recht. Seit dem 14. Jahrhundert gehörte es der Hanse an.

Herzog Heinrich VI., mit dem 1335 die Linie Breslau ausstarb, verkaufte die Stadt 1327 an Böhmen. Unter der Herrschaft der damals dort regierenden deutschen Luxemburger erhielt Breslau bedeutende Vorrechte. Ein unter König Wenzel 1418 ausgebrochener Aufstand wurde von seinem Nachfolger Sigmund 1420 blutig bestraft.

Der Hussiten wußte man sich erfolgreich zu erwehren. Um aber nicht den als Hussit gehaßten böhmischen König Podiebrad als Monarchen anerkennen zu müssen, schloß sich Breslau dem König Matthias Corvinus von Ungarn an, der seit 1482 die Freiheiten der Stadt willkürlich unterdrückte. Nach der Schlacht bei

Mohacs 1526, in der Ungarns König Ludwig II. umkam, fiel sie an Ferdinand I. von Österreich. In dieser Zeit, 1350-1503, wurde das gotische Rathaus errichtet. Noch heute kann man es, wiederhergestellt nach dem Zweiten Weltkrieg, bewundern. Bekannt ist es wegen der drei reichgeschmückten Giebel, die die Hauptfront zieren. Der Mittelbau wurde mit steinernem Rankenwerk geschmückt und birgt in seinem Inneren den historischen Rathaussaal. An der Südfront befindet sich der große Schmuckerker, der zu den schönsten Schöpfungen deutscher Steinmetzkunst zählt. Von den spitzbogigen Fenstern neben der Rathausuhr aus kann man den Ausblick auf die geschichtsträchtige Stadt genießen.

Obwohl die protestantische Lehre unter der Einwirkung von Johann Heß, eines Freundes Luthers, seit 1523 in Breslau die Oberhand gewann, blieben doch der katholische Bischof, Domkapitel und Mönche im Besitz ihrer Stellung und Güter. Den Dreißigjährigen Krieg überstand die Stadt fast ungeschwächt und bewahrte auch 1648 Stadtrechte und Religionsfreiheit. Die zweihundertjährige Herrschaft der Habsburger beschränkte den Protestantismus und eröffnete den Jesuiten einen immer größeren Freiraum. Damit hatte es ein Ende, als Friedrich der Große am 10. August 1741 die Stadt besetzte. Er erhob sie zur dritten königlichen Haupt- und Residenzstadt und behielt sie auch in dem am 11. Juni 1742 zu Breslau geschlossenen Frieden. Doch noch gab Maria Theresia nicht auf. Im Siebenjährigen Krieg mußte der Preußenkönig nochmals um den Besitz Schlesiens kämpfen.

Nach dem Sieg Karls von Lothringen über den Herzog von Braunschweig-Bevern (22. November 1757) wurde Breslau von den Österreichern eingenommen, doch schon nach der Schlacht von Leuthen von Friedrich zurückgewonnen. 1760 wurde es von Laudon vergeblich belagert.

Nach der für Preußen verlorengegangenen Doppelschlacht bei Jena und Auerstedt belagerten die Franzosen unter Vandamme ab dem 7. Dezember 1806 die Stadt, die ihm am 7. Januar 1807 übergeben wurde. 1811 wurde die bislang in Frankfurt/Oder bestehende Universität nach Breslau verlegt. 1813 war die Stadt für kurze Zeit Sitz des Königs. Von hier erging der Aufruf: »An mein Volk!«, und hier organisierten sich die Befreiungsheere, weshalb im Gedenken an dieses Ereignis 1913 die Jahrhunderthalle errichtet wurde. Nach der Schlacht bei Bautzen waren die Franzosen kurzzeitig (1.-12. Juni 1813) abermals Herren der Stadt, bevor sie endgültig den Rückzug antreten mußten.

Die vollständige Umwandlung der schon 1808 geschleiften Festungswerke zu Grünanlagen geschah nach Abschluß des Pariser Friedens und förderte die nun ungehinderte Ausbreitung der Stadt. Die Bevölkerung wuchs rasch, von 62 000 im Jahr 1811 auf über 400 000 im Jahr 1890.

Von den Zerstörungen des Zweiten Weltkrieges blieb Breslau lange verschont. Erst die Belagerung durch die Rote Armee brachte der Stadt Tod und Verwüstung. In der zur Festung erklärten schlesischen Hauptstadt kämpften die Verteidiger noch, als sowjetische Truppen bereits in Berlin standen. Als sie die Waffen strecken mußten, war von der einstigen Perle der ostdeutschen Städte nicht viel mehr als ein Haufen Trümmer übrig. Die verbliebenen Einwohner wurden vertrieben.

Unter polnischer Verwaltung konnte Breslau nicht auch nur annähernd seine alte überragende kulturelle und wirtschaftliche Bedeutung erringen.

Bromberg

Kulturelles Zentrum Westpreußens

An einer uralten Handelsstraße gab es schon in vorgeschichtlicher Zeit, als noch die ostgermanischen Burgunder in diesem Gebiet lebten, eine Befestigungsanlage, die den Namen Bidegast trug.

Hier führte eine Furt durch die untere Brahe, einer der wenigen Wege durch den breiten Sumpfgürtel. Die Burg wird 1242 unter dem Namen »castrum Bidgostiense« erstmals urkundlich erwähnt. Um diese Zeit entstand auch die erste Ansiedlung neben der Burg.

Nach dem Friedensschluß von Kalisch im Jahre 1343 zwischen dem Deutschen Ritterorden und Polen rief der polnische König Kasimir deutsche Siedler ins Land. Am 19. April 1346 überreichte er den aus Kulm im Ordensland stammenden Lokatoren Johann Kesselhut und Conrad zu Brest in Kujawien eine Urkunde mit der Erlaubnis, neben der Burg an der Brahe eine Stadt anzulegen. Ausdrücklich wurde der neuen Stadt Magdeburger Recht zuerkannt, während polnische Rechtsgewohnheiten nicht gelten sollten. Westlich der alten Burg wurde am Südufer der Brahe der neue Marktplatz abgesteckt und der Grundstein für Kirche und Rathaus »auf einem menschenleeren und öden Felde« gelegt.

Zu Ehren des Königs Kasimir sollte die neue Stadt »Kunigsburg« (Königsburg) heißen. Die deutschen Zuwanderer nannten ihre neue Siedlung jedoch »Brahburg« aus dem im Laufe der Zeit »Bromberg« wurde. Die rasch aufblühende Stadt hatte eine selbständige deutsche Verwaltung mit gewählten Ratsmännern und Schöffen. Die beiden Lokatoren als vom König bestellte Vögte besaßen das Aufsichtsrecht. Die Gründungsurkunde gab der Siedlung ein sehr großes Landgebiet und genehmigte als Gewerbe Tuchhandel, Kramläden, Brot- und Fleischbänke, Schuhmacherei, Barbier- und Badstuben.

Bromberg erhielt zu Beginn des 15. Jahrhunderts das begehrte Niederlassungsrecht. Das bedeutete, daß durchziehende Kaufleute verpflichtet waren, ihre Waren einige Tage in der Stadt auf den Markt zu bringen. Ein Franziskaner- und ein Benediktinerkloster ließen sich in Bromberg nieder, und auch die schöne Pfarrkirche entstand zu dieser Zeit. Neben der Töpferinnung erhielt die deutsche Schiffergilde ihre Zunftrechte.

1498 wurde ein Hospital erbaut, und seit 1520 sorgte eine Quellwasserleitung für weiter verbesserte hygienische Verhältnisse. Ab 1565 wurden regelmäßig große Viehmärkte abgehalten. Am 5. März 1637 verlieh König Wladislaw II. den Brombergern das alleinige Recht, Getreide bis zur Mündung der Brahe in die Weichsel zu verschiffen. Fremde Schiffe mußten Zoll zahlen. Außerdem erhielt die Stadt das Privileg von zwei Märkten in jeder Woche. Am Ende des 16. Jahrhunderts war Bromberg einer der bedeutendsten und blühendsten Handelsplätze im Weichselland mit der für damalige Verhältnisse erstaunlichen Zahl von 15 000 Einwohnern geworden. Sein wirtschaftlicher Aufschwung, dank dem Eifer seiner

Bromberg: Evangelische Kirche mit Speicher (links), Alte Pfarrkirche (rechts).

deutschen Bürger, erregte sogar den Neid der »Königin der Weichsel«, der Hansestadt Thorn.

Die erste Polnische Teilung beendete die bis dahin störende Trennung Ostpreußens vom brandenburgischen Kernland mit Pommern. Auch Bromberg kam zu Preußen, und es eröffneten sich für die Entwicklung der Stadt neue Möglichkeiten. Friedrich der Große erkannte rasch die günstige Lage der Stadt und förderte sie insbesondere durch die Anlage des Brahe-Netze-Kanals. 1773 begonnen, konnte er schon nach einem Jahr in Betrieb genommen werden. Weichsel und Westpreußen waren damit über eine durchgehende Wasserstraße mit Berlin verbunden. Es entstanden in Bromberg auf Friedrichs Befehl die königlichen Mühlen und die gewaltigen alten Speicher, um den Getreidehandel zu fördern. Bromberg wurde Behördensitz und erhielt eine Garnison, wodurch sein Aufstieg weiter begünstigt wurde. Die Stadt erhielt ferner den größten Binnenholzhafen Ostdeutschlands und nahm eine beherrschende Stellung in der Holzindustrie ein.

Der Tilsiter Frieden unterbrach die Zeit der preußischen Verwaltung, da von 1807-15 das Gebiet als Bromberger Departement zum Großherzogtum Warschau kam. Danach brachte vor allem der Eisenbahnbau weiteren Aufschwung.

Nach dem Ersten Weltkrieg kam Bromberg unter Bruch des Selbstbestimmungsrechts an Polen. Die Bevölkerungszahl stieg von 1910 bis 1926 von 57 696 auf 87 643, der Anteil der Deutschen ging dabei von 77,4 auf 27,3 Prozent zurück. Nicht nur die Zuwanderung von Polen, sondern auch der zunehmende Vertreibungsdruck verringerte die Zahl der Deutschen drastisch und kündete so bereits die nach dem Zweiten Weltkrieg praktizierte völkerrechtswidrige Politik an. Der Bromberger Blutsonntag Anfang September 1939 mit furchtbaren Verbrechen fanatisierter Polen an Deutschen war der erste Massenmord des Zweiten Weltkrieges. Nach einer kurzzeitigen Rückkehr zum Deutschen Reich 1939 fiel Bromberg nach Kriegsende mit ganz Ostdeutschland an Polen.

Brünn

Hauptstadt Mährens

Die einstige Hauptstadt des österreichischen Kronlandes Mähren (ab 1641; zuvor was es Olmütz) liegt zwischen dem Schwarzawa- und dem Zwittawafluß am Fuß des Spielbergs. Nachdem die Markomannen in der Völkerwanderungszeit aus diesem Gebiet abgezogen waren, drangen im sechsten Jahrhundert Slawen nach Mähren vor. Dreihundert Jahre später kam es zur Gründung des Großmährischen Reiches, dem zeitweise Böhmen und die Slowakei angegliedert waren. Im zehnten Jahrhundert erlag das Mährerreich dem Ansturm der Ungarn. Wechselnde Expansionsversuche von Böhmen und Polen endeten schließlich mit der Einverleibung Mährens in den Herrschaftsbereich der Przemysliden.

Diese steigen im elften Jahrhundert zu einem angesehenen Geschlecht unter den Fürsten des deutschen Reiches empor. Ab dem zwölften Jahrhundert werben

Krautmarkt mit Parnassbrunnen in **Brünn** zur Vorkriegszeit.

sie deutsche Siedler an, die besondere Vorrechte erhalten. Sie dürfen Handwerker- und Kaufmannssiedlungen als eigene Rechtsgemeinschaften gründen. Da sich diese Rechte allmählich dem ganzen Lande mitteilen, werden Böhmen und Mähren zu Städtelandschaften mit immer höherem Kulturniveau. Und sie werden zweisprachig: tschechisch und deutsch. Die Organisation des Städtewesens ist überwiegend das Werk deutscher Siedler.

1243 erhält Brünn deutsches Stadtrecht. Zehn Jahre später wird Ottokar II. böhmischer König. Reiche Einkünfte bezieht er aus den Silberminen Iglaus. Auf dieser Machtgrundlage dehnt er sein Reich nach Süden aus. 25 Jahre regiert er auch über Österreich. Er beansprucht die deutsche Königskrone, unterliegt aber im Kampf gegen Rudolf von Habsburg. Böhmen und Mähren erleben unter seiner Herrschaft eine Blütezeit.

Im 14. und 15. Jahrhundert ist die Burg Spielberg Sitz der mährischen Markgrafen. 1348 - es ist das Jahr der Gründung der Karls-Universität in Prag, der ersten deutschen Universität überhaupt - erhält die Stadt Brünn vom böhmischen König und späteren deutschen Kaiser Karl IV. als Handelszentrum wichtige Privilegien. Karl IV. entstammt dem westdeutschen Herrscherhaus der Luxemburger, das die Przemyslidendynastie nach deren Aussterben im Jahre 1306 ablöst.

Diese Blütezeit Böhmens und Mährens wurde vier Jahrzehnte später durch die hussitische Revolution beendet. Auch Brünn wurde 1428 und 1430 von den Hussiten belagert. Ihr Heerführer Jan Zischka war damals schon verstorben, die Belagerung hatte keinen Erfolg. Die Stadt schloß sich 1467 dem ungarischen König Matthias Corvinus an, woraufhin der Erbe der hussitischen Revolution, der böhmische König Georg von Podiebrad, sie hart belagerte. Doch auch er mußte unverrichteter Dinge wieder abziehen.

1620, nach Beginn des Dreißigjährigen Krieges, blieb Brünn als Stadt der Empörung der böhmischen Stände fern. 1636 wurde hier ein königliches Tribunal errichtet, das im Jahr darauf nach Olmütz verlegt wurde, 1641 aber wieder zurückkam. 1645 belagerten die Schweden unter Torstenson Brünn fast den ganzen Sommer vergeblich. Wegen dieser tapferen Verteidigung wurden der Stadt daraufhin von Kaiser Ferdinand III. bedeutende Privilegien verliehen. Weitere Anstürme mußten 1663 und 1683 bestanden werden, als die Türken vor den Toren standen.

1743 wird Maria Theresia in Prag zur Königin von Böhmen gekrönt. Nach dem Verlust Schlesiens an Preußen (1745) steigt die Bedeutung Böhmens und Mährens für die österreichische Industrialisierung. Um 1900 kommen 60 Prozent der Stahlerzeugung aus diesen Ländern. 80 Prozent aller mechanischen Webstühle arbeiten hier. Ein großer Teil der Maschinenindustrie hat seinen Standort in Böhmen und Mähren, und die meiste Kohle wird hier gefördert. 1910 arbeiten noch 36 Prozent der Bevölkerung in der Landwirtschaft, ein Anteil, der damals nur auf hochindustrialisierte Länder zutrifft.

Der Dom auf dem Petersberg steht an der Stelle einer alten Burg und einer romanischen Basilika des 11. Jahrhunderts. Im 15. Jahrhundert wurde er im gotischen Stil errichtet und bei der Belagerung der Stadt durch die Schweden zerstört. Nachdem er in barocken Formen erneuert worden war, wurde sein Äußeres Anfang des 20. Jahrhunderts im gotischen Stil wiederhergestellt.

Auf dem Kapuzinerplatz steht die zu einem ehemaligen Kloster gehörende Kapuzinerkirche. In der Gruft finden sich fünfzig Mumien von Mönchen und angesehenen Bürgern der Stadt. Außerdem ruht hier in einem Glassarg der von 1746 bis 1749 in den Kasematten der Zitadelle auf dem Spielberg gefangengehalten gewesene Pandurenführer Freiherr von der Trenck.

Die Zitadelle auf dem 56 Meter hohen Kegel des Spielbergs war von 1349 bis 1411 Sitz der Markgrafen von Mähren. Im 17. und 18. Jahrhundert wurde sie verändert und als Festung ausgebaut. Von 1621 bis 1858 diente sie als österreichisches Staatsgefängnis für Verbrecher und Feinde der Monarchie. Heute ist sie als Museum zugänglich. In den Kasematten finden sich Bildnisse interessanter Gefangener.

Im ehemaligen Augustinerkloster führte der Mönch und Prälat Gregor Mendel zwischen 1858 und 1868 seine Kreuzungsversuche an Erbsen und Bohnen durch und entdeckte dabei grundlegende Vererbungsgesetze (»Mendelsche Regeln«). Sein Denkmal steht gegenüber der Augustinerkirche.

Mit dem Untergang der Donaumonarchie war das Deutschtum Brünns wie in allen Teilen der Tschechoslowakei der Unterdrückung ausgesetzt. Trotzdem blieb die Stadt bis 1945 in ihrem Kern deutsch. Das Kultur- und Wirtschaftsleben war von Deutschen geprägt und das Bürgertum der Stadt traditionsgemäß durch die Ausstrahlung der österreichischen Metropole Wien stets eng verbunden.

Bereits einige Tage vor dem Einmarsch der Russen 1945 waren Aufrufe des Tschechenpräsidenten Benesch in seiner Rede in Kaschau hörbar, die durch den Rundfunk verbreitet wurden und in denen er eindeutig und klar von der Liquidierung der Deutschen sprach. Schon unter dem Eindruck dieser Hetze begannen nach dem Abzug der deutschen Wehrmacht die ersten Mißhandlungen der Deutschen, und vom 25. April 1945 an steigerten sich diese in unerhörtem Maße.

Nach einer Zeit furchtbarer Vorkommnisse wurden am 30. Mai 1945 um 9 Uhr abends die Deutschen Brünns aus den Wohnungen gejagt und standen in Massen an bezeichneten Plätzen, von wo sie in den Morgenstunden in Züge aufgeteilt wurden. Brutal wurden die mehr als 20 000 Menschen, darunter viele Kranke und Kinder, Greise und Behinderte, systematisch nach Wertsachen durchsucht, die man ihnen raubte. Ihre Wohnungen hatten sie unverschlossen zurücklassen müssen. Jeglicher Besitz von Wertgegenständen, auch Eheringen, war verboten. Schon in dieser Phase ereigneten sich Mordtaten, die an Zahl zunahmen, als sich die Züge in Bewegung setzten und man die Unglücklichen auf der Wiener Reichsstraße gen Süden trieb.

Begleitet von verbrecherischen Wachmannschaften wankten die Deutschen auf der Straße, soweit sie nicht zusammenbrachen und einfach in den Straßengräben ihr Leben ließen. Mehr als 10 000 Menschen gingen bei diesem Todesmarsch elend zugrunde. 1946 befreite eine »Amnestie« die Täter von der Furcht vor Strafverfolgung, soweit diese je bestanden hatte, und bis auf den heutigen Tag sind die Dekrete Beneschs Rechtsgrundlage eines Staates, der mitten in Europa liegt und sich »demokratisch« nennt.

Czernowitz

Zentrum des Buchenlanddeutschtums

Die heute Tschernowzy genannte ukrainische Gebietshauptstadt hatte seit ihrer Gründung viele Herren und noch mehr Völker in ihren Mauern gesehen. Im 12. Jahrhundert wurde die Stadt gegründet und 1408 als Zollpunkt des Fürstentums Moldau erstmals erwähnt. Das Gebiet geriet alsbald in Abhängigkeit vom Osmanischen Reich. 1775 fiel die Stadt an die Habsburger, die sie zunächst Galizien zuordneten und zum Verwaltungszentrum ausbauten.

1849 wurde das Herzogtum Bukowina, auch Buchenland genannt, gebildet. Hauptstadt dieses österreichischen Kronlandes wurde Czernowitz. Die malerisch am Pruth unweit der rumänischen und russischen Grenze gelegene Stadt begann sich rasch zu entwickeln. Die Zahl der Einwohner stieg von 33 884 im Jahre 1869 auf 45 600 im Jahre 1880. Obwohl Zentrum der Bukowinadeutschen, lebten viele andere Nationalitäten hier, so Ruthenen (Ukrainer), Polen, Rumänen und Armenier. Die Religionen waren ebenso gemischt. Neben den Angehörigen der verschiedensten christlichen Bekenntnisse lebten über 14 000 Juden in der Stadt.

Zum hundertsten Jahrestag der Vereinigung des Buchenlandes mit Österreich wurde die Franz-Joseph-Universität gegründet. Sie war bis 1918 die östlichste deutsche Bildungseinrichtung dieser Art in der Donaumonarchie. In den achtziger Jahren des vorigen Jahrhunderts besaß diese Universität eine Bibliothek mit 50 000 Bänden, eine theologische, rechts- und staatswissenschaftliche sowie eine philosophische Fakultät. Für 223 Studierende standen 36 Dozenten bereit.

Im Ersten Weltkrieg war die Stadt mehrfach heftig umkämpft. Am 3. November 1918 besetzten ukrainische Truppen Czernowitz, wenige Tage später kamen die Rumänen. Die Pariser Vorortsverträge schlugen das Gebiet Rumänien zu. 1940 griff Stalin nach Bessarabien und verleibte auch die Nord-Bukowina seinem Imperium ein. Die Deutschen wurden daraufhin sicherheitshalber ins Reich heimgeholt. So entgingen sie im Jahr darauf dem Schicksal der mörderischen Deportation, das die Wolgadeutschen erleiden mußten. Für vier Jahre wurde die Stadt noch einmal rumänisch, um dann scheinbar für immer Teil der Sowjetunion zu werden. 1991 jedoch brach das Unrechtssystem zusammen und die Ukraine wurde selbständig. Czernowitz hatte mittlerweile rund 260 000 Einwohner unterschiedlichster Herkunft. Deutsche in großer Zahl sind jedoch nicht mehr darunter.

Czernowitz: Das 1905 eröffnete Stadttheater (links), das Deutsche Haus (rechts).

Danzig

Tor zur Welt an der Weichselmündung

Die Stadt Danzig, an deren Stelle einst das Gotiskandza der germanischen Goten lag, wurde 980 erstmals als »urbs Gyddanzyc« erwähnt. Bereits zu Ende des 10. Jahrhunderts stand sie in hoher Blüte und wurde zur Hauptstadt Pommerellens. Herzog Subislaw umgab »Gidanie« 1185 mit Mauern. 1221 eroberte König Waldemar II. von Dänemark die Stadt, verlor sie aber schon vier Jahre später an Swatopolk III. von Pommern. Als die herandringenden alten Preußen 1225 Danzig erstürmten, rief er den Deutschen Orden zu Hilfe. Als Swatopolks Sohn Mestwin 1295 ohne männliche Erben starb, fiel Danzig an Przemyslaw II. von Polen, der im Jahr darauf starb. Sein Erbe Wladislaw Lokietek rief abermals den Deutschen Orden gegen Brandenburg zu Hilfe. Der Markgraf von Brandenburg wurde nun zwar geschlagen, der Deutsche Orden besetzte aber die Stadt. Er behielt sie als Eigentum, da die versprochene Entschädigung nicht aufzubringen war (1308). Im Vertrag von Kalisch 1343 mußte König Kasimir III. von Polen dem Hochmeister Ludolf Danzig förmlich zugestehen.

Trotz all dieser Kämpfe hatte Danzig an Wohlstand ungemein zugenommen. Aus der deutschen Marktsiedlung, die sich seit 1178 entwickelt hatte, war eine Stadt mit lübischem Recht (1240) geworden, die 1350 dem Bund der Hanse beitrat. Aus dieser Zeit stammen viele bedeutende Bauten, namentlich die Anlage der Rechtstadt (1340), der Jungstadt (1380) und der Vorstadt (1393). Unter dem Hochmeister Konrad von Jungingen (1393-1407) führte Danzig einige Kriege, besetzte für den Schwedenkönig Albrecht Stockholm und wurde durch seinen Kampf mit den seeräuberischen Vitalienbrüdern auch mit Margarete von Dänemark in einen Konflikt verwickelt.

Der Handel entwickelte sich rasch und reichte von Flandern bis Nowgorod und über Polen und das Kiewer Reich bis nach Byzanz. Danzig nahm eine führende Stellung im West-Ost-Handel ein und überflügelte seit 1370 Elbing als See- und Handelsstadt.

Mit mehreren anderen preußischen Städten und der Ritterschaft schloß sich Danzig im Preußischen Bund zusammen. Als infolge der Niederlage Ulrichs von Jungingen (1410) die Macht des Deutschen Ordens sank, benutzte es diesen Umstand und löste sich von ihm. 1454 geriet es unter polnische Herrschaft, ertrotzte weitgehende Selbständigkeit und bewahrte den deutschen Charakter.

Streitigkeiten mit dem polnischen König wegen der Besetzung des Bistums Ermland führten zum achtjährigen Pfaffenkrieg (1472-80), in dem sich zwar Danzigs Macht, aber auch die polnische Antipathie gegen diese Stadt zeigten. Schon 1523 nahm Danzig die Reformation an, die jedoch nicht ohne heftige innere Kämpfe Fuß fassen konnte. Trotz polnischer Eingriffe 1526 blieb die Stadt evangelisch.

Die Kriege Polens gegen Schweden im 17. Jahrhundert ließen Danzig nicht unberührt. Im Polnischen Erfolgekrieg wurde es 1734 von Russen erobert. Die

An der Mottlau zu **Danzig.** In der Mitte ragt der Rathausturm hervor, rechts davon die Marienkirche.
Am rechten Bildrand: das Krantor.

politischen und wirtschaftlichen Schwerpunkte verlagerten sich. Die erste Teilung Polens (1772) ließ der Stadt zwar ihre Unabhängigkeit, engte sie jedoch ein.

Die Vereinigung mit Preußen (1793) leitete eine neue Blüte ein. Der Friede von Tilsit machte Danzig zu einer »Freien Stadt« mit französischer Besatzung, die 1814 erst nach langer Belagerung kapitulierte. Nun kam Danzig wieder an Preußen und nahm als Hauptstadt der Provinz Westpreußen einen neuen Aufschwung. Handel und Industrie wurden gefördert, der Hafen erweitert, der Schiffbau blühte auf. Um die Jahrhundertwende entstanden im Norden und Nordwesten neue Wohngebiete, Werften und Hafenanlagen. Die nördliche Vorstadt Oliva und die Strandorte Brösen, Neufahrwasser und Heubude wurden eingemeindet.

1919 wurde Danzig durch den Versailler Vertrag ohne Volksabstimmung vom Deutschen Reich getrennt. Mit Wirkung vom 20. November 1920 wurde es zur »Freien Stadt« erklärt. Der Freistaat hatte die Aufgabe, Polen einen freien Zugang zum Meer zu ermöglichen. Die Freie Stadt Danzig leitete ihre auswärtige Politik formal selbst, mußte aber ihre Vertretung (außer beim Völkerbund) und den Schutz ihrer Staatsangehörigen im Ausland durch Polen wahrnehmen lassen. Der Freistaat gehörte zum polnischen Zollgebiet, bildete aber eine Verwaltungseinheit unter Danziger Beamten. Der vom Völkerbundsrat bestellte Hochkommissar mit Amtssitz in Danzig entschied in erster Instanz, der Völkerbundsrat als letzte alle Streitigkeiten zwischen dem Freistaat und Polen.

Das vorgebliche Ziel der Siegermächte, mit der Schaffung des Freistaates einen Ausgleich zwischen den Annexionsbestrebungen Polens und den auf Verbleib beim Deutschen Reich gerichteten Interessen der deutschen Bevölkerung herbeizuführen, wurde nicht erreicht. Vor dem Hintergrund dieser gegensätzlichen Interessenlage kam es zu zahlreichen Konflikten zwischen dem Senat und der polnischen Regierung. Beispiel ist die Auseinandersetzung um die Errichtung eines polnischen Militärdepots auf der Westerplatte. Der Senat wurde deutschnational geführt, bis 1933 die NSDAP die Mehrheit im Volkstag gewann. Im wachsenden Maße wurden die Opposition und die nichtnationalsozialistische Presse ausgeschaltet. Mit dem Tod des Marschalls Pilsudski 1935 setzte sich eine auf Konfrontation bedachte Strömung in Polen durch, die jegliche Lösung der Probleme auf diplomatischem Wege erschwerte und letztlich den Ausbruch des Krieges mitverursachte. Nach Kriegsbeginn stand Danzig wieder im Verband des Reiches, am Ende kam eine mutwillige Verwüstung der brandschatzenden Roten Armee und unermeßliches Leid über die Bevölkerung. Danzig wurde unter polnische Verwaltung gestellt und die Innenstadt teilweise wiederaufgebaut. Die Stadt kam unter polnischer Herrschaft nicht zur Ruhe. Höhepunkt war der Aufstand 1980, der das Danziger Abkommen hervorbrachte, einen ersten Versuch zur Demokratisierung Polens. Der Staatsstreich im Dezember 1981 hiervte noch einmal die alten Kräfte in Entscheidungsposition, Ende der achtziger Jahre verfiel die kommunistische Herrschaft jedoch endgültig. Ein Unrecht, das als Ergebnis des Zweiten Weltkrieges und der Bestimmungen von Jalta entstanden war, wurde damit zwar beseitigt. Das Unrecht der Vertreibung und völkerrechtswidriger Abtrennung von Deutschland aber besteht fort.

Daressalam: Blick auf die Stadt zur deutschen Zeit (oben), Soldaten der deutschen Schutztruppe (unten).

Daressalam

Unter Afrikas brennender Sonne

Deutsch-Ostafrika war auch nach dem deutsch-englischen Helgoland-Sansibar-Vertrag, der einen deutschen Verzicht auf die der Küste Ostafrikas vorgelagerten Inseln zugunsten Helgolands brachte (1890), ein gewaltiger Landblock von fast der doppelten Fläche des Deutschen Reiches. Umschlossen wurde das Gebiet im Osten vom Indischen Ozean, im Westen reichte es bis zu den großen afrikanischen Binnenseen. Im Norden bildete die trockene Massaisteppe die natürliche Grenze zum heutigen Kenia, im Süden war dies der teilweise schiffbare Fluß Rowuma zur portugiesischen Kolonie Mosambik.

Auf einer wagemutigen Expedition hatte der Deutsche Carl Peters 1884 Verträge mit zwölf Häuptlingen geschlossen. Den Schutz des Reiches erhielt seine Unternehmung erst im nachhinein, da sie als aussichtslos galt. Im Februar 1885 gewährte Bismarck für ein Territorium von zunächst 140 000 Quadratkilometern den Reichsschutz. Der Grundstein für eines der schönsten und blühendsten Schutzgebiete wurde gelegt.

In dreißig Jahren intensiver Kolonialtätigkeit trugen schwere und gefahrvolle Pionierarbeit ihre Früchte. Vertrauen ersetzte das bis dahin herrschende Mißtrauen, und in den letzten acht Jahren vor Ausbruch des Ersten Weltkrieges bot Ostafrika das Bild einer friedlichen, aufstrebenden Kolonie. Es war kein Hörigkeitsgefühl, das die Ureinwohner an die deutsche Verwaltung band, sondern festes Vertrauen. Anders ist das Beharrungsvermögen der Schwarzen auf deutscher Seite in den vier Jahre dauernden Abwehrkämpfen während des Ersten Weltkrieges nicht zu erklären.

Wer in Daressalam - arabisch: »Hafen des Friedens« - an Land ging, fand sich in einer der schönsten Städte Afrikas wieder. Aus dem Laub der Palmen ragten die Türme zweier Kirchen. Am Strand lag der imposante Bau des Hotels »Kaiserhof«. Rikschas verkehrten auf den breiten, nachts beleuchteten Straßen, die von modernen Häusern gesäumt wurden. Zwei großzügig ausgestattete Krankenhäuser, je eines für die europäischen Einwanderer und für die Eingeborenen, das Gouverneursgebäude, mehrere Schulen, Aquarium, Museum und das Eingeborenenviertel, das sich angenehm von den Slums der Städte anderer Kolonialmächte abhob, gaben Daressalam das Gepräge. Eine Brücke führte auf die Halbinsel Kurasini. Von den 24 000 Einwohnern waren 1908 rund 500 Weiße, zur Hälfte Beamte und Schutztruppenangehörige. Vom Gesamthandel in Höhe von rund 12 Millionen Reichsmark entfielen 11 Millionen auf die Einfuhr.

Im Ersten Weltkrieg bekamen die Gegner Deutschlands in Ostafrika einen Widerstand zu spüren, der weit über das hinausging, was ihnen sonst bei ihren vertragsbrüchigen Beutezügen widerfuhr. Bis zum 13. November 1918 hielt die Truppe unter Lettow-Vorbeck mit weltweit bewunderter Tapferkeit durch, da erreichte sie die Nachricht von der deutschen Kapitulation. Die unbesiegte Armee mußte die Waffen strecken.

Darmstadt: Ausblick vom Schloß auf den Marktplatz.

Darmstadt

Zentrum Kurhessens und der Architekten

Darmstadt, im 11. Jahrhundert als Dorf Darmundesstat erstmals erwähnt, geht vermutlich auf ein karolingisches Jagdhaus im Reichsgut um Frankfurt am Main zurück. Bis 1257 war es im Besitz der Reichsministerialen von Dornberg, dann der Grafschaft Katzenelnbogen. Die Grafen verlegten ihre Residenz 1330 nach Darmstadt und erhoben es zur Stadt. Mit dem Erlöschen der männlichen Linie kam Darmstadt 1479 durch Heirat an Hessen.

1518 überstand die Stadt eine Belagerung durch Franz von Sickingen. Sie konnte durch Abschluß eines Vergleichs beendet werden. Im Schmalkaldischen Krieg wurde Darmstadt 1546 durch ein niederländisch-spanisches Korps unter dem Grafen von Büren mit List genommen. Die Besatzer plünderten die Stadt und sprengten das Schloß in die Luft.

Darmstadt blieb nun lange in Trümmern liegen. Die Stadt erholte sich erst unter dem Landgrafen Georg I. von Hessen, der sie 1567 zu seiner Residenz wählte und Stifter der hessen-darmstädtischen Linie wurde. 1622 wurde Darmstadt von den Truppen Ernst von Mansfelds geplündert, 1688 und 1693 von den Franzosen gebrandschatzt.

Der im 18. Jahrhundert eingetretene Stillstand in der Entwicklung wurde mit der Regierungsübernahme durch Ludwig X. (als Großherzog seit 1806 Ludwig I.) beendet. Die alten Mauern wurden größtenteils abgetragen und die Stadt nach allen Richtungen erweitert. Ganze Straßenzüge wurden mit schönen Gebäuden angelegt und eine Reihe neuer Bildungsanstalten gegründet. Hier wurde 1820-22 der Darmstädter Handelskongreß von den Bevollmächtigten mehrerer süddeutscher Staaten abgehalten. Die Beratungen hatten die Ermäßigung des Mautsystems und die Angleichung der Zölle zum Ziel und sind deshalb als einer der frühen Versuche zu werten, die Zersplitterung Deutschlands zu überwinden. Gegenteilige Bestrebungen führten im April 1852 zum Abschluß der Darmstädter Koalition, die sich gegen den preußisch geführten Zollverein richtete.

Die Einwohnerzahl Darmstadts entwickelte sich in dieser Zeit rasch. Ende des 18. Jahrhunderts betrug sie erst 6700, bis 1880 stieg sie auf 48 800, Mitte der 1930er Jahre lag sie bei 93 000. Heute hat die Stadt rund 140 000 Einwohner.

Weit über Darmstadt hinaus bekannt wurde die ab 1899 geschaffene Künstlerkolonie. Auf der Mathildenhöhe siedelten bedeutende Künstler, die als Ziel die Überwindung des Stils des 19. Jahrhunderts hatten. Unter ihnen befand sich der Baumeister Peter Behrens, der dem Zweckgedanken bei der Errichtung von Fabrikgebäuden eine Bahn brach. Gleiche Ziele verfolgte Joseph Maria Olbrich. Von ihm stammen die Ausstellungshallen und der Hochzeitsturm in Darmstadt.

Darmstadt erlitt im Zweiten Weltkrieg das traurige Schicksal, als erste Stadt Deutschlands nach der Angriffstaktik des sogenannten Todesfächers bombardiert zu werden. 15 000 Menschen starben, 70 000 wurden obdachlos. 78% der Gebäude

Dessau: Marienkirche und Rathausturm (links), einstiges Anhaltisches Siegesdenkmal (rechts).

waren zerstört. Die Nacht vom 11. zum 12. September 1944 wurde zur Generalprobe für die Vernichtung Dresdens.

Doch auch Darmstadt lebte nach dem Ende des Krieges wieder auf. Die Stadtkirche, aus dem 15.-17. Jahrhundert stammend, wurde stark verändert wiederhergestellt. Die vielfältige Baugruppe des Schlosses, geprägt von den barocken Teilen, beherbergt heute die Landes- und Hochschulbibliothek sowie das Staatsarchiv. Im Stadtzentrum findet man das Rathaus vom Ende des 16. und das Kollegienhaus aus dem 18. Jahrhundert. Die klassizistische Ludwigskirche wurde 1958/59 wiedererrichtet.

Mit der Bildung des Landes Hessen wurde Darmstadt Hauptstadt des gleichnamigen Regierungsbezirks. Entsprechend seiner Mittelpunktstellung im südlichen Rhein-Main-Gebiet und seiner historischen Entwicklung ist Darmstadt Sitz zahlreicher Behörden.

Dessau

Wo die Wiege der Ju 52 stand

Dessau wurde anfangs Dissouwe, dann Deßo genannt. Wahrscheinlich unter Albrecht dem Bären um 1180 wurde es im Zuge der zweiten deutschen Ostsiedlung zu einer planmäßig angelegten Marktsiedlung erweitert und erhielt zu einem nicht bekannten Zeitpunkt Magdeburger Stadtrecht. Beurkundet ist es zuerst für 1213. Schon vor 1313 befand sich hier eine vom Klerus unabhängige Schule, die älteste in Anhalt.

Nach der Überlieferung soll 1467 die ganze Stadt, mit Ausnahme der Marienkirche, ein Raub der Flammen geworden sein. 1525 wurde hier zwischen dem Kurfürsten von Mainz und den Herzögen Georg von Sachsen und Heinrich von Braunschweig ein Bund zur Aufrechterhaltung der römisch-katholischen Kirche geschlossen. Seit der letzten Teilung Anhalts im Jahre 1603 war Dessau die Residenz des Fürsten von Anhalt-Dessau.

Nachdem die Pest bereits des öfteren ihren Tribut gefordert hatte, wurde im Dreißigjährigen Krieg die Stadt häufig in Mitleidenschaft gezogen. Vor allem die Kämpfe Ernst von Mansfelds mit Wallenstein um die Dessauer Brücke am 25. April 1626 blieben nicht ohne negative Wirkung auf die Stadt.

Einen Aufschwung erlebte Dessau unter dem Fürsten Leopold I., dem »Alten Dessauer«. Er legte die Wasserstadt, die Fürsten-, die Kavalier- und die Leipziger Straße an. Fürst Leopold Maximilian erbaute das Schloß, und sein Sohn Leopold Friedrich Franz legte die Fortsetzung der Kavalierstraße, die Franzstraße, an. Von Bedeutung war die am Ende des 18. Jahrhunderts von Basedow in Dessau begründete Erziehungsanstalt, das Philanthropinum. Hier sollte die Jugend im Geiste der damaligen Aufklärung herangebildet werden. Diese Gründung war jedoch nicht von langer Dauer. Nach kaum zwanzig Jahren mußte die 1774 eröffnete Lehreinrichtung bereits 1793 wieder schließen.

Das Schloß zu **Detmold.**

1825 erhielt der Neumarkt das Aussehen, das er bis zum Ende des Zweiten Weltkrieges bewahrte. Nach dem Aussterben der Köthener und schließlich auch der Bernburger Linie der Askanier wurde Dessau die Haupstadt des einigen Fürstentums Anhalt. Mit dem Sturz der Monarchie 1918 wurde es Sitz der Regierung des Freistaates Anhalt.

Die Einwohnerzahl war von 1880 bis 1935 von 23 300 auf 79 000 gestiegen (heute sind es rund 100 000). Aus der Beamten- und Wohnstadt war ein wichtiges Industriezentrum geworden. Einer der ältesten deutschen Flughäfen befand sich hier, ebenso die hochmodernen Junkers-Flugzeugwerke. In den zwanziger Jahren hatte sich hier das sogenannte Bauhaus etabliert und umstrittene Akzente in der Architektur gesetzt. Nachdem das alte Hoftheater 1922 abgebrannt war, wurde 1939 das neue Landestheater eröffnet.

Am 7. März 1945 sank fast alles in Schutt und Asche. Von den ersten klassizistischen Bauten Deutschlands in der Innenstadt, errichtet nach Plänen Erdmannsdorfs, blieb fast nichts. Von 36 500 Wohnungen wurden in einer einzigen Nacht 29 200 schwer beschädigt und 3200 völlig zerstört. Nach dem Krieg wechselten die Wiederaufbaukonzepte häufig, noch öfter waren keine »Kapazitäten« (Baustoffe) vorhanden. Das Land Anhalt wurde mit der preußischen Provinz Sachsen zu Sachsen-Anhalt zusammengeschlossen, Halle wurde Landeshauptstadt. Bei der Aufteilung in Bezirke ging Dessau wiederum leer aus. So manches, was an Bauten noch zu retten gewesen wäre, fiel der Spitzhacke zum Opfer. Die großzügigen, historisierenden Neubauten der fünfziger Jahre wurden bald abgelöst von immer seelenloseren, industriell vorgefertigten Wohnsilos. Das Schloß verschwand bis auf einen kümmerlichen Rest, der – wie die Ruine der Marienkirche – bis zur Wiedervereinigung auf einen Aufbau warten mußte.

Weitgehend unbeschadet überstanden die herrlichen Schlösser der Umgebung die Zeiten. Die Wörlitzer Parkanlage, Ende des 18. Jahrhunderts die erste öffentliche dieser Art, zieht mit ihren romantischen Bauten viele Gäste an. Nicht vergessen werden sollten aber auch die Schlösser Mosigkau, Georgium und Luisium, deren Beschreibung allein ein Buch füllen würde.

Detmold

Die Stadt am Hermannsdenkmal

Aus der Zeit Karls des Großen ist Theotmalli als Schauplatz eines Sieges über die Sachsen bekannt. Diese erste urkundliche Erwähnung stammt vom Mai 783. 1011 schenkte König Heinrich II. den Gau von Detmold an das Bistum Paderborn, das später die Edelherren von Lippe damit belehnte. Jene ließen den Ort planmäßig neu anlegen und verliehen ihm in der Mitte des 13. Jahrhunderts das Stadtrecht. Während der Soester Fehde mit dem Erzbistum Köln wurde Detmold 1447 von den hussitisch-böhmischen Kriegshorden erobert.

Die ursprünglich nur gelegentlich als Residenz dienende Burg hatte diese Funktion seit 1470 dauernd inne. 1526-36 wurde sie zur stärksten lippischen Landesfestung ausgebaut. Simon V., der 1536 starb, erbaute das Schloß im Stile der Weser-Renaissance und umgab es mit Wall und Graben. Detmold ist die Geburtsstadt der Dichter Grabbe und Freiligrath. Fünf Kilometer vor der Stadt liegt die Grotenburg mit dem imposanten Hermannsdenkmal.

Dieses deutsche Nationaldenkmal erinnert an den welthistorischen Sieg von Arminius (Hermann der Cherusker) über die Römer im Jahre 9 n. Chr., ist ein Werk des Bildhauers Ernst von Bandel und wurde 1875 eingeweiht.

1880 lebten in Detmold kaum mehr als 8000 Einwohner, heute sind es rund 70 000. Nach der Abdankung des Fürsten 1918 wurde es Hauptstadt des kleinen Freistaates Lippe, der 1945 zu Nordrhein-Westfalen kam. Seither ist Detmold Hauptstadt des gleichnamigen Regierungsbezirks.

Zu den folgenden farbigen Abbildungen:

Das Rathaus zu **Breslau.**

Die Marienkirche zu **Danzig.**
Gemälde von Bruno Horn.

Im Hof des Zwingers zu **Dresden.**

Der Marktplatz zu **Eger.**

Dresden

Das bezaubernde Elbflorenz

Nachdem König Heinrich I. um 922 die Wenden unterworfen hatte und Meißen Sitz eines Markgrafen und eines Bischofs geworden war, kam Dresden unter den fördernden Einfluß deutscher Kultur. Otto der Reiche, zweiter erblicher Markgraf von Meißen, errichtete die erste Burg in Dresden. Die älteste Kirche des Ortes, Zu Unsrer Lieben Frauen, war mit einem der Legende nach wundertätigen Marienbild Wallfahrtsort wie auch später die Kreuzkirche, in der es einen Splitter vom heiligen Kreuz zu bestaunen gab.

Ottos Sohn, Markgraf Dietrich von Meißen, hatte in Dresden bereits zeitweilig seine Residenz, wie Urkunden aus den Jahren 1206, 1215 und 1216 belegen. In ihnen wird darüber hinaus der städtische Charakter Dresdens belegt. Die Entwicklung der Stadt beschränkte sich vorzugsweise auf den am linken Ufer der Elbe gelegenen Teil, der, obgleich noch relativ klein, bereits von Mauern und Gräben umgeben war. Altendresden auf der gegenüberliegenden Seite, die heutige Neustadt, blieb relativ unbedeutend.

Nach Heinrichs des Erlauchten Tod (1288) kam Dresden bei der Teilung des Landes unter seine Erben an Friedrich den Kleinen, der es im Jahr darauf an König Wenzel von Böhmen verkaufte. Die Wirren der Zeit brachten weitere Wechsel der Herren mit sich. 1319 ging es vom Markgrafen von Brandenburg an jenen von Thüringen, Friedrich den Freidigen, über, der jedoch hauptsächlich auf der Wartburg residierte. Die Pest forderte ihre Opfer, und die Hussiten äscherten 1429 die Stadt größtenteils ein. Trotzdem entwickelte sich Dresden weiter. Der entscheidende Anschub kam mit der Teilung Sachsens 1485. Die Albertiner nahmen ihren Sitz auf Dauer in Dresden. Unter Herzog Georg dem Bärtigen wurden 1521-28 die Befestigungen verstärkt und 1534-37 das Georgenschloß erbaut. Sein Nachfolger Heinrich der Fromme führte 1539 die Reformation ein. Dessen Sohn, Kurfürst Moritz, gab den Festungswerken der Altstadt eine neue Gestalt, legte die Moritzstraße an und sorgte für eine effektive Verwaltung der Stadt. Moritz' Bruder und Nachfolger August ließ die Straßen pflastern und eine Vielzahl von Gebäuden errichten. Kreuzschule, Annenkirche, das Zeughaus und der Jägerhof sind nur einige von ihnen. Er gründete die Bibliothek und die meisten wissenschaftlichen und Kunstsammlungen. Während des Dreißigjährigen Krieges wurde die Stadt auch am rechten Ufer befestigt.

Die glänzendste Periode der Stadt begann mit der Regierung Augusts des Starken. Das 1685 abgebrannte Altendresden wurde nach einem großzügigen Plan wiederaufgebaut und seither Neustadt genannt. Eine Vielzahl prächtiger Bauten entstand: das Blockhaus, die Ritterakademie, das Japanische Palais, der Zwinger, die Neustädter und die Frauenkirche. Die Kunstsammlungen und die Bibliothek erfuhren die wertvollsten Bereicherungen.

Der Erwerb der polnischen Königskrone erforderte einen Glaubenswechsel des Kurfürsten und ungeheure Mittel. Die Fortsetzung dieser Politik unter seinem Sohn

Dresden in Vorkriegsaufnahmen: Augustusbrücke mit Frauenkirche, katholischer Hofkirche, Schloß und Opernhaus (oben), Ringstraße (unten).

Friedrich August II. (1733-63) brachte das Land Sachsen schrittweise dem Ruin näher. Zwar zeugt die katholische Hofkirche, 1739-59 errichtet, noch heute von der Kunstfertigkeit ihrer Erbauer. Das Staatsschiff geriet jedoch immer stärker ins Schlingern. Die Verschwendung und Mißwirtschaft unter dem Premierminister Brühl zeigte ihre verheerende Wirkung nach Ausbruch des Siebenjährigen Krieges. Ohne Widerstand ließ sich die sächsische Armee bei Pirna gefangennehmen, und Friedrich der Große konnte am 9. September 1756 in Dresden einrücken. Das Kriegsglück und die Besatzer Dresdens wechselten mehrfach. Die Kreuzkirche sank in Trümmer und wurde später in barocken Formen wiedererrichtet. Dresdens Blütezeit war jedoch für längere Zeit unterbrochen. Die Kassen waren leer, es mußte gespart werden. Trotzdem konnte 1764 unter der vormundschaftlichen Regierung des Prinzen Xaver (1763-68) die Akademie der Künste gegründet werden.

Die Französische Revolution führte viele Emigranten nach Dresden, noch mehr aber die letzte Teilung Polens. Als die sächsischen Truppen am 14. Oktober 1806 mit in die Niederlage der Schlacht von Jena verwickelt worden waren, besetzte der französische General Thiard am 25. Oktober Dresden. Der Kurfürst wechselte die Fronten und trat dem Rheinbund bei, wofür er sich mit der Königswürde schmücken durfte (20. Dezember). Während des Krieges mit Österreich 1809 war Dresden eine Zeitlang von den Österreichern besetzt. 1810 begann man mit der Abtragung der Festungswerke, die während des russisch-französischen Krieges unterbrochen wurde. Vorher fand noch eine Zusammenkunft (16.-28. Mai 1812) Napoleons, des Kaisers von Österreich, des Königs von Preußen und weiterer Fürsten statt.

Im Jahr 1813 war Dresden ein Hauptpunkt der Operationen Napoleons, der sich hier an beiden Ufern des Elbstroms mit seiner ganzen Armee aufgestellt und die Gegend in ein großes Heerlager verwandelt hatte. Der sächsische König blieb bis zuletzt sein Verbündeter, was nach wechselndem Kriegsglück und wechselnder Besatzung im Laufe des Krieges im Jahre 1815 zu einer drastischen Verkleinerung des sächsischen Staates als »Strafe« führte.

Dresden war jetzt nur noch eine Residenzstadt unter vielen im Deutschen Bund, und seine Entwicklung nahm einen ruhigen Verlauf. Ab dem Jahr 1817 wurde der Abbruch der Festungswerke erneut in Angriff genommen, was die Erweiterung der Stadt förderte.

Nachdem es 1830 bereits zu einem Aufstand gekommen war, brachen nach der Ablehnung der deutschen Reichsverfassung durch König Friedrich August II. am 3. Mai 1849 erneut Unruhen aus, die in Barrikadenkämpfen mündeten und wenige Tage später mit Beteiligung preußischer Truppen unterdrückt wurden. Unter den Aufständischen, die fliehen mußten, waren Richard Wagner und der Baumeister Gottfried Semper.

Vom 23. Dezember 1850 bis 15. Mai 1851 fanden in Dresden Ministerkonferenzen der deutschen Staaten statt. Unter der Regierung des Königs Johann (1854-73) wurde die Stadt erweitert und verschönert. Dabei hielt man sich bei der äußeren Gestaltung an die Formen der Renaissance, was Dresden den Namen Elbflorenz eintrug. Das Theater brannte 1869 ab und wurde von Semper bald

Duala: Blick auf den einstigen Amtssitz des deutschen Gouverneurs (links), der Grabstein des deutschen Afrikapioniers Nachtigal (rechts).

darauf neu errichtet. Mehrere Türme, u.a. der des Neuen Rathauses, fügten sich in die weltberühmte Silhouette der Stadt zusätzlich ein.

Den Ersten Weltkrieg, die unruhige Zeit danach und zunächst auch den Zweiten Weltkrieg überstand Dresden fast unbeschadet. Durch den Strom deutscher Flüchtlinge aus dem Osten hatte sich die Einwohnerzahl auf über eine Million erhöht, als am Faschingsdienstag 1945 das Inferno losbrach, das den Untergang der Stadt in einem Feuersturm bis dahin nicht gekannten Ausmaßes brachte. Nach amtlichen Schätzungen, auch des Internationalen Roten Kreuzes, fielen weit über 200 000 Menschen dem alliierten Massenmord zum Opfer; ihre genaue Zahl wird man wohl nie ermitteln können. Neuere Angaben, nach denen sie kaum mehr als 25 000 betragen soll, sind unglaubwürdig.

Wer heute durch Dresden (rund 480 000 Einwohner) geht, kann eine interessante Mischung aus imposanten Wiederaufbauleistungen, fachmännisch rekonstruierten historischen Gebäuden, moderner Ödnis, Baugerüsten und auf ihre Sanierung wartenden Altbauten finden. Die das Stadtbild einstmals beherrschende Frauenkirche wird aus ihren Trümmern neu erstehen. Wie ein überdimensionaler Baukasten wirken die aus dem Schuttberg geretteten oder neugefertigten Teile des Doms, die gestapelt auf ihre Verwendung warten. Das Schloß dagegen ist in weiten Teilen bereits wiederhergestellt, und der Hausmannsturm grüßt die Besucher der Stadt wie in alten Zeiten schon von fern.

Duala

Hauptstadt Kameruns

Seit 1862 waren Vertreter deutscher Firmen aus Hamburg vor der Mündung des Kamerunflusses (einheimischer Name »Wurri«) in Hulks = schwimmenden Handelskontoren präsent - vergleichbar der künstlichen Insel Deshima der Holländer vor Nagasaki ab 1641. Ab 1881 bemühten sich die Hamburger Firmen Woermann, Jantzen und Thormählen in schriftlichen Eingaben an die deutsche Reichsregierung um einen Schutzvertrag. Dr. Gustav Nachtigal schloß in Bismarcks Auftrag am 14. Juli 1884 in Duala einen solchen - nur fünf Tage bevor ein englischer Bevollmächtigter in Duala dies auch versuchte. Das Handelsvolk der Duala war von sich aus an einem Schutzvertrag interessiert, weil es mit Recht eine deutliche Verbesserung bzw. überhaupt erst Schaffung einer Infrastruktur auf dem Verkehrs-, Nachrichten- und Bildungssektor erwartete, insbesondere aber im medizinischen Bereich. Und gerade auf diesem waren die Deutschen überaus erfolgreich. In Duala wurde in Zusammenarbeit mit dem Tropeninstitut Hamburg ein Serum gegen die Schlafkrankheit entwickelt, das unter dem Namen Germanin noch heute verwendet wird. Der deutsche Tropenarzt Mühlens ließ Stelzenhäuser bauen, die einen besseren Schutz gegen in die Behausungen eindringende Kriechtiere bot und veranlaßte den Bau von Veranden oder Laubengängen, um so für ausreichenden Luftzug zu sorgen. Die deutschen Stadtplaner Schubert und Schulz planten nach den letzten medizinischen Erkenntnissen nicht nur Duala, sondern auch andere deutsche Kolonialstädte. Eine klare Trennung zwischen »Europäerstadt« und »Eingeborenenstadt« mit einer dazwischenliegenden »freien Zone« hatte keinesfalls rassistischte Züge, sondern ausschließlich gesundheitspolitische Gründe. Einheimische, die bereit waren, feste Häuser zu bauen und sich an die deutscherseits erstellten Hygienevorschriften zu halten, konnten in der Europäerstadt wohnen. In der Folge bildete es sich dann ohnehin heraus, daß die Duala mit den Deutschen in der Europäerstadt wohnten, während Zuzügler insbesondere aus dem Landesinneren in der Eingeborenenstadt unterkamen.

Zur Europäerstadt gehörten Joss, Bellstadt, Balihöhe, Hafen- und Bahnhofsgebäude sowie Akwa und Deido. Joss und Akwa liegen auf durch eine Senke getrennten Platten. Durch die Senke verläuft die Eisenbahn Duala - Edea. In Joss befindet sich der internationale Flughafen. In Akwa fällt die 1930 - 35 erbaute katholische Kathedrale auf. Sie steht anstelle der vormaligen Deutschen Kirche. Gegenüber der Kirche liegt der »Friedhof für Europäer«. Links vom Eingang befindet sich das Grab von Christaller, dem ersten Reichsschulmeister Kameruns.

Die Aufteilung von Deutsch-Kamerun in ein französisches und ein britisches Mandatsgebiet nach 1918 ließ eine politische Grenze an den Wuri-Fluß und damit an den Innenstadtbezirk Akwa herantreten. Der Vorort Bonaberi jenseits des Wuri, lag damit bereits auf der anderen Seite der Mandatsgrenze. Die von Deutschland geschaffene kombinierte Eisenbahn-/Straßenbrücke nach Bonaberi wurde zwischenzeitlich erneuert. Die Unabhängigkeit 1960 brachte nach einer Volksabstimmung die Rückkehr des Südteils des britischen Mandatsgebietes zur nunmehrigen Bundesrepublik Kamerun. Geblieben ist die durch die Mandatsmächte geschaffene Sprachgrenze am Wuri; jedenfalls gilt als Amtssprache in Westkamerun weiterhin Englisch, in Ostkamerun und damit in Duala Französisch.

In Duala stehen noch Häuser aus deutscher Zeit. Das größte ist das dreigeschossige Woermann-Haus in Akwa, das wohl schönste der nur wenige 100 Meter davon entfernte ehemalige deutsche Gouverneurspalast, in dessen Garten Denkmale aus der deutschen Verwaltung stehen, sich aber auch das Grab von Dr. Gustav Nachtigal befindet. Das Seemannsheim im Hafen geht auf die Reederei Woermann zurück und ist seit den 60er Jahren wieder deutsch geführt. Östlich vom Bahnhof ist die evangelisch-lutherische Kirche eine weitere Erinnerung an die deutsche Präsenz. Das Kamerun-Museum im Rathaus von Duala wurde von dem österreichischen Geographen Univ.-Prof. Dr. Josef Schramm eingerichtet.

Duala hat eine Jahresniederschlagsmenge von 4032 mm, 749 mm davon entfallen allein auf den Juli. Die zudem hohe Luftfeuchtigkeit veranlaßte die deutschen Behörden 1907, die Hauptstadt nach Buea am Abhang des Kamerunberges zu verlegen. Nach Beginn der Kämpfe 1914 wurden zuerst die militärischen und dann auch die zivilen Behörden aus Sicherheitsgründen in die nunmehrige Hauptstadt Jaunde verlegt und behaupteten sich dort bis 1916. Auch Jaunde ist eine deutsche Gründung (1889).

Bemerkenswert ist, daß die Häuptlinge Kameruns 1933 das Gesuch an den Völkerbund und an die Deutsche Kolonialgesellschaft in Berlin richteten, die Deutschen mögen zurückkommen.

Düsseldorf

Das rheinische Zentrum

Die Hauptstadt des Landes Nordrhein-Westfalen liegt am rechten Rheinufer westlich des Bergischen Landes. Sie hat rund 575 000 Einwohner. Eine großzügig angelegte und parkreiche Stadtanlage mit zahlreichen, gut erhaltenen alten Gebäuden erwartet ihre Besucher. Bekannt ist die »Kö«, die Königsallee am alten Stadtgraben. In der traditionsreichen Flaniermeile finden sich zahlreiche elegante Geschäfte und Straßencafés.

Am Marktplatz findet man das 1567-73 errichtete Rathaus und ein Reiterstandbild des Kurfürsten Jan Wellem (Johann Wilhelm II.). Von den zahlreichen Kirchen sind die aus dem 15. Jahrhundert stammende und 1963-68 restaurierte Kreuzherrenkirche, die noch zwei bis drei Jahrhunderte ältere Stiftskirche St. Lambertus und die St. Andreaskirche (1622-29) zu erwähnen. Der Schloßturm stammt aus dem 13. Jahrhundert, während der Radschlägerbrunnen erst im Jahre 1954 errichtet wurde.

Die um die Mitte des 12. Jahrhunderts erstmals erwähnte Siedlung Düsseldorf wurde von Graf Adolf von Berg 1288 zur Stadt erhoben. Seit 1385 diente sie als Residenz der Herzöge von Berg. Nach dem Aussterben des jülisch-bergischen Regentenstammes 1609 besetzte fünf Jahre später der spanische General Spinola als kaiserlicher Kommissar die Stadt. Nach der Beilegung des Erbfolgestreits kam sie mit Jülich-Berg an Pfalz-Neuburg, wurde Residenz der Pfalzgrafen und nach deren Aussterben Sitz des Kurfürsten Johann Wilhelm von der Pfalz. Er tat viel für die Stadt, noch mehr der Kurfürst Karl Theodor. Zu seiner Zeit wurde die Karlstadt angelegt, wurden Schlösser erbaut, Sammlungen angelegt und wissenschaftliche Institute eröffnet. 1716 wurde die Residenz nach Mannheim verlegt.

1732 erst wurde die Stadt befestigt. Trotzdem wurde sie im Siebenjährigen Krieg von den Franzosen besetzt (1757) und im Jahr darauf vom Herzog Ferdinand von Braunschweig eingenommen, jedoch bald wieder von ihm verlassen.

Im Jahr 1795 griffen erneut die Franzosen an. Nach einem heftigen Bombardement mußte Düsseldorf kapitulieren. 1801, im Frieden zu Lunéville, kam die Stadt an Bayern zurück, an das es zwei Jahre zuvor durch Erbfall gelangt war. 1806 wurde es Hauptstadt des Rheinbund-Staates Berg, als dessen Großherzog Napoleons Marschall und Schwager Murat eingesetzt wurde. 1807 kamen einige benachbarte Gebiete hinzu. Die Erhebung Murats zum König von Neapel brachte einen neuen Fürsten, Ludwig, den Sohn des Königs von Holland und ebenfalls Verwandten Napoleons. Er regierte unter kaiserlicher Vormundschaft, bis sich der Kunststaat nach der Völkerschlacht von Leipzig 1813 rasch von selbst auflöste. Der Kern kam 1815 an Preußen. Für Düsseldorf, das zur Hauptstadt des gleichnamigen Regierungsbezirkes erklärt wurde, begann ein rascher Aufschwung. Die Bevölkerungszahl entwickelte sich rasant: 1780 erst 8000 Einwohner, waren es 1816 schon 26 700, 1880 dann 95 500, und vier Jahre später war mit über 110 000

Düsseldorf: Blick vom Rhein auf die Stadt (oben),
Stadttheater mit Bismarck-Denkmal vor dem Krieg (unten).

Einwohnern eine neue Großstadt entstanden. Düsseldorf wurde Sitz eines Regierungspräsidenten und des Provinziallandtages.

Nach dem Ersten Weltkrieg hielt Frankreich Düsseldorf als eine der »Sanktionsstädte« besetzt. Am 8. März 1921 rückten Franzosen ein und erst am 25. August 1925 zogen sie wieder ab. Bis Mitte der dreißiger Jahre stieg die Einwohnerzahl auf über eine halbe Million. Die Schäden, die alliierte Bomber auch in Düsseldorf verursachten, wurden nach dem Kriege zügig beseitigt. Als 1946 das neue Bundesland Nordrhein-Westfalen gebildet wurde, bestimmte die britische Besatzungsmacht Düsseldorf zur Landeshauptstadt. Seit 1966 gibt es hier eine Universität, zu der Kliniken, Fachhochschule, Kunstakademie, Robert-Schumann-Konservatorium und eine Modeschule gehören. Bekannte Sehenswürdigkeiten in den Stadtteilen sind u.a. das Rokokoschloß Benrath (1756-69 von Nicolas de Pigage erbaut) und die Ruinen einer Kaiserpfalz Barbarossas in Kaiserswerth.

Eger

Dem Volk und seiner Sprache treu

Ein Wallensteinfest gab es in Eger jedes Jahr. Dann strömten fröhliche Menschen auf eine Wiese in der Nähe des Egerflusses. Dort standen Schiffsschaukeln, Ringelspiele (Karussells), in manchen Jahren auch ein Riesenrad. Die Kinder hatten bunte Windrädchen in der Hand und lutschten Zuckerln (Bonbons) oder Zuckerstangen (Dauerlutscher). Die Älteren zog es mehr in die Nähe des Bierausschanks. Das Bild der Stadt aber beherrschten die »Wallensteiner« in ihren ebenso kriegerischen wie farbenprächtigen Uniformen.

Dabei bestand die Beziehung der Egerer zu dem großen Feldherrn des Dreißigjährigen Krieges eigentlich nur darin, daß er in ihrer Stadt ums Leben kam. Am 25. Februar 1634 wurde er im Pachelbel-Haus, dem ehemaligen Stadthaus, ermordet. Die Tat des kaiserlichen Hauptmanns Deveroux, eines Iren, vollzog sich in stockdunkler Nacht. Einige Stunden zuvor hatte man im Bankettsaal der Egerer Kaiserpfalz die vier Generale Wallensteins erstochen. Der Dreißigjährige Krieg, den Wallenstein eigenmächtig beenden wollte, was zum Wohle des Deutschen Reiches und seiner Menschen gewesen wäre, dauerte nun noch weitere 14 Jahre.

In den Augen eines Egerers, der seine Heimatstadt 1945 für immer verlassen mußte, stellt sich die Stadt und ihre Geschichte etwa so dar: Da ist der Marktplatz, auf dem zwei Brunnen stehen. Die eine Brunnenfigur, von der Bevölkerung »Wastl« genannt, erzählt in der »Egerer Zeitung« regelmäßig lustige oder besinnliche Geschichten in Egerländer Mundart. Eine kindliche Advents- und Weihnachtserinnerung ist der strahlende Lichterbaum vor dem »Stöckl« auf dem unteren Teil des Marktplatzes. Das Stöckl ist eine Gruppe von elf Häusern, die ursprünglich aus dem 13. Jahrhundert stammten. Wegen ihrer schiefen Wände wurden sie von allen Besuchern bestaunt, wobei die Äußerungen regelmäßig in der Versicherung gipfelten: »Aber wohnen möchte ich darin auf keinen Fall!«

Blick auf **Eger** mit der Kaiserburg.

Hinter dem frei auf dem Markt stehenden Stöckl befindet sich das alte Stadthaus, das Todeshaus Wallensteins. Im Hof konnte man viele Kanonenkugeln aus alter Zeit bewundern. Auch ein Heimatmuseum befand sich in dem Haus. In der Nähe stand das Schiller-Haus, in dem der Dichter wohnte, als er an seinem Wallenstein-Drama arbeitete. An einem anderen Haus ist eine Hinweistafel angebracht, die an Goethes Besuch erinnert. Goethe war öfter in Eger.

Hinter dem Markt steht die gotische Hauptkirche St. Nikolaus. Von dort nahmen die Fronleichnamsprozessionen ihren Ausgang, dort empfingen die Kinder die heilige Kommunion. Zu den eindrucksvollsten Erlebnissen gehört aber auch dieses: Die Tore der Kirche sind geöffnet, weil sie die vielen Besucher nicht fassen kann. Die Orgel spielt eine Hymne, die von überglücklichen Menschen mitgesungen wird: »Deutschland, Deutschland über alles...«. Es ist der erste Sonntag im Oktober 1938. Das Egerland ist zurückgekehrt in das Deutsche Reich.

Die Burg der Markgrafen von Vohburg, um die herum die Stadt Eger entstand, wurde 1061 erstmals urkundlich erwähnt. Durch Heirat kamen Burg und Stadt an die Hohenstaufen. Eger wurde Freie Reichsstadt und gelangte 1167 in den Besitz Friedrich Barbarossas, der sich hier mit der Gräfin Adelheid von Vohburg vermählt hatte. 1315 verpfändete Ludwig der Bayer die Stadt an Böhmen. 1355 verlieh ihr Karl IV. das Münzrecht. 1687 wurde hier der berühmte Barockbaumeister Balthasar Neumann geboren, der 1753 in Würzburg starb.

Bis zur Zerschlagung der Donaumonarchie durch die Siegermächte des Ersten Weltkrieges 1918 war Eger eine rein deutsche Stadt. Dann wurde das Egerland gegen den erklärten Willen der Bevölkerung von tschechischen Truppen besetzt. Am 4. März 1919 demonstrierten die Menschen in Eger gewaltlos für den Anschluß an Deutsch-Österreich. Im ganzen Lande starben damals 54 Deutsche unter den Gewehrkugeln tschechischen Militärs. Das war der Anfang der Tschechoslowakei, eines Staates, den ahnungslose deutsche »Intellektuelle« noch heute als »mitteleuropäische Schweiz« verherrlichen.

Zwei Jahrzehnte später, 1938, waren 28 Prozent der Sudetendeutschen arbeitslos (Tschechen: 3%). Immer lauter wurde die Forderung der Sudetendeutschen nach Wiedervereinigung mit dem Deutschen Reich. Unter unbeschreiblichem Jubel erfolgte nach dem Münchener Abkommen im Oktober 1938 der Anschluß.

250 000 Sudetendeutsche fanden bei der Vertreibung 1945 den Tod. Die ehemalige Bevölkerung von Eger ist mit ihren Nachkommen über Deutschland, teilweise über die ganze Welt verstreut. Aber viele leben auch heute gemäß dem Spruch Felix Dahns am Rathaus ihrer Heimatstadt Eger: »Dem Volk, dem Recht und unsrer Sprache treu fand uns der Tag, wird jeder Tag uns finden!«

Die Wallfahrtskirche Maria Einsiedel zu **Eisenstadt** mit dem Grab Joseph Haydns.

Eisenstadt

Wo der geniale Schöpfer des Deutschlandliedes lebte

Erstmals erwähnt wurde Eisenstadt 1264 als Mortin minor, was dem ungarischen Namen Kis Marton entspricht. 1373 erhielt der Ort das Stadtrecht. Nach verschiedenen Herrschaften kam Eisenstadt 1445 an die Habsburger. 1525 wurde es dem Fürsten Esterhazy zum Lehen gegeben. 1648 erhob Kaiser Ferdinand III. Eisenstadt zur königlich ungarischen Freistadt. Trotzdem blieb die Zahl der Einwohner recht gering. 1881 lebten hier knapp 3000 Menschen, bis Mitte der 1930er Jahre stieg sie kaum an, man zählte damals 3300 Bürger. Obwohl die Bevölkerung zu 85% deutsch war, fiel das Gebiet des Burgenlandes 1867 beim sogenannten Ausgleich an die ungarische Hälfte der Habsburgermonarchie.

Nach dem Untergang der Donaumonarchie wurde das überwiegend von Deutschen bewohnte »Westungarn« mit Ausnahme des Ödenburger Gebietes Österreich übergeben. 1925 wurde Eisenstadt Hauptstadt des neugebildeten Bundeslandes Burgenland. Nach dem Anschluß Österreichs an das Deutsche Reich 1938 wurde das Burgenland zwischen Niederdonau und Steiermark aufgeteilt. Eisenstadt kam dabei zu Niederdonau.

Nach dem Ende des Zweiten Weltkrieges wurde das kleine Bundesland wiederhergestellt. Eisenstadt hat heute rund 11 500 Einwohner. Die bekannteste Sehenswürdigkeit ist das Schloß Esterhazy. Als mittelalterliche Burg im 14. Jahrhundert errichtet, wurde es 1663-72 barock umgestaltet. Ein weiterer klassizistischer Umbau in den Jahren 1797-1805 kam nur teilweise zur Verwirklichung. Beachtenswert sind ferner die um 1460 begonnene spätgotische Domkirche St. Martin und das Franziskanerkloster, das unter Verwendung einer gotischen Anlage 1625-72 erbaut wurde. Der Kalvarienberg in Eisenstadt-Obernberg wurde 1701-05 angelegt. Der Passionsweg beginnt in der Gnadenkapelle (1706) und verläuft teils durch den künstlichen Berg, auf dessen Gipfel die Kreuzkapelle steht. 1766-78 lebte Joseph Haydn hier in einem heute noch stehenden Holzhaus; beigesetzt ist er in dem Mausoleum der Bergkirche Obernberg. Der geniale Schöpfer der Melodie des Deutschlandliedes hatte bis zu seinem Tode 1809 als Erster Kapellmeister des Fürsten Esterhazy gewirkt.

Engels: Regierungsgebäude der Wolgadeutschen Sowjetrepublik (oben), die Pädagogische Hochschule (unten). Aufnahmen aus dem Jahre 1938.

Engels

Hauptstadt der Wolgadeutschen

Die Hauptstadt der Republik der Wolgadeutschen hieß ursprünglich Pokrowsk. In das Gebiet von Saratow kamen im 18. und 19. Jahrhundert viele von den Zaren gerufene deutsche Siedler. Sie machten das fruchtbare Schwarzerdegebiet zu einer blühenden Region. Die ersten Rückschläge kamen mit der bolschewistischen Revolution 1917/18 und den ihr folgenden Wirren.

Der Sieg der Kommunisten über ihre Gegner und die katastrophalen Lebensbedingungen veranlaßten Lenin 1922 zu einer gemäßigteren Wirtschaftspolitik. Den nationalen Minderheiten wurden bei der Gründung der Sowjetunion im selben Jahr mit der Bildung von scheinbar autonomen Gebieten und Republiken papierne Zugeständnisse gemacht. Im Zuge dieser Veränderungen wurde Ende 1923 auch die »Autonome Sozialistische Sowjetrepublik« der Wolgadeutschen gebildet. Trotz bolschewistischer Herrschaft und des politischen Terrors gelang es den Einwohnern, eine Spitzenstellung in der Sowjetunion zu erringen.

Hungersnöte, verbunden mit Fluchtbewegungen der Bauern (besonders 1929), blieben jedoch auch hier nicht aus. Die einstmals wohlhabende, auf hoher Bildungsstufe stehende Bevölkerung wurde schwer getroffen. Mitte der dreißiger Jahre lebten hier 600 000 Einwohner, davon 66% Deutsche, 20% Russen und 12% Ukrainer. Seit 1932 trug die Hauptstadt der Wolgarepublik den Namen des Weggefährten und Geldgebers von Karl Marx, Friedrich Engels. Geholfen hat das nicht, als nach dem Einmarsch der Wehrmacht in die Sowjetunion ein Sündenbock für die rasch aufeinanderfolgenden Niederlagen gesucht wurde.

Unter dem Vorwurf, »dem Faschismus« Vorschub zu leisten, wurde die Wolgarepublik im August 1941 aufgelöst. Ihre deutschen Bewohner wurden unter unmenschlichsten Bedingungen nach Sibirien und Kasachstan deportiert. Dort mußten sie, wenn sie nicht starben, Zwangsarbeit leisten. Der Gebrauch der Muttersprache war verboten und bis 1964 wurde der Kollektivvorwurf aufrechterhalten. Auch danach war eine Rückkehr an die Wolga unmöglich. Nur die Ausreise in die Heimat der Vorfahren bot Hoffnung auf einen Ausweg aus der trostlosen Lage. Seit dem Ende der achtziger Jahre führten die zunehmenden Lockerungen zu verstärkter Aussiedlung. Pläne, die Wolgarepublik wiederherzustellen, scheiterten auch am Widerstand der heute dort lebenden Bewohner. Ein aufgelassener Truppenübungsplatz im gleichen Gebiet als alternatives Siedlungsgebiet wurde mittlerweile verworfen. Leider wurde von verantwortlichen Bonner Politikern die Ansiedlung im nördlichen Ostpreußen als Alternative bislang bekämpft, obwohl erste Versuche im Raum Königsberg bereits aus dem Anfangsstadium heraus sind.

Erfurt: Dom und Severikirche (oben), Fischmarkt mit Roland, Haus zum Breiten Herd und Gildehaus (unten).

Erfurt

Das Zentrum Thüringens

Erfurt ist der alte Mittelpunkt und die Metropole Thüringens. Politisch gesehen hat die Stadt über 900 Jahre jedoch nicht einmal zu Thüringen gehört. Ihre Gründung liegt im dunkeln ebenso wie ihre Rolle im von den Franken zerstörten Reich der Thüringer.

Eine Sage berichtet von einem gewissen Erpes, der die Stadt gegründet haben soll und nach dem sie benannt worden sei. Wahrscheinlicher ist die Erklärung, daß das Flüßchen Gera einst Erphesa hieß und an einer Furt die ersten Ansiedlungen erfolgten. Der Handelsweg, der vom rhein-mainischen Kulturgebiet um Frankfurt und Mainz nach Osten führte, kreuzte sich hier mit Handelsstraßen aus dem Süden und Südosten.

Sicher ist, daß Erfurt schon im achten Jahrhundert als Stadt bestanden hat. Der heilige Bonifatius fand sie so vor, als er ins noch heidnische Thüringen kam. Das von ihm 741 errichtete Bistum ging jedoch mit dem Märtyrertod des ersten Bischofs, Adolar, 755 wieder unter. Es wurde nun als Sprengel der Erzdiözese Mainz einverleibt.

Karl der Große bestimmte Erfurt zum Haupthandels- und Stapelplatz für die Sorben und verlieh dem Ort Privilegien und Stapelgerechtigkeiten. Der deutsche König Heinrich I. hielt 936 hier seinen letzten Reichstag ab, auf dem Sohn Otto zu seinem Nachfolger gewählt wurde. Trotz der Ansprüche, welche Kurmainz, gestützt auf alte Urkunden und Dotationen Kaiser Ottos I., auf die Stadt erhob, behielt sie eine gewisse Unabhängigkeit. Nur der Burggraf wurde vom Erzbischof ernannt, bis dieses Amt im 13. Jahrhundert erlosch.

Im thüringisch-sächsischen Krieg wurde Erfurt von Kaiser Heinrich IV. in Schutt und Asche gelegt, bald darauf aber wieder aufgebaut. Von 1109 bis 1137 stand es unter der Oberhoheit der Landgrafen von Thüringen. In dieser Zeit (1118) wurde es von Herzog Lothar von Sachsen eingenommen. 1164 schleifte der Landgraf Ludwig der Eiserne die Mauern, die Erzbischof Siegfried 1070 erbaut hatte. Bereits 1169 stellte sie Erzbischof Christian wieder her.

Kurz nach dieser Zeit sah Erfurt zwei denkwürdige Versammlungen in seinen Mauern. 1181 trat der Reichstag zusammen, auf welchem sich Herzog Heinrich der Löwe von Sachsen Kaiser Friedrich I. Barbarossa unterwarf. Drei Jahre später, 1184, veranstaltete Landgraf Ludwig von Thüringen eine Fürstenzusammenkunft, deren Ziel die Aussöhnung zwischen König Heinrich VI. und Erzbischof Konrad von Mainz war. Sie stand unter keinem guten Stern. Im Marienstift, wo sie stattfand, stürzte ein Saal ein und viele Teilnehmer fanden den Tod.

Trotz des Gnadenbriefs Kaiser Friedrichs II. von 1242 blieb Erfurt unter der Herrschaft des Erzbischofs. Gerhard I. von Mainz sah sich genötigt, die Verwaltung der Stadt durch Beamte aufzugeben und ihr eine besondere Behörde, aus zwei Ratsmeistern und zwölf Beisitzern zusammengesetzt, zuzugestehen. 1289 hielt Rudolf von Habsburg in Erfurt einen großen Reichstag, um des Fehdeunwesens

Herr zu werden, das seit dem Interregnum im ganzen Reich herrschte. Auch Erfurt war an einigen Händeln beteiligt. Die bedeutendste Auseinandersetzung war die mit dem Markgrafen Friedrich dem Freidigen. Er forderte die Grafschaft an der schmalen Gera zurück, die sein Vater, Albrecht der Entartete, 1270 an Erfurt veräußert hatte. Nach einem achtjährigen Krieg erkaufte die Stadt den Frieden für 10 000 Silbermark. Die Grafschaft verblieb ihr auch ferner und wurde erst 1485 von Sachsen eingelöst.

Schon früh blühten in Erfurt die Woll- und Leineweberei. Der Anfang des 15. Jahrhunderts brachte die Zeit des höchsten Wohlstandes und der politischen Machtstellung Erfurts. Damals besaß es die Grafschaft Kapellendorf als Reichslehen und hatte sich von den benachbarten Fürsten und Herren zahlreiche Besitzungen zu Lehen übertragen lassen, so daß es an Gebiet viele Reichsstädte übertraf. Selbst eine Universität hatte es aus eigenen Mitteln gründen können (1392). Sie war die erste Europas, die alle vier Fakultäten in sich vereinigte. Sie hatte zur Zeit ihrer Blüte (um 1479) über 850 Studenten, doch sank deren Zahl im 16. Jahrhundert auf 200. Der Aufschwung in Handel und Gewerbe führte den Eintritt der Stadt in den Hansebund herbei. Erfurt war damals eine der zehn größten Städte Deutschlands. Um die Mitte des 15. Jahrhunderts betrug die Einwohnerzahl etwa 32 000.

Unter den Kaisern Sigmund und Friedrich III. hätte Erfurt den Status einer Reichsstadt erringen können, wenn es nicht die Heranziehung zum Reichsheerdienst und zu Reichssteuern gescheut hätte. Infolge der Verheerungen während des sächsischen Bruderkrieges, des Rückgangs des Handelsverkehrs und durch den großen Brand 1472 sank der Wohlstand der Stadt bedeutend. Der lange Streit mit dem Erzstift Mainz und dem kurfürstlich sächsischen Haus um die landesherrlichen Rechte wurde durch den Amorbacher Vertrag von 1483 geschlichtet, in dem Erfurt mit Sachsen ein Schutz- und Trutzbündnis schloß. Das sogenannte tolle Jahr (1509) brachte bisher nicht gekannte innere Zerwürfnisse, in deren Verlauf der Vizeherr Kellner 1510 hingerichtet wurde.

Die Einführung der Reformation, der schon früh die Klostergeistlichkeit anhing, brachte ab 1521 eine neue Epoche städtischer Unruhen. Im Dreißigjährigen Krieg öffnete Erfurt schwedischen Truppen die Tore; 1640 hatte der schwedische Marschall Banér in der Stadt sein Hauptquartier, als er das feste Lager Piccolominis bei Saalfeld vergeblich angriff. Nach dem Westfälischen Frieden erhob sich der Streit um die Reichsunmittelbarkeit erneut. Erfurt sollte sich auf kaiserlichen Befehl hin Kurmainz unterwerfen. Der Weigerung der Stadt folgte 1660 die Reichsacht, deren Exekution Kurmainz übertragen wurde. Der Erzbischof zwang Erfurt mit Hilfe französischer Truppen 1664 zu einer Kapitulation, worin die Unterwerfung bei vollkommener Religionsfreiheit vorgesehen war. Die sächsischen Fürsten mußten ihr Hoheits- und Schutzrecht über Erfurt am 28. Oktober 1664 an Kurmainz abtreten. Damit hatte die Stadt alle Selbständigkeit und politische Freiheit verloren. Im Jahr darauf wurde der Grundstein zur Festung auf dem Petersberg gelegt.

Im Siebenjährigen Krieg eroberte der preußische General von Knoblauch die Stadt (1759). Durch den Reichsdeputationshauptschluß von 1803 kam Erfurt nebst

Umland mit zwei Städten, 72 Dörfern und 46 000 Einwohnern an Preußen, ging aber nach der Schlacht bei Jena am 16. Oktober 1806 durch eine unehrenhafte Kapitulation an die Franzosen über und wurde im Tilsiter Frieden förmlich an Napoleon I. abgetreten, der es unter französischer Verwaltung beließ. Vom 27. September bis 14. Oktober 1808 hielt Napoleon hier eine Zusammenkunft mit dem russischen Kaiser Alexander I., bei der auch die Könige und Fürsten des Rheinbundes teilnahmen und glänzende Festlichkeiten veranstaltet wurden (Erfurter Kongreß), die wie eine Verhöhnung der elenden Lage des deutschen Volkes wirkten. Im 1710-20 errichteten Barockbau der ehemaligen Statthalterei kam es zu der denkwürdigen Begegnung zwischen Napoleon und Goethe. Im Dom ging es weniger vornehm zu - er wurde zeitweilig als Pferdestall benutzt.

Nach dem Rückzug der Franzosen aus Deutschland wurde Erfurt von den Preußen beschossen und nach längerer Belagerung zur Übergabe gezwungen. Die Besatzung der Zitadelle räumte ihren Platz erst nach dem Zustandekommen des Ersten Pariser Friedens. Erfurt wurde der neuen preußischen Provinz Sachsen zugeordnet und 1815 Sitz einer Regierung, die Universität im Jahr darauf aufgehoben.

Erfurt führte in der Zeit danach das bescheidene Leben einer Provinz- und Garnisonstadt; es ging jedoch langsam wieder aufwärts. Am 4. November 1848 kam es anläßlich der Einberufung der Landwehr zu einem Aufstand, so daß bis zum 4. August 1849 der Belagerungszustand über die Stadt verhängt wurde. Vom 20. März bis 29. April 1850 tagte in der Augustinerkirche das sogenannte Unionsparlament. Es beschloß eine Verfassung für den Deutschen Bund, die nie in Kraft trat. Im Juni 1873 wurde der Festungsstatus aufgehoben, die Stadt konnte sich nun ungehindert entwickeln. Die Einwohnerzahl stieg auf 190 000 an. 1944 wurde Erfurt aus der Provinz Sachsen herausgelöst und Teil Thüringens.

Der Zweite Weltkrieg hinterließ auch in dieser Stadt seine Spuren. Mit etwa 1400 Todesopfern, 530 zerstörten und 8560 beschädigten Gebäuden waren die Folgen weniger gravierend als in anderen deutschen Großstädten. Von 1948 bis 1952 war Erfurt Landeshauptstadt, bis 1990 Bezirksstadt. Leider sind aber auch hier die Folgen der Vernachlässigung von Altbausubstanz während der SED-Herrschaft unübersehbar. So manches wurde erst in den letzten Jahren wiederhergestellt und liebevoll restauriert. Nur der Erfurter Hof am Bahnhof, vor dem sich 1970 die Menschen drängten, um Willy Brandt zu sehen, steht verlassen da. Die Hoffnungen von damals mußten noch zwei Jahrzehnte auf Erfüllung warten. Seit 1990 ist Erfurt mit seinen rund 200 000 Einwohnern erneut Landeshauptstadt.

Eupen: Blick auf die Stadt (oben), das Rathaus (unten).

Eupen

Deutsche Stadt in Brüssels Hand

Eupen war bis 1918 eine Kreisstadt im preußischen Regierungsbezirk Aachen mit nie viel mehr als 15 000 Einwohnern, die sich hauptsächlich der Tuchproduktion widmeten. Als Bestandteil des zuletzt österreichischen Herzogtums Limburg kam die Stadt zeitweilig an Frankreich (Lunéviller Frieden) und 1815 an Preußen.

Mit dem benachbarten Kreis Malmedy wurde das Gebiet, das damals etwa 60 000 Einwohner zählte, als Folge des Versailler Siegerdiktats an Belgien übergeben. Zuvor hatte am 24. Juli 1920 eine »Volksabstimmung« stattgefunden, die derart unter belgischem Druck ablief, daß sie von der Reichsregierung nicht anerkannt wurde. 1926 regte Deutschland eine Rückgabe Eupens und Malmedys gegen finanzielle Zugeständnisse an. Der sozialistische Außenminister Belgiens, Vandervelde, war auch dazu bereit. Der Plan scheiterte am Einspruch Poincarés, des antideutschen französischen Ministerpräsidenten. Die Forderung der Deutschen nach einer zweiten, unbeeinflußten Abstimmung, besonders vom Heimatbund vertreten, wurde in Belgien nur von den Sozialisten befürwortet. Trotzdem bekannte sich die überwiegend deutsche Bevölkerung 1932 bei den Kommunalwahlen klar für die Seite derer, die eine Rückkehr zu Deutschland suchten.

Nach dem siegreichen Westfeldzug 1940 dem Deutschen Reich angeschlossen, wurde das Gebiet 1945 wieder in den belgischen Staat eingegliedert. Nach der 1949 erfolgten Revision kleinerer Grenzveränderungen der unmittelbaren Nachkriegszeit gab es 1956 durch einen Vertrag zwischen der Bundesrepublik Deutschland und Belgien die Festlegung der gemeinsamen Grenze. Laut Gesetz vom 2. August 1963 bilden acht Gemeinden das deutschsprachige Gebiet (854 qkm, 1985: 66 200 Einwohner), drei gehören seitdem zum französischsprachigen Gebiet. Die deutsche Sprachgemeinschaft wird seit 1970 von Wallonien verwaltet, erhielt jedoch 1984 ein eigenes Parlament und eine eigene Regierung. Bricht das multikulturelle Belgien auseinander, was immer warscheinlicher wird, stellt sich die Frage Deutsch-Ostbelgiens einschließlich Eupen ganz neu.

Flensburg

Sitz der Reichsregierung 1945

Als Sitz der deutschen Reichs- und Wehrmachtführung unter Reichspräsident Großadmiral Karl Dönitz wuchs Flensburg im Mai 1945 für zwar nur wenige, doch entscheidende Wochen eine überragende geschichtliche Bedeutung zu.

Die nördlichste Stadt der Bundesrepublik Deutschland mit heute rund 88 000 Einwohnern liegt drei Kilometer vor der Grenze zu Dänemark und umschließt die Südspitze der Flensburger Förde, die hier einen natürlichen Hafen der Ostsee

Flensburg: Blick auf die Stadt (oben), das Standortgebäude in Flensburg-Mürwik, Sitz der deutschen Staats- und Wehrmachtführung im Mai 1945 (unten).

bildet. Flensburg war ursprünglich ein Fischerdorf auf urgermanischem Siedlungsgrund, welches sich zu einem Handelsplatz (Nordermarkt) entwickelte. Die erste nachweisbare urkundliche Erwähnung Flensburgs stammt aus dem Jahre 1240. 1284 erhielt der Ort Stadtrecht.

Die Schwächung des Deutschen Reiches durch inneren Hader und Übergriffe fremder Mächte brachte auch im hohen Norden Substanzverlust. 1460 wurden Schleswig und Holstein, also auch Flensburg, in Personalunion mit der dänischen Krone verbunden. Im Ripener Freiheitsbrief vom 5. März 1460 gestand der Dänenkönig allerdings wichtige Privilegien zu. Vor allem sollte die Einheit Holsteins (deutsches Lehen) und Schleswigs (dänisches Lehen) gewahrt bleiben: »Dat se bliven ewig tosamende ungedelt.«

Als Seehandelshafen erlangte Flensburg eine bedeutende Stellung, auch im Verkehr mit Amerika. Rückschläge brachten der Dreißigjährige Krieg und der Nordische Krieg. Nach dem Deutsch-Dänischen Krieg von 1864 kam Flensburg an Preußen, 1871 an das neugegründete Deutsche Reich. Nun nahm die Stadt großen Aufschwung, wozu auch der dortige Marinestützpunkt erheblich beitrug. Heute ist Flensburg das wirtschaftliche Zentrum im nördlichen Schleswig-Holstein.

An Sehenswürdigkeiten sind insbesondere zu erwähnen die gotische Marienkirche und die St. Nikolai-Kirche mit der größten Renaissance-Orgel Norddeutschlands sowie – als Wahrzeichen der Stadt – das beeindruckende Nordertor (Teil der ehemaligen Stadtmauer), der Hof Holm (ein alter Handelshof) und das Schiffahrtsmuseum.

Nach den Plänen des Marinebaurates Kelm wurde im Flensburger Vorort Mürwik im Stile einer alten Ordensburg die Marineschule als Ausbildungsstätte für den deutschen Offiziersnachwuchs zur See erbaut und 1910 in Anwesenheit Kaiser Wilhelms II. eingeweiht. 1919/20 waren dort die für die Überwachung der Volksabstimmung in Nordschleswig zuständigen britischen Soldaten einquartiert. Nachdem sich die Bevölkerung des Raumes Flensburg für den Verbleib beim Deutschen Reich entschieden hatte, begann im September 1920 wieder der Ausbildungsbetrieb in der Marineschule.

Gegen Ende des Zweiten Weltkrieges diente das Hauptgebäude der Marineschule als Lazarett. Am 3. Mai 1945 wurde die acht Jahre zuvor errichtete Sportschule Sitz der letzten deutschen Reichsregierung unter Karl Dönitz. Von dort aus wurde die Endphase der Rettung von Millionen Deutschen aus dem Osten geleitet. Es war die größte humanitäre Rettungsaktion über See in der Menschheitsgeschichte. 800 Schiffe der deutschen Marine waren pausenlos im Einsatz, um die von der Roten Armee in Ostpreußen, Danzig, Hinterpommern und dem Baltikum eingeschlossenen Menschen vor dem Zugriff Stalins zu bewahren. Hauptverantwortlich für die Rettungsaktion zeichneten neben dem Chef der Deutschen Kriegsmarine, Großadmiral Dönitz (ab 1. Mai 1945 deutscher Reichspräsident), der Kommandierende Admiral Östliche Ostsee, Theodor Burchardi, und Vizeadmiral Thiele.

Am 9. Mai 1945 wurde in Flensburg der letzte Wehrmachtbericht ausgegeben, in welchem es zum Schluß hieß: »Die Toten verpflichten zu bedingungsloser Treue, Gehorsam und Disziplin gegenüber dem aus zahllosen Wunden blutenden

Vaterland.« Die deutsche Reichsregierung wurde am 23. Mai 1945 in Flensburg völkerrechtswidrig und in (für Britannien) entwürdigender Weise von englischen Soldaten gefangengenommen.

Seit 1956 dient die Marineschule Flensburg-Mürwik als Einrichtung der Bundesmarine wieder der Ausbildung deutscher Offiziersanwärter. In der Aula über dem Remter sind die Namen der gefallenen Seeoffiziere der Kaiserlichen Marine in aufklappbaren eichenen Tafeln eingeschnitzt.

Frankfurt/Main

Krönungsstadt deutscher Kaiser

Die Stelle, an der heute die Altstadt liegt, war eine sumpfige, von zahlreichen Flußarmen durchzogene Niederung. Sie wurde deshalb später bebaut als die oberhalb liegende Hochebene. Die Römerstraßen von Mainz nach Heddernheim, der Saalburg, Friedberg und den Grenzbefestigungen am Odenwald und Spessart umgingen diese Niederung, die auf beiden Seiten des Main mit Wald bedeckt war.

Frankfurt wurde 793 urkundlich genannt. Karl der Große baute sich an der »Frankenfurt« einen Königshof, der an der Stelle der jetzigen St. Leonhardskirche stand. Auf der Reichsversammlung 794 wurde der Adoptianismus (Lehre, daß Jesus nur Gottes »Adoptiv-Sohn« gewesen sei) verbannt und der Bilderdienst verworfen. Ludwig der Fromme wählte Frankfurt zum Wohnsitz, erweiterte die Pfalz, ließ an der Stelle des späteren Saalhofes einen noch größeren Palast erbauen und umgab die Stadt 838 mit Mauern und Gräben.

Nach dem Vertrag von Verdun (843) wurde Frankfurt die Hauptstadt des ostfränkischen Reiches, aus dem schließlich das deutsche Reich hervorging. Das häufige Verweilen der Kaiser und Könige in Frankfurt, die wiederholt hier gehaltenen Reichstage und Kirchenversammlungen, die Errichtung eines geistlichen Stifts und die zahlreichen Schenkungen an die dortige Kirche förderten das städtische Gemeinwesen sehr. Auch als die deutschen Kaiser keine beständige Residenz mehr in der Stadt hatten, blieb Frankfurt doch kaiserliches Kammergut und Hauptort von Ostfranken.

Nachdem Kaiser Friedrich I. 1152 in Frankfurt gekürt worden war, entwickelte sich eine über Jahrhunderte anhaltende Tradition, hier den Kaiser zu wählen und (ab 1562) zu krönen. Im Jahr 1245 wurde Frankfurt Freie Reichsstadt und 1250 die Burggrafschaft in das Reichsschultheißenamt verwandelt. Der Frankfurter Schöppenstuhl war das Obergericht für die ganze Wetterau und die angrenzende Gegend. Anfangs gehörten die meisten Einkünfte der Stadt dem Reich. Erst später, besonders unter Heinrich IV. und Friedrich II., wurden diese Einkünfte und sogar die Verwaltung selbst verpfändet und verkauft. Die Gewalt in der Stadt lag zunächst in den Händen des Vogtes und des Schultheißen. Schon früh wählten sich die Bürger eigene Bürgermeister mit Beisitzern, denen die Polizeiverwaltung und niedere Gerichtsbarkeit oblag. Da sie die Gunst des Kaisers genossen, wurde das Amt des Vogtes in der Zeit des Interregnums (1257) abgeschafft.

Als die Bürger Ludwig dem Bayern die Tore öffneten, obwohl Friedrich von Österreich schon Sachsenhausen besetzt hatte, gab er ihnen 1329 die Erlaubnis, alle verpfändeten Einkünfte, Ämter und Rechte einzulösen und bis zur Wiederauslösung durch das Reich zu behalten. Dazu verbot Ludwig den Bau neuer Schlösser am Main und die Erhebung neuer Zölle in einem Umkreis von zehn Stunden. Ferner gewährte er der Stadt das Recht, Bündnisse zu schließen, was er 1333 noch erweiterte.

Auch in Frankfurt wurden die städtischen Ämter allmählich Erbteil einzelner hervorragender alter Familien, was zu vielen Streitigkeiten mit den Zünften führte. Kaiser Karl IV. teilte endlich den Rat in die (aus je 14 Mitgliedern bestehenden) Bänke der Schöffen, der Gemeinde und der Zünfte. Durch die Goldene Bulle wurde Frankfurt 1356 beständige Wahlstadt der deutschen Kaiser, mit der Verpflichtung, den Wahlakt zu schirmen. 16 Jahre später brachte die Stadt das Schultheißenamt an sich.

Besondere Verdienste um seine Vaterstadt erwarb sich Jakob Knoblauch. Er erhielt von den Kaisern Ludwig und Karl IV. die wichtigsten Privilegien wie z.B., neben der Herbst- auch eine jährliche Ostermesse abzuhalten, und das Münzrecht für Frankfurt. Er löste auch die kaiserliche Pfalz ein und stellte sie wieder her. Sein Schwiegersohn Siegfried von Marburg vereitelte dann einen Versuch des Landvogtes Ulrich III. von Hanau, der Stadt das Schultheißenamt zu entreißen und vor ihren Toren einen Zoll zu errichten. Als Mitglied des rheinisch-schwäbischen Städtebundes schickte Frankfurt öfters seine Söldner aus, um die Burgen der Raubritter und Wegelagerer brechen zu helfen, wobei der Stadt Niederlagen nicht erspart blieben. Kaiser Maximilians I. Ewiger Landfriede gab ihr die Ruhe wieder. Seitdem blühten Künste und Gewerbe auf, die Wissenschaften wurden gepflegt, und die Erfindung der Buchdruckerkunst förderte auch hier Bildung und Geistesleben.

Die Reformation, die in Frankfurt 1530 Eingang fand, befreite die Stadt nach dem Empfinden vieler von dem übermäßigen klerikalen Druck, der auf ihr gelastet hatte. Nach einigem Zögern trat Frankfurt 1536 auch dem Schmalkaldischen Bund bei, öffnete jedoch nach dem unglücklichen Zug der Verbündeten im Dezember 1546 den Kaiserlichen seine Tore. In den Jahren 1531-46 wurden in Frankfurt mehrere Konvente der protestantischen Fürsten abgehalten, wie auch 1558 hier auf einem Reichstag der Frankfurter Rezeß zur Klärung protestantischer Glaubensstreitigkeiten geschlossen wurde.

Im Dreißigjährigen Krieg wußte Frankfurt stets die Neutralität zu behaupten, wurde dennoch, auch durch die Pest, in Mitleidenschaft gezogen. Im Westfälischen Frieden wurde Frankfurt als Reichsstadt bestätigt und gelangte bald zu neuem Wohlstand. 1681 fand hier ein Kongreß der deutschen Fürsten statt, um der französischen Willkür entgegenzutreten. Infolge von Rangstreitigkeiten unter den Gesandten kam es zu keinem Resultat. Als sich die Bürger wegen der drückenden Abgaben und des willkürlichen Regiments an den Kaiser wendeten, gab er der

Blick über die Altstadt auf den Kaiserdom zu **Frankfurt am Main.**

städtischen Verfassung durch Einsetzung des Bürgerausschusses eine zeitgemäße Änderung.

Während des Siebenjährigen Krieges wurde Frankfurt von französischen Truppen besetzt. In der zweiten Hälfte des 18. Jahrhunderts ließen sich viele aus religiösen Gründen vertriebene niederländische Familien nieder, was den Unternehmungsgeist und die Gewerbetätigkeit der Stadt ungemein förderte. Dazu verliehen die verschiedenen Kaiserkrönungen viel Glanz.

Die französischen Revolutionskriege brachten Frankfurt seit 1792 häufige Belagerungen und Brandschatzungen. 1803 bestätigte der Reichsdeputationshauptschluß die Reichsunmittelbarkeit, während fast alle anderen Reichsstädte ihren Status verloren, und überließ ihr darüber hinaus alle geistlichen Gebiete der Umgebung. 1806 verlor Frankfurt mit der Errichtung des Rheinbundes durch Napoleon doch noch seine Selbständigkeit. 1813 brach das Großherzogtum Frankfurt zusammen, und der Wiener Kongreß bestätigte 1815 Frankfurts Status als Freie Stadt des Deutschen Bundes. 1816 wurde es Sitz des Bundestages als Organ des Deutschen Bundes.

Die Niederschlagung des »Frankfurter Attentats« vom 3. April 1833, einer revolutionären Erhebung des sogenannten »Männerbundes«, forderte neun Menschenleben und brachte eine neue Welle der Verfolgung national-freiheitlicher Bestrebungen hervor. Insbesondere zählte man in den Kreisen der studentischen Burschenschaften insgesamt 1800 Verhaftete, die meist zu hohen Freiheitsstrafen verurteilt wurden.

1836 schloß sich Frankfurt dem Deutschen Zollverein an. In dem ereignisreichen Zeitraum von 1848-50 spiegelt sich in der Geschichte der Freien Stadt die Geschichte Deutschlands im Kleinen wider. Hier tagten das Vorparlament und die Deutsche Nationalversammlung, die am 18. Mai 1848 ihre erste und am 31. Mai 1849 ihre letzte Sitzung in der Paulskirche hielt. Die Paulskirchenversammlung wollte ein einiges Deutsches Reich, möglichst großdeutsch, verabschiedete eine Reichsverfassung und wählte ein provisorisches deutsches Staatsoberhaupt (Reichsverweser). Preußens König lehnte die Kaiserkrone ab.

Im August 1863 tagte in Frankfurt der mit der deutschen Bundesreform beschäftigte Fürstenkongreß sowie öfters der Nationalverein und der diesem entgegengesetzte Reformverein. Auch der deutsche Abgeordnetentag hielt hier seine Sitzungen. Wesentliche Entscheidungen, die zur Reichseinigung führten, wurden getroffen. Im Krieg von 1866 stellte sich Frankfurt zwar auf die Seite Preußens, verlor letzten Endes aber doch seine Selbständigkeit und wurde Kreisstadt im preußischen Regierungsbezirk Wiesbaden.

1871 wurde hier der Friede mit Frankreich geschlossen. Die Entwicklung der Stadt ging zügig voran. Die Bevölkerung wuchs. Zählte man um 1800 noch 40 000 Einwohner, so waren es im Jahre 1867 schon 78 000 und 1885, auch infolge von Eingemeindungen, bereits über 154 000.

Nach dem Ersten Weltkrieg war die Stadt kurzzeitig von den Franzosen besetzt (April-Mai 1920). Mitte der dreißiger Jahre lebten 555 000 Einwohner in der Mainmetropole. Einer der bedeutendsten Verkehrsknotenpunkte und nach Berlin der größte Geld- und Kapitalmarkt befanden sich hier. Die Innenstadt hatte trotz

Deutsche Schiffe in der Bucht von **Friedrich-Wilhelms-Hafen** (oben),
»Hotel« im Hauptort des Kaiser-Wilhelms-Landes auf Neuguinea (unten).

der raschen Entwicklung viele wertvolle Gebäude aus vergangenen Zeiten bewahrt. Mehrere Luftangriffe verwüsteten im Zweiten Weltkrieg die Stadt fast völlig. Ob Kaiserdom oder Paulskirche, Goethes Geburtshaus oder Römer - was beim ersten Schlag stehen blieb, sank später in Trümmer.

Der Neuaufbau gab der Stadt ein völlig anderes Aussehen. Die größte Stadt des Landes Hessen erinnert von weitem an eine amerikanische Metropole, die Überfremdung durch Ausländer ist besonders ausgeprägt. In der Innenstadt wurden die bedeutendsten historischen Bauten wiedererrichtet, 1981 war endlich auch die Alte Oper hergestellt. Das Bankenwesen spielt eine überragende Rolle, die Messe hat Weltbedeutung. Frankfurt hat heute rund 660 000 Einwohner.

Friedrich-Wilhelms-Hafen

Hauptort von Kaiser-Wilhelms-Land

Mit etwa zweitausend Eilanden der Südsee bildete das rund 180 000 Quadratkilometer umfassende Kaiser-Wilhelms-Land im Nordosten Neuguineas, der zweitgrößten Insel der Erde, die deutsche Überseebesitzung Deutsch-Neuguinea. Sie wurde – wie auch die anderen deutschen Schutzgebiete – friedlich erworben und dem Deutschen Reich im Ersten Weltkrieg mit Gewalt entwunden.

Zu Beginn der 1870er Jahre hatten sich deutsche Kaufleute dort in der Südsee niedergelassen – hauptsächlich des Handels mit Kopra und Kautschuk wegen. Das Gebiet wurde 1884 von der deutschen Neuguinea-Kompagnie erworben, womit man den Engländern nur knapp zuvorkam. Im Mai 1885 stellte Kaiser Wilhelm I. einen Schutzbrief aus, der die – auch von den anderen Großmächten im Prinzip anerkannte – deutsche Hoheit über Kaiser-Wilhelms-Land und die vorgelagerte Inselwelt besiegelte. 1899 übernahm das Deutsche Reich die direkte Verwaltung.

In deutscher Zeit wurde viel zur Entwicklung des Gebietes unternommen. Die Erforschung Neuguineas mit dem bis zu 4300 Meter hohen Bismarckgebirge und einer nur wenige hunderttausend Menschen zählenden Bevölkerung unterschiedlichster Art (von Melanesiern bis zu Pygmäen) war das Werk deutscher Wissenschaftler. Deutsche Ärzte, unter ihnen der große Robert Koch, bekämpften Tropenkrankheiten. Straßen, Häfen und Poststationen wurden errichtet. Die Anbauflächen wuchsen beträchtlich. Eine rege Handelstätigkeit konnte entfaltet werden. Bis zum Ende der deutschen Schutzgebietszeit hatte sich die wirtschaftliche Lage derart gebessert, daß die Gesamtexporte Deutsch-Neuguineas 8 Millionen Mark im Jahre 1913 überstiegen, während die Importe bei 8,5 Millionen Mark lagen. Ein Ausgleich zwischen Ex- und Import stand kurz bevor.

Ein militärisches Überfallkommando Englands, Australiens und Japans hatte zu Beginn des Ersten Weltkrieges trotz tapferer Gegenwehr der wenigen deutschen Bewaffneten leichtes Spiel, das deutsche Schutzgebiet zu »erobern«. Die drei Mächte teilten sich Deutsch-Neuguinea mit dem Segen des Völkerbundes auf.

Das 1920 errichtete Ehenmal der deutschen Einwanderer in **Germantown**.

Friedrich-Wilhelms-Hafen im Norden von Kaiser-Wilhelms-Land war ab 1891 Regierungsstadt von Deutsch-Neuguinea (ab 1910: Rabaul). In Friedrich-Wilhelms-Hafen befand sich der Sitz des Landeshauptmanns der Neuguinea-Kompagnie, ab 1899 des deutschen Gouvernements. Im gesamten Bezirk Friedrich-Wilhelms-Hafen lebten knapp dreihundert Deutsche.

Friedrich-Wilhelms-Hafen war der einzige Hafen der Region mit regelmäßigem Dampferverkehr. Der Ort wurde vierzehntäglich von den Postdampfern des Norddeutschen Lloyd angelaufen, der via Hongkong und Sydney die Verbindung nach Europa über See aufrechterhielt. Die Statistik des Schiffs- und Hafenverkehrs im Schutzgebiet Deutsch-Neuguinea gab beispielsweise für das Kalenderjahr 1912 606 Dampfer unter deutscher und 77 Dampfer unter nichtdeutscher Flagge sowie 221 Segelschiffe an. Der Personen-, Lösch- und Ladeverkehr betrug in jenem Jahr in den Hauptschiffahrtsplätzen, vor allem Friedrich-Wilhelms-Hafen, 3601 Personen, einige hundert Stück Vieh und knapp 50 000 Tonnen Güter.

Germantown

Stadt der Deutschen in den USA

Der Anteil der Deutschen an der Kolonisierung Nordamerikas ist beträchtlich. Die wohl erste geschlossene Auswanderergesellschaft, die unter Führung des jungen Advokaten Franz Daniel Pastorius am 16. Oktober 1683 in Pennsylvanien landete, gründete in der Nähe von Philadelphia die Stadt Germantown. Die Auswanderer waren Krefelder Mennoniten. Sie erwarben durch die Frankfurter Gesellschaft von William Penn größere Ländereien am Delaware. Um 1686 hatte der Ort bereits ein recht wohnliches Aussehen, und 1691 erhielt er das Stadtrecht. In Germantown wurde 1688 Nordamerikas erster Protest gegen die Sklaverei veröffentlicht (durch Pastorius), und hier erschien (1738) in deutscher Sprache die erste in Nordamerika gedruckte Bibel.

Mit den Eingeborenen hatten die Deutschen keinerlei Streitigkeiten und pflegten mit ihnen die denkbar besten Handelsbeziehungen. Den Mittelpunkt des Geisteslebens bildete Pastorius. Neben seinen vielen Arbeiten fand er noch genügend Zeit zu schriftstellerischer Tätigkeit. Nach seinem Tode hinterließ er nicht weniger als dreiundvierzig Bände mit Aufsätzen über Rechtskunde, Naturwissenschaften, Geschichte, Landschaft, Theologie, Philosophie sowie Gedichte und Sinnsprüche. Mit welcher Liebe er seiner alten Heimat und seiner Landsleute gedachte, zeigt das in lateinischer Sprache abgefaßte Gedicht »Gruß an die Nachkommenschaft«, das er im Zusammenhang mit einer Grundbucheintragung schuf.

Germantown kam 1854 an Philadelphia. In den 1930er Jahren lebten dort zwei Millionen Menschen, von denen jeder zehnte als deutschstämmig anzusehen war. Als Folge der antideutschen Propaganda während der beiden Weltkriege ging der kulturelle Einfluß des Deutschtums stark zurück. Trotzdem finden sich auch heute

Goslar: Kaiserpfalz (oben), Kaiserworth (unten).

noch viele Zeugnisse, die auf die deutsche Vergangenheit dieses Viertels hinweisen. Nicht nur Familiennamen, sondern auch Traditionen, in deutschen Vereinen gepflegt, halten die Überlieferung lebendig.

Goslar

Stadt mit Kaiserpfalz

Die am Rande des Nordharzes gelegene Stadt mit der berühmten Kaiserpfalz soll der Überlieferung nach 922 von König Heinrich I. durch Zusammenlegung mehrerer Dörfer am Rammelsberg gegründet worden sein. Unter Otto dem Großen wurden die reichen Erzlager des Rammelsbergs entdeckt (968), was ein rasches Aufblühen der Stadt bewirkte. Goslar wurde ein Lieblingsaufenthalt der sächsischen und mehr noch der salischen Kaiser. Sie verlegten (um 1005-15) die Königspfalz von Werla hierher. Bis ins 13. Jahrhundert traten in Goslar viele Reichstage zusammen.

1039 wurde das Domstift St. Simon und Judä, das den Titel Capella imperii führte, von der Harzburg hierher verlegt. Heinrichs III. Gemahlin Agnes gründete das Stift zum Petersberg. Der altehrwürdige Dom wurde errichtet. Von ihm kündet nur noch ein kleiner Anbau aus späteren Zeiten, da er 1819 abgebrochen wurde.

Kaiser Heinrich III. ließ westlich hinter dem alten Palast einen neuen errichten, das »Kaiserhaus«, auch die »Kaiserpfalz« genannt. Wer sie heute betrachtet, sieht sie so, wie die Restaurierung der Jahre 1867 bis 1879 sie schuf. Sie ist durch eine Galerie mit der Doppelkapelle St. Ulrich aus der ersten Hälfte des 12. Jahrhunderts verbunden.

1063 kam es in der Domkirche zu einer gefährlichen Auseinandersetzung. Ein Rangstreit zwischen dem Bischof Hezilo von Hildesheim, in dessen Sprengel Goslar lag, und dem Abt Widerad von Fulda, dem Erzkanzler der Kaiserin, artete in Anwesenheit Heinrichs IV. in eine offene Fehde aus. Vor dem Blutbad, das daraus entstand, mußte selbst der Kaiser fliehen.

1180 wehrte Goslar den Angriff Heinrichs des Löwen ab, wurde aber 1206 von der welfischen Partei erobert und geplündert. Friedrich II. verlieh der Stadt des Silbers ein Privilegium, das die Macht der Reichsvögte beschränkte. Der letzte deutsche König, der in Goslar weilte, war Wilhelm von Holland. Von Rudolf I. mit der Reichsvogtei betraut, trat die Stadt der Hanse bei und und behauptete sich im Besitz ihrer Freiheit und ihrer Bergwerke gegen die Ansprüche der Fürsten ringsum, besonders gegen die Welfen. Aus der Mitte des 14. Jahrhunderts stammen die Goslarischen Statuten. Dieses Gesetzbuch wurde zum Vorbild für viele Städte im sächsisch-thüringischen Raum. Der Reformation wandte sich die Stadt schon 1521 zu und sieben Jahre danach war sie durchgeführt. Nur Dom und Petersstift folgten später, 1566 bzw. 1570. Inzwischen hatte Goslar die Bergwerke und Forsten an ihren »Erbschutzherrn«, den Herzog Heinrich den Jüngeren von Braunschweig, verloren (1552). Der Dreißigjährige Krieg ließ den Glanz der Stadt weiter verblas-

Obermarkt mit Rathaus zu **Gotha**.

sen. Die Schweden eroberten und brandschatzten sie. Den weiteren Niedergang konnte auch der Export von Gose, einem obergärigen Bier, und Schiefer nicht aufhalten, und im 18. Jahrhundert wurde der Tiefpunkt erreicht. 1802 kam Goslar an Preußen, 1807 an das Königreich Westfalen, 1815 an Hannover, 1866 wieder an Preußen. Seit 1941 gehörte es zu Braunschweig, mit dem es schließlich ins heutige Bundesland Niedersachsen kam. Heute hat Goslar rund 50 000 Einwohner.

Gotha

Residenz der Herzöge

Gotha gehörte vermutlich zum alten thüringischen Königsgut. 775 wurde es von Karl dem Großen dem Kloster Hersfeld geschenkt. Im 12. Jahrhundert war es zunächst im Besitz der Herren von Gotha, dann der Landgrafen von Thüringen. Ihre Burg Grimmenstein auf dem Schloßberg wurde 1217 erstmals urkundlich erwähnt. Die nach 1150 planmäßig erweiterte Siedlung erhielt vor 1190 Stadtrecht. 1247 kam Gotha an die Markgrafen von Meißen, 1485 an die Ernestiner.

Die Reformation fand schon 1521 Eingang. Hier wurde im Februar 1526 der sonst nach Torgau benannte Bund zwischen Kursachsen und Hessen geschlossen. Im Schmalkaldischen Krieg wurde 1546 ein großer Teil der Festungswerke des Grimmensteins von den Kaiserlichen geschleift. Die Söhne Johann Friedrichs konnten die Befestigungen später wiederherstellen. Einer von ihnen, Johann Friedrich der Mittlere, wurde in die Grumbachschen Händel verwickelt. Infolgedessen wurde über ihn die Reichsacht verhängt. Kurfürst August von Sachsen als Reichsexekutor belagerte Gotha 1566 und nahm es am 13. April 1567 ein. Der Grimmenstein wurde abermals und diesmal völlig geschleift.

1572-1640 zum Herzogtum Sachsen-Coburg gehörend, fiel Gotha bei der Teilung innerhalb der ernestinischen Linie der Wettiner an das Haus Sachsen-Gotha-Altenburg. Bis 1918 war die Stadt Residenz, seit 1826 zusammen mit Coburg Sitz der Linie Sachsen-Coburg-Gotha. Dank der günstigen Verkehrslage entwickelte sich Gotha im 19. Jahrhundert zur Industriestadt. Die Einwohnerzahl betrug im Jahre 1885 28 100. Vor dem Zweiten Weltkrieg war es auch Sitz wichtiger Banken und Versicherungen.

Das Residenzschloß Friedensstein, 1643-55 erbaut, ist eine frühbarocke Dreiflügelanlage mit Festsaal. Die Schloßkirche wurde 1646 geweiht, ihr Renaissanceportal stammt noch vom Vorgängerbau des Schlosses. Die Bühnentechnik des 1683 entstandenen Theaters ist weitgehend im ursprünglichen Zustand erhalten. An den großen Schloßpark grenzt das barocke Gartenparterre von Schloß Friedrichstal mit zwei Orangeriegebäuden.

Die 1494 begonnene spätgotische Margaretenkirche wurde nach der Zerstörung im Zweiten Weltkrieg wiederaufgebaut. Neben dem 1567-77 erbauten Renaissance-Rathaus sind zahlreiche Bürgerhäuser des 16.-18. Jahrhunderts erhalten. Die Zahl der Bewohner der Stadt beträgt rund 55 000.

Gottschee: Blick auf die Stadt (oben); der Hauptplatz auf einer im Frühjahr 1945 erschienenen Briefmarke der Reichspost, als das Gebiet der Wehrmacht-Verwaltung unterstand (rechts).

Gottschee

Deutsche Insel in der Krain

In den Tälern an der Kulpa und der Tschabranka, südwestlich von Laibach, im Herzogtum Krain, befand sich jahrhundertelang eine deutsche Sprachinsel. Erst zu Beginn des 14. Jahrhunderts begann in dieser damals unbewohnten und unwirtlichen Gegend die Besiedlung durch deutsche Bauern aus Tirol und Kärnten, Schwaben und Bayern. Das Grafengeschlecht der Ortenburger führte die ersten Besiedlungen durch. Ihnen folgten die Grafen von Cilli, die unter anderem die Burg Friedrichstein erbauten und in der schweren Zeit der Türkenkriege weitere Befestigungsanlagen schufen.

Der Marktflecken Gottschee wurde seit 1377 Mittelpunkt des Gottscheer Ländchens und ist zu einer wehrhaften Wasserfestung ausgebaut worden. Bald wurden die Siedlung und das Land wegen seiner wiederholt bedrängten Lage mit zahlreichen Privilegien ausgestattet und Gottschee 1471 zur Stadt erhoben. Der Robotdienst (Fronarbeit) an der Grenze, die Proviantfuhren in Kriegszeiten und die sonstigen Kriegslasten zehrten immer wieder am beginnenden Wohlstand, obwohl Kaiser Joseph II. bereits die härtesten Abgaben aufgehoben hatte und auch die drückenden Lasten der Leibeigenschaft fielen.

Fehlende Möglichkeiten zur Ansiedlung zwangen viele Gottscheer auszuwandern. Die Verbliebenen hielten trotz der Insellage an ihrem Volkstum fest. 1880 lebten im gesamten Gebiet etwa 25 000 Menschen, zumeist Deutsche. In der Stadt selbst waren es 1332. Der Druck auf sie nahm nach dem Ende des Ersten Weltkrieges zu, auch wenn es damals noch nicht gelang, das Deutschtum völlig auszurotten. Mitte der 1930er Jahre lebten in der Stadt immer noch etwa 3000 meist deutsche Einwohner, im gesamten Gebiet waren es 16 000 von insgesamt 25 000. 1941 fiel Gottschee an Italien, und ein Großteil der deutschen Bewohner wurde in der Untersteiermark angesiedelt; von der Untersteiermark wurden sie grausam vertrieben. Mit dem Rückzug der deutschen Wehrmacht kam das Ende. In Worte läßt es sich nur schwer fassen, was »menschliche« Bestialität damals verbrach. Die Überlebenden wurden in alle Himmelsrichtungen verstreut. Nur die Stein gewordenen Erinnerungen lassen ihre einstigen Bewohner noch erahnen.

Graz

Stadt unter dem Uhrturm

In der zweiten Hälfte des 10. Jahrhunderts entstand auf dem heutigen Schloßberg ein Grenzkastell. Vor 1130 wurde dort auch eine kleine Burg errichtet. Am Fuße des Schloßbergs lagen eine Kirche und ein Meierhof, Kernzelle der späteren Vorstadt St. Leonhard. Die Herren von Traungau gründeten nach 1156 die große

Alt-**Graz** vom Schloßberg gesehen.

Anlage um den Hauptplatz und machten Graz, das 1164 als Markt erwähnt wurde, zum Mittelpunkt ihres neuen Landes. 1233 entstand die Kommende (Kirchengut) des Deutschen Ordens am Leech. Unter Leopold III. wurde Graz 1379 Hauptstadt des Landgebiets der leopoldinischen Habsburger und 1440 Residenz Friedrichs III.

Die Bedrohung durch die Türken, die Graz 1480 und 1532 vergeblich belagerten, führte seit 1543 zum Bau mächtiger Festungsanlagen auf dem Schloßberg und um die Stadt. Im 16. Jahrhundert wurde Graz überwiegend protestantisch. 1564 erhob es Erzherzog Karl II. zur Residenz der jüngeren steiermärkischen Linie der Habsburger. Er gründete im Zuge der Gegenreformation 1586 die Universität und übergab sie den seit 1571 ansässigen Jesuiten. 1600 mußten die Protestanten, unter ihnen auch Johannes Kepler, Graz verlassen.

Nach der Krönung Erzherzog Ferdinands zum Kaiser (1619) und der Übersiedlung des Hofes nach Wien behielt Graz bis 1749 den Rang einer Hauptstadt Innerösterreichs. 1797 besetzten die Franzosen die Stadt, und Napoleon nahm für einige Zeit hier sein Hauptquartier. Im Jahr 1809 besetzten sie erneut Graz und belagerten vergeblich den Schloßberg, den Major Hackher heldenmütig verteidigte und der ihnen erst im Wiener Frieden übergeben wurde. Die Festung wurde daraufhin geschleift.

Die von Erzherzog Johann 1860 eingeführte Selbstverwaltung der Stadt brachte ihr einen großen Aufschwung. 1880 lebten 97 800 Einwohner in Graz. In der Umgebung entstanden große Arbeiterviertel, die 1938 eingemeindet wurden.

Mit dem Untergang der Donaumonarchie entstand die Republik Österreich, deren Bevölkerung die Vereinigung mit den Reichsdeutschen ersehnte. Graz blieb Hauptstadt der Steiermark. In den dreißiger Jahren lebten hier 153 000 Einwohner, heute sind es etwa eine Viertelmillion.

In Graz gibt es zwei Universitäten. Die Karl-Franzenz-Universität wurde 1586 gestiftet und nach 45jähriger Unterbrechung 1817 neu begründet. Die technische Erzherzog-Johann-Universität wurde 1811 zunächst als Landesmuseum (Johanneum) gegründet.

Die Stadt wird von dem zentral gelegenen Schloßberg überragt. Dort stehen der Glockenturm und der Uhrturm, das Wahrzeichen von Graz. Um seinen Fuß erstreckt sich die Altstadt mit der Stadtburg und der spätgotischen Domkirche. Älteste Kirche der Stadt ist die frühgotische Leechkirche des Deutschen Ordens. Das Landhaus, 1527-67 erbaut, mit dreigeschossigem Arkadenhof und prunkvoller Einrichtung des 18. Jahrhunderts wurde Vorbild der frühbarocken Schloßbauten in der Steiermark. Heute befindet sich hierin der Landtag. Der spätere Kaiser Ferdinand II. ließ seit 1614 sein Mausoleum errichten, eines der bedeutendsten österreichischen Bauwerke im Übergang zum Barock. Im Innern findet man hervorragende Stuckarbeiten und einen Hochaltar nach einem Entwurf Fischers von Erlach aus den Jahren 1695-97. Zahlreiche Palais zeigen die Entwicklung des Palastbaus von der Ordenszeit bis ins 18. Jahrhundert.

Marktkirche und Händel-Denkmal zu **Halle** an der Saale.

Halle

Wo Händels Wiege stand

Die hallischen Salzquellen waren schon in ältester Zeit bekannt. Funde belegen ihre Nutzung. Die erste urkundliche Erwähnung als Halla geht aber erst auf das Jahr 806 zurück. Karl, der älteste Sohn Karls des Großen, verschanzte den Platz auf dem Gelände der späteren Moritzburg. 952 kam der Ort an das Haus der Billunger. Herzog Hermann legte eine Burg an, die seinem Geschlecht bis zum Aussterben im Jahre 1106 verblieb. Der Ort dagegen wurde von Kaiser Otto I. 966 dem Kloster, dann dem Erzbistum Magdeburg geschenkt.

Durch Otto II. erhielt Halle 981 das Stadtrecht. Bedeutende Größe erreichte es bereits zu Anfang des 12. Jahrhunderts. Im 14. und 15. Jahrhundert führte die Stadt als Mitglied der Hanse erfolgreich Kriege gegen die Erzbischöfe von Magdeburg und hielt 1435 sogar eine Belagerung mit Erfolg aus. 1478 eroberte der Erzbischof die bis dahin fast unabhängige Stadt aber doch. Er erbaute, um Halle besser im Zaum halten zu können, seit 1484 die Moritzburg, die später im Dreißigjährigen Krieg zerstört wurde.

Unter den Augen Albrechts V., Erzbischof von Mainz und Magdeburg, der hier residierte und am 24. November 1533 ein Schutzbündnis mit Joachim von Brandenburg, Georg von Sachsen und Erich und Heinrich von Braunschweig abschloß, wurde die Reformation in Halle eingeführt und 1541 als erster lutherischer Superintendent Justus Jonas berufen. Nach der Schlacht bei Mühlberg unterwarf sich hier am 19. Juni 1547 im Residenzschloß des Erzbischofs der Landgraf Philipp von Hessen dem Kaiser. Nach dem Sieg der Reformation kam die Stadt unter die Herrschaft der hohenzollernschen weltlichen Administratoren von Magdeburg, die hier residierten.

Während des Dreißigjährigen Krieges fiel Halle durch den Prager Frieden an das Haus Sachsen. Der Westfälische Friede sprach es für den Fall des Todes des regierenden Administrators Brandenburg zu, was 1680 eintraf. Am 12. Juli 1694 eröffnete Kurfürst Friedrich III. die Universität. Hier erfochten am 17. Oktober 1806 die Franzosen unter Bernadotte über die Preußen unter Prinz Eugen von Württemberg einen Sieg, worauf die Stadt im Frieden zu Tilsit dem Königreich Westphalen einverleibt wurde. Im April 1813 wurde Halle von den Preußen unter Kleist besetzt. Es mußte aber trotz des erfolgreichen Gefechts bei Merseburg am 29. April wieder den vorrückenden Franzosen überlassen werden. Noch vor der Völkerschlacht bei Leipzig erhielt Halle eine starke preußische Besatzung und verblieb danach im Besitz Preußens.

Hauptstadtfunktionen hatte Halle bis 1945 offiziell nie, auch wenn der Erzbischof und danach der Administrator von Magdeburg hier lange Zeit residierten. Sitz der Verwaltung des Regierungsbezirks war das nahegelegene Merseburg, Hauptstadt der preußischen Provinz Sachsen Magdeburg. Das änderte sich mit dem Ende des Zweiten Weltkrieges kurzzeitig. Trotz einiger Schäden galt Halle als die größte deutsche Stadt, die weitgehend unzerstört gebieben war. So wurde es Landeshauptstadt von Sachsen-Anhalt. 1952 teilte man die Länder in Bezirke auf, 1990 wurde dies rückgängig gemacht. Im Ringen mit Magdeburg um den Sitz der Landesregierung unterlag Halle und wurde Sitz einer Bezirksregierung.

Hamburg

Deutschlands Tor zur Welt

Wahrscheinlich ist Hamburg aus einem der beiden von Karl dem Großen um 808 an der Alster gegen die Slawen angelegten Blockhäuser entstanden. Bald darauf wurden die Hammaburg genannten Kastelle von den slawischen Wilzen zerstört, 810 jedoch wieder aufgebaut. Im Jahr darauf erhielt Hammaburg eine Kirche, die den Ausgangspunkt der Christianisierung für Nordalbingien, die dänischen Inseln bis hinauf nach Norwegen und Schweden bildete. 831 wurde Hamburg zum Bistum, 834 zum Erzbistum erhoben. Dem Bischof bzw. Erzbischof Ansgar wurden in der betreffenden Urkunde auch die Länder Grönlandia, Islandia und Scandinavia als Sprengel zugewiesen. Ansgar gründete zwar eine Klosterschule und wirkte unermüdlich für die Ausbreitung des Christentums, dennoch hielt die Bevölkerung zäh an ihrem alten Glauben fest. Die Fischerei bildete geraume Zeit die Lebensgrundlage der Bewohner.

Nachdem die Stadt samt Domkirche und Kloster 845 von den Normannen eingeäschert worden war, wurde drei Jahre später das Erzbistum Hamburg mit dem Bistum Bremen vereinigt und sein Sitz nach Bremen verlegt.

Hamburg wurde noch mehrfach von Dänen und Slawen zerstört und danach wieder aufgebaut. Hermann Billung, der seit 936 die Nord- und Ostgrenze Sachsens tapfer verteidigte und 959 dieses Herzogtum erhielt, schützte Hamburg vor dessen Feinden. Bei den Slawen-Unruhen nach dem Tode Kaiser Ottos II. 983 fiel es aber erneut in deren Gewalt und wurde ihnen erst vier Jahre später wieder abgenommen. Erzbischof Unwan (1013-29) gründete anstelle des Klosters ein Domkapitel, und Alebrand (Bezelin, 1035-43) erbaute 1037 den Dom. Erzbischof Adalbert (1043-72) errichtete in Hamburg eine Burg. Gegen 1072 wurde die Stadt von den Slawen abermals verbrannt, erholte sich jedoch so schnell wieder, daß schon 1126 ein neuer Dom dastand.

1110 gelangten die Grafen von Schauenburg in den Besitz Holsteins und Hamburgs. Graf Adolf III. gründete 1188 neben der bisherigen Altstadt an der Stelle der neuen Burg die Neustadt, die von kaufmännischen Ansiedlern bewohnt wurde. Er bewirkte für Hamburg gegen eine bedeutende Geldunterstützung zu einem Kreuzzug vom Kaiser verschiedene Freiheiten (7.Mai 1189), so das Weichbildrecht (Inbegriff aller Rechte einer Stadt), eigene Gerichtsbarkeit, Zollfreiheit und das Fischfangrecht von der Elbe bis zum Meer. Die holsteinischen Grafen beanspruchten fortan in Hamburg kein anderes Recht als das der Einsetzung eines Landvogts, und so lag die Regierung in der Hand eines Rats.

Die durch eine große Flut verursachte Verwüstung Helgolands gab die Elbe frei und dem Handel einen großen Aufschwung. Niederländische Kaufleute boten nun in Hamburg ihre Waren, normannische Korsaren ihren Raub an. Die Zerstörung Bardowieks durch Heinrich den Löwen 1189 brachte einen beachtlichen Zuwachs an handelskundigen Einwohnern. Gilden und Zünfte gründeten sich. Nachdem die Stadt 1201 sich an Waldemar von Schleswig nach dessen Sieg über den Grafen Adolf von Holstein ergeben hatte, stand sie unter der Herrschaft des dänischen Statthalters Albrecht von Orlamünde. 1223 erfolgte die definitive Verlegung des erzbischöflichen Sitzes nach Bremen, doch behielt Hamburg sein Domkapitel. Erst in jüngster Vergangenheit wurde wieder ein eigenständiges katholisches Erzbistum Hamburg gegründet.

Nach der Gefangennahme des dänischen Königs Waldemar durch Heinrich von Schwerin 1223 geriet die Stadt wieder in die Gewalt des Grafen Adolf IV. von Schauenburg und mußte bedeutende Summen an Lösegeld und Hilfsgeldern zahlen. Die Schauenburger setzten sich nun immer mehr in Hamburg fest und legten 1231 oberhalb der Stadt ein befestigtes Schloß an. Die Stadt wurde für sie eine reichlich sprudelnde Geldquelle. Trotzdem erlangte sie 1254 das Münzrecht und zwei Jahre danach ansehnliche Steuererleichterungen.

Die Handelstätigkeit nahm ständig zu, obwohl Hamburg noch ein relativ kleiner Ort war und 1311 erst 7000 Einwohner zählte. Viehzucht und Fischerei blieben weiter wichtige Erwerbszweige. Einem Vertrag mit Lübeck von 1241, wonach keine Stadt den aus der anderen verwiesenen Personen Schutz gewähren sollte und beide sich zur Bekämpfung der Räuber und Friedensbrecher verbündeten, folgte 1255 ein Schutz- und Trutzbündnis. 1259 wurde auch mit Bremen ein freundschaftliches Verhältnis angebahnt. Beide Städte suchten ihre Schiffahrt gegen das Strandrecht der Nachbarn zu schützen, erlangten auch in Holland, Flandern und Lothringen Schutzbriefe und Zollerleichterungen. Besonders lebhaft war der Handel mit den rheinischen Städten sowie mit Braunschweig und Lüneburg. 1270 gaben sich die Bürger ein neues Statut, welches die Verfassungs- und Rechtsverhältnisse ordnete. Die Selbständigkeit wurde 1292 durch das Zugeständnis der Autonomie in inneren Angelegenheiten von seiten der Grafen von Schauenburg und 1302 durch Verleihung der Zollfreiheit gefördert. Eine Fehde mit Holstein wurde mit Hilfe des Kaisers 1342 beigelegt und das Stadtgebiet durch Ankauf benachbarter Ländereien vergrößert. Um seinen Handel zu schützen, sah sich Hamburg zum Kampf gegen die Seeräuberei veranlaßt. Klaus Störtebeker, der berühmt-berüchtigte Pirat, wurde 1401 gefangengenommen und die ostfriesischen Häuptlinge, die die Elbe blockierten, 1402 auf der Sandbank bei Helgoland geschlagen. Die Unzufriedenheit der Bevölkerung mit dem aristokratischen Stadtregiment nahm inzwischen wegen der hohen Abgaben immer mehr zu, so daß es im 15. Jahrhundert zu mehreren Erhebungen kam.

Hamburg nahm an sämtlichen kriegerischen Unternehmungen der Hanse teil und erreichte so die Unabhängigkeit von Dänemark, das das Erbe der Grafen von Schauenburg übernommen hatte. 1510 wurde Hamburg von Kaiser Maximilian I. zur Reichsstadt erhoben.

Bismarckdenkmal mit St. Michaelis-Kirche (»Michel«) zu **Hamburg**.

Die Reformation, die sich in Hamburg dank des mäßigenden Einflusses Bugenhagens, eines Mitstreiters Luthers, seit 1521 ohne schwere innere Erschütterungen vollzog, begünstigte einen neuen wirtschaftlichen Aufschwung. Die erste deutsche und nordeuropäische Börse wurde durch den »gemeinen Kaufmann«, eine Handelsgesellschaft, 1588 gegründet, und die englische Kaufmannsgilde »Merchant adventures« überführte ihren Tuchstapel von Antwerpen hierher. Verstärkend kam in der zweiten Hälfte des 16. Jahrhunderts die Einwanderung von Glaubensflüchtlingen aus den spanischen Niederlanden hinzu, die auf die Veredlung überseeischer Rohprodukte ausgerichtete neue Gewerbe wie die Zuckersiederei mitbrachten und zur Entwicklung Hamburgs als einem internationalen Stapelplatz bis ins 19. Jahrhundert beitrugen. Um 1600 zählte die Stadt etwa 40 000 Einwohner.

Der niederländische Artilleriehauptmann van Valckenburg baute Hamburg 1616-25 zu einer mächtigen Festung aus, weshalb die Stadt vom Dreißigjährigen Krieg weitgehend verschont blieb. Die dänische Konkurrenzgründung Altona konnte Hamburg den Rang nicht ablaufen, und eine Belagerung seitens des dänischen Gegners 1686 blieb ebenso erfolglos.

Hamburg erreichte einen neuen wirtschaftlichen Höhepunkt. 1665 richtete es die erste deutsche Handelskammer ein. Die 1676 gegründete Feuerkasse war die erste Feuerversicherung der Erde. Mit dem wirtschaftlichen Aufblühen ging eine kulturelle Blüte einher: 1678 wurde hier die erste deutsche Oper gegründet. Städtischer Musikdirektor wurde 1721 Georg Philipp Telemann, der als größter Komponist seiner Zeit galt. Sein Nachfolger wurde 1766 Carl Philipp Emanuel Bach. Der begabteste der Söhne Johann Sebastian Bachs übte diese Funktion bis zu seinem Tode 1788 aus.

Trotz andauernder innerer Händel während des ganzen 17. Jahrhunderts, die erst 1712 durch kaiserliche Vermittlung beigelegt werden konnten, entstand in dieser Zeit die Verfassung, die bis 1860 Gültigkeit behalten sollte. Lessing war 1767-70 der erste Dramaturg des neueröffneten Nationaltheaters, 1770-1803 lebte Klopstock hier. Die Einwohnerzahl überschritt die 100 000.

Einen wirtschaftlichen Rückschlag brachten französische Besetzung 1806-14 und die Kontinentalsperre mit sich. Er konnte relativ rasch überwunden werden, nachdem sich Hamburg als Freie und Hansestadt dem Deutschen Bund angeschlossen hatte. Die Technik schritt voran, und Hamburg konnte sich auf Dauer als Deutschlands Tor zur Welt etablieren, obwohl es dem Zollverein fernblieb. 1860 gab es sich eine neue Verfassung, blieb im Krieg von 1866 neutral und übertrug zwei Jahre später Preußen seine Wehrhoheit. Als Teil des Deutschen Reiches setzte die Hansestadt ihre Zollpolitik fort, um erst nach dem Übergang zur Schutzzollpolitik 1879 sich mit ihrem Wohngebiet 1888 dem deutschen Zollverband anzuschließen. Für den Hafen wurde ein Freigebiet geschaffen. Diese Regelung führte bis zum Ersten Weltkrieg zu immer neuen Verbesserungen der Hafen- und Strombaueinrichtungen und machte die Stadt darüber hinaus zu einem der wichtigsten Industriestandorte Deutschlands. 1913 wohnten hier 1,03 Millionen Menschen.

Hannover: Neues Rathaus (oben), am Hauptbahnhof (unten).

1921 erhielt Hamburg eine parlamentarisch-demokratische Verfassung. 1937 kamen die Städte Altona, Wandsbek, Harburg-Wilhelmsburg und 27 Landgemeinden hinzu. Cuxhaven fiel an Hannover, Geesthacht an Schleswig-Holstein.

1943 richtete sich britischer Luftterror gegen die Wohnviertel der Stadt. Der Aktion »Gomorrha« fielen über 55 000 Menschen zum Opfer. Nach dem militärischen Zusammenbruch Deutschlands wurde Hamburg ein Teil der britischen Besatzungszone. Durch Demontage verlor die Stadt einen großen Teil ihrer Werftindustrie sowie durch zwangsweise Übereignung an die Siegermächte den größten Teil der in ihr beheimateten Handelsschiffe einschließlich der Fischereifahrzeuge. 1948 setzte der Wiederaufbau der Wirtschaft ein. Durch die deutsche Teilung fehlte Hamburg ein Großteil seines Hinterlandes. 1949 ein Land der Bundesrepublik Deutschland geworden, trat am 6. Juni 1952 die »Verfassung der Freien und Hansestadt Hamburg« in Kraft. Der Wiederaufbau ging rasch vonstatten. Mit dem Beitritt Mitteldeutschlands zur Bundesrepublik 1990 erhielt Hamburg sein altes Hinterland zurück und mit ihm seine überragende Bedeutung als Industrie- und Handelsstandort.

Hannover

Von der Königsresidenz zur Messemetropole

Um 1150 wird ein Dorf namens »Hanovere« erwähnt, als dort eine Kirche, die romanische Georgskirche, erbaut wurde. 1163 wird Hannover anläßlich eines Aufenthalts Heinrichs des Löwen als Stadt genannt. Von ihm erbte es 1202 sein Sohn, Pfalzgraf Heinrich, der Hannover 1223 seinem Neffen, Otto dem Kind, dem Stifter der älteren braunschweigischen Linie, überließ. Beim Einfall des jungen Königs Heinrich in die welfischen Lande unterwarf sich Hannover 1227 dem Grafen Konrad von Lauenrode, wurde aber 1241 an Otto zurückgegeben. Im selben Jahr wurden die Stadtrechte urkundlich bestätigt. Bei der 1269 zu Quedlinburg vorgenommenen Teilung der welfischen Lande fiel Hannover dem Herzog Johann zu. Dessen Sohn, Otto der Strenge, umgab die Stadt 1309 mit einer Mauer. Er hatte 1283 die Lehnshoheit des Bischofs von Hildesheim für Hannover anerkennen müssen, die jedoch schon im 14. Jahrhundert ihr Ende fand. Nachdem sie Herzog Heinrich der Ältere 1486 vergeblich belagert und sich vier Jahre später ebenso vergeblich mit List ihrer zu bemächtigen versucht hatte, fiel sie 1495 bei der Länderteilung an Herzog Erich den Älteren von Calenberg.

Am alten Handelsweg von Frankfurt am Main nach Hamburg gelegen, erlebte Hannover im 14. und 15. Jahrhundert eine erste wirtschaftliche Blüte. 1386 war es dem Hansebund beigetreten, und danach waren Handel, Schiffahrt und Handwerk zu ansehnlicher Blüte gelangt. Das Alte Rathaus wurde 1409-55 im Stil der Backsteingotik erbaut.

Eine Krise trat ein, als die Bürgerschaft 1533 gewaltsam die Reformation einführte und es zu lang anhaltenden Zwistigkeiten kam. Aufwärts ging es wieder, nachdem Herzog Georg vom Calenberg 1636 Hannover zu seiner Residenz erklärte. Zwischen 1636 und 1642 entstand aus dem ehemaligen Barfüßerkloster das Schloß am Leineufer. Das Stadtgebiet erweiterte sich nach Westen um die Calenberger Neustadt, die 1680 mit der Altstadt vereinigt wurde. 1666 bis 1714 wurde die barocke Sommerresidenz in Herrenhausen mit ihren berühmten Gärten angelegt.

Als Kurfürst Georg Ludwig 1714 den englischen Thron bestieg, verließ der Hof die Stadt, doch blieb ein Hofstaat bestehen. Bis 1837 währte die Personalunion mit England. Erst Ernst August kehrte in das zum Königreich erhobene Hannover zurück.

1747 wurde die Ägidien-Neustadt angelegt. Zwei Jahre zuvor (26. August 1745) war in der Stadt das Traktat von Hannover zwischen England und Preußen abgeschlossen worden. Darin versprach England, für Preußen gegen Anerkennung Kaiser Franz I. den Besitz Schlesiens von Maria Theresia zu erwirken. Ein weiterer diplomatischer Höhepunkt war der Friedensschluß zwischen Rußland und Dänemark, der am 8. Februar 1814 hier zustande kam.

Bereits bevor König Ernst August 1837 seine Residenz in Hannover genommen hatte, ließ sein Hofrat Laves die Festungsanlagen abreißen sowie neue Straßen und Plätze anlegen (Waterlooplatz 1826-32). Die Stadt wurde um klassische Bauwerke bereichert. Das Opernhaus entstand in den Jahren 1845 bis 1852, der Bahnhof 1843. Sein Nachfolger Tamm begann 1857 mit dem Bau des Welfenschlosses, der heutigen Universität Hannover.

Im Krieg von 1866 besetzten preußische Truppen die Stadt. Der König floh nach Österreich, und Preußen annektierte das Land. Der Entwicklung Hannovers hat es nicht geschadet. Bereits 1875 übertraf es an Einwohnerzahl und Industriedichte die Residenzstadt Braunschweig. 1876-79 wurde das jetzige Empfangsgebäude des Hauptbahnhofs errichtet, das Neue Rathaus war 1913 fertiggestellt. Zu den bestehenden Verkehrslinien kamen 1937 die Autobahn Berlin-Köln und 1938 der Mittellandkanal.

Im Zweiten Weltkrieg wurde die Innenstadt nahezu völlig vernichtet. Die günstige geographische Lage und die Bedeutung als Landeshauptstadt eines großen Flächenstaates beschleunigten den Wiederaufbau. Die Anlage des Innenstadtringes ließ ein nahezu autofreies Verwaltungs- und Geschäftszentrum entstehen, das durch U-Bahnlinien an das überörtliche Verkehrsnetz angeschlossen ist. Die Messe brachte Hannover Bedeutung von Weltrang.

Heidelberg

Die meistbesungene Stadt des Reiches

Heidelberg wird 1196 erstmals genannt. Als planmäßige Gründung unterhalb der seit dem 11. Jahrhundert bestehenden und 1225 erstmals erwähnten Burg schuf Pfalzgraf Konrad mit der Stadt die Grundlage der pfälzischen Territorialmacht. 1392 wurde das Dorf Bergheim aufgegeben. Der Kurfürst siedelte die Bewohner in der Vorstadt, westlich der Altstadt, an. Die Siedlung am Schloßberg wurde erst 1743 mit Heidelberg vereinigt.

In der Reformationszeit spielte die Stadt eine bedeutende Rolle. Mit dem Dreißigjährigen Krieg setzte der Niedergang ein. 1622 eroberte Tilly die Stadt, 1633 nahmen die Schweden sie ein. Im Pfälzischen Erbfolgekrieg wurde sie 1689 von den Franzosen gebrandschatzt und 1693 zerstört. Die Verlegung der Residenz nach Mannheim beraubte die wieder aufstrebende Stadt 1720 ihrer wirtschaftlichen Basis. 1803 fiel Heidelberg an Baden. Der im 19. Jahrhundert aufkommende Fremdenverkehr, mehr aber noch die beginnende Industrialisierung verhalfen der Stadt zu neuem Wohlstand. Durch mehrere Eingemeindungen in den zwanziger Jahren dehnte sie sich aus.

Die Ruprecht-Karl-Universität wurde nach Erteilung des päpstlichen Privilegs eines »Studium generale« 1386 von Kurfürst Ruprecht I. von der Pfalz gegründet. Unter der Kanzlerschaft des Wormser Bischofs Johann II. war sie vom Humanismus geprägt, ab 1556 vom Kalvinismus. Der reformierte Universitätsprofessor Ursinus verfaßte mit dem Theologen Olevianus den Heidelberger Katechismus. 1576-83 war die (jesuitische) Universität nach Neustadt an der Weinstraße verlegt. 1623 wurde ein Großteil der Bestände der Heidelberger Bibliotheken geraubt und nach Rom gebracht, dann ruhte der Lehrbetrieb bald ganz.

Kurfürst Karl Ludwig eröffnete die Universität 1652 wieder, diesmal als kalvinistische Einrichtung. Dem folgte jedoch bald ein erneuter Niedergang wegen des Pfälzischen Erbfolgekrieges mit zeitweiliger Verlegung nach Frankfurt und Weinheim und jesuitischem Einfluß. 1803 wurde sie als Ruperta Carola von Kurfürst Karl Friedrich, Großherzog von Baden, wiedereröffnet. Die Hochschule erwarb sich erneut Rang und Namen. Heidelberg nahm so kulturell seit Anfang des 19. Jahrhunderts eine Sonderstellung ein. Die geistige Atmosphäre wurde im literarischen und künstlerischen Bereich von der Heidelberger Romantik geprägt. Heidelberg ist die am meisten besungene Stadt.

Heute leben in Heidelberg 137 000 Bürger. Hauptstadt ist es schon lange nicht mehr. Dennoch hat es als Sitz einer Vielzahl von kulturellen und Bildungseinrichtungen sowie als Touristenmagnet Weltruf. Ziel der Besucher ist vor allem das Schloß. Der auf einem bewaldeten Vorsprung des Königsstuhls aus rotem Sandstein errichtete Bau wurde von den Truppen des französischen »Sonnenkönigs« Ludwig XIV. verwüstet und ab 1897 teilweise wiederhergestellt.

Heidelberg: Blick über die Stadt (oben), im Hof des Schlosses (unten).

Hermannstadt

Kultureller Mittelpunkt der Siebenbürger Sachsen

An der Stelle des römischen Militärlagers Cedonia wurde um die Mitte des 12. Jahrhunderts von Nürnberger Kolonisten die Siedlung Hermannsdorf gegründet. Sie erscheint 1192-96 als Cibinum in verschiedenen Quellen. 1241/42 von den Mongolen zerstört, erhielt der wiedererrichtete bedeutende Handelsplatz um die Mitte des 14. Jahrhunderts Stadtrecht. Als Hermannstadt war der Ort nicht nur wirtschaftlicher, sondern auch politischer und kultureller Mittelpunkt der Siebenbürger Sachsen. Hier residierten die Sachsengrafen, und nach 1691 war hier der Sitz des Siebenbürger Gubernums, der Provinzialregierung. 1438 und 1442 wurde die Stadt von den Türken belagert. 1526 standen die Anhänger Johann Zapolyas vor den Toren, als dieser seinen Krieg gegen Ferdinand von Österreich um die ungarische Krone führte.

Die Stadt, in Ober- und Unterstadt gegliedert, hat ihr mittelalterliches Gepräge weitgehend bewahrt. Von der starken Umwallung Ende des 14. Jahrhunderts, lange nach dem Mongolensturm begonnen, sind Basteien und Türme des 15.-17. Jahrhunderts erhalten. Das schon 1292 bezeugte Spital mit Kirche besitzt noch einen romanischen Treppenturm. Die evangelische Pfarrkirche, ein im wesentlichen spätgotischer Bau, wurde an der Stelle einer römischen Basilika errichtet. Im Innern finden wir Fresken des Jahres 1445 und die Orgel des späten 17. Jahrhunderts. Das alte gotische Rathaus wurde im 17. Jahrhundert umgebaut.

In den achtziger Jahren des 19. Jahrhunderts lebten in Hermannstadt knapp 20 000 Bürger, von denen sich 14 000 zu den deutschen Siebenbürger Sachsen zählten, etwa 2700 waren Rumänen und 2000 Ungarn. Bis Mitte der 1930er Jahre hatte sich das Zahlenverhältnis zwischen den Nationen bereits stark verändert. Von 48 000 Einwohnern war noch jeder zweite ein Deutscher. Der Einmarsch der Roten Armee brachte furchtbares Leid über die Bevölkerung. Deportationen nach Sibirien waren selbst Jahre nach dem Krieg an der Tagesordnung. Gewisse Rechte wurden den nationalen Minderheiten Rumäniens zwar zugestanden; die katastrophale Wirtschaftslage und der niedrige Lebensstandard jedoch machten das Leben oft unerträglich. Mitte der achtziger Jahre lebten in Hermannstadt 155 000 Einwohner, unter denen nur noch wenige Deutsche waren. Mit dem Sturz Ceauçescus und der Öffnung der Grenzen gingen die meisten der bis dahin Gebliebenen in die Heimat ihrer Vorfahren zurück. Der größte deutsche Sohn Hermannstadts war Professor Hermann Oberth (1894-1989), der Vater der Weltraumfahrt.

Blick auf **Hermannstadt** in Siebenbürgen.

Iglau

Inseldeutschtum im Igelländchen

Auf dem Rücken des mährisch-böhmischen Höhenzuges liegt die Stadt Iglau. Sie war einst der Hauptort einer deutschen Volksinsel, des Igellandes, umgeben von den habsburgischen Kronländern Böhmen und Mähren.

Die ehemals königliche Bergstadt wurde Anfang des 13. Jahrhunderts von deutschen Bergleuten gegründet. Sie war neben Freiberg in Sachsen die damals bedeutendste Silberfundstätte Europas. Das 1300/05 vom böhmischen König Wenzel II. gewährte Iglauer Bergrecht war Vorbild für viele Länder und fand im 16. Jahrhundert über Spanien auch in Lateinamerika Anwendung. 1328 litt der Bergbaubetrieb durch ein Erdbeben, 1376 kam eine große Wasserflut. In der Hussitenzeit wehrten sich die deutschen Bürger der Stadt tapfer gegen den Ansturm der zügellosen Horden. Das Bergwesen verfiel dennoch zusehends.

Am 5. Juli 1436 wurde hier der Iglauer Vergleich geschlossen. Kaiser Sigmund beschwor die Prager Kompaktaten von 1433 und wurde als König von Böhmen anerkannt. In den Tagen König Podiebrads (1458-71) war Iglau Mitglied im antihussitischen Deutschstädtebund Mährens. Vor der Stadt bezeichnet ein Granitmonument den Ort, wo Ferdinand I. 1527 den böhmischen Ständen den Eid leistete, ein anderes die mährische Grenze.

Um das Jahr 1562 hatte die Reformation sich durchgesetzt, und so blieb es bis 1623. Von da ab begann die Rekatholisierung, die viele protestantische Familien außer Landes trieb. Nach der Schlacht von Jankau 1645 fiel Iglau den Schweden unter Torstenson in die Hände und konnte von den Kaiserlichen erst 1647 nach harter Belagerung wieder genommen werden. 1742 wurde die Stadt von den Sachsen unter Rochau erobert. 1805 fand ein Gefecht zwischen den Österreichern unter dem Erzherzog Ferdinand und den mit Napoleon verbündeten Bayern unter Wrede statt, wobei letzterer weichen mußte.

Iglau blieb trotz aller Schicksalsschläge eine deutsche Stadt, allerdings zunehmend in Insellage. Von den gut 12 400 Einwohnern im Jahre 1880 waren noch zehntausend Deutsche. Der zunehmende tschechische Druck nach dem Untergang der Donaumonarchie bewirkte, daß Mitte der dreißiger Jahre nur noch die Hälfte der damals 31 000 Bewohner Deutsche waren. Dann kam der Zweite Weltkrieg, an dessen Ende unsagbares Leid über die deutsche Bevölkerung Iglaus kam. Diejenigen, die das Inferno überlebten, mußten ihre Heimat verlassen.

Von den einstigen Bewohnern künden auch heute noch die Bauwerke, die sie errichteten. Das Stadtbild wird von Teilen der mittelalterlichen Befestigung mit dem Frauentor und Bürgerhäusern aus Renaissance und Barock geprägt sowie von der ehemaligen Minoritenkirche, der Pfarrkirche St. Jakob und dem im 16. und 18. Jahrhundert umgebauten, ursprünglich gotischen Rathaus.

Blick vom Turm der Stadtkirche auf **Iglau.**

Innsbruck

Die Stadt Andreas Hofers

Die Höhen um Innsbruck waren bereits zur Bronzezeit besiedelt. In den Vororten Hötting und Mühlau wurden Funde der Urnenfelderkultur aus dem 13./12. Jahrhundert v. Chr. freigelegt. In römischer Zeit folgte am Südrand des Talbodens die Anlage der Etappenstation Veldidena an der Via Claudia Augusta. Die Grundlagen der heutigen Stadt legten die bayerischen Grafen von Andechs mit der Gründung eines Marktes am linken Innufer und der Anlage einer Brücke zwischen 1165 und 1180. In diese Zeit fällt auch die erste urkundliche Erwähnung als Inspruk.

Nach dem Erwerb des Areals südlich des Inns durch das Kloster Wilten im Jahre 1180 erfolgte die Markterweiterung über die Brücke und die Stadterhebung zwischen 1187 und 1204. Nach dem Aussterben der Andechser kam Innsbruck an Tirol und gelangte so 1363 an die Habsburger. Um 1420 verlegten sie ihre Residenz von der Burg Tirol nahe Meran nach Innsbruck.

Seither erfuhr die Stadt durch ihre Landesherren besondere Förderung. Ober- und vorderösterreichische Verwaltungsbehörden nahmen hier ihren Sitz, 1613 folgten die Tiroler Landstände. Mit dem Aussterben der Tiroler Linie der Habsburger verlor Innsbruck 1665 seine Residenzstadtfunktionen. 1669 wurde die Universität gegründet.

1806-14 gehörte Innsbruck zu Bayern. Hier hatte Andreas Hofer als kaiserlicher Landeskommandant seinen Sitz, und am Bergisel fanden die berühmten Schlachten der von ihm geführten Freiheitskämpfer gegen die napoleonischen Besatzer statt. Daran erinnert auch ein beeindruckendes gewaltiges Rundgemälde in Innsbruck. Seit 1858, dem Jahr des Anschlusses an das europäische Eisenbahnnetz, verzeichnete Innsbruck als Handels-, Verwaltungs- und Verkehrszentrum einen stetigen Aufschwung. Bei einer Volksabstimmung 1921 sprachen sich 98,6% der Nordtiroler (den Südtirolern war die Beteiligung verboten) für den Anschluß ans Deutsche Reich aus. Von 1938 bis 1945 gehörte Tirols Norden mit Innsbruck zum Deutschen Reich.

In der Hauptstadt des Bundeslandes Tirol lebten 1986 125 000 Einwohner. Das Stadtbild ist geprägt von den Lauben und Erkerhäusern der Altstadt. Besonders zu erwähnen sind die »Ottoburg«, ein 1494/95 erbauter Wohnturm, der Neuhof mit dem »Goldenen Dachl«, das Helbinghaus und das Alte Rathaus von 1358. Der 1717-22 erbaute Dom ist die bedeutendste Barockkirche Nordtirols. In der Hofburg ist unter den Prunkräumen vor allem der »Riesensaal« mit dem Deckenfresko von Maulbertsch bekannt. Das Grabmal Kaiser Maximilians I. findet man in der Hofkirche. Der monumentalste Barockpalast in Innsbruck ist das 1725-28 errichtete Landhaus. Neben weiteren zahlreichen Kirchen und Palästen sind aber auch Bauwerke jüngeren Datums nicht zu übersehen. Nennenswert sind hier die olympischen Anlagen, entstanden anläßlich der Winterspiele 1964 und 1976. Unvergleichlich ist der Blick auf die gewaltige Nordkette des Karwendelgebirges.

Innsbruck: Maria-Theresiastraße (links), »Goldenes Dachl« um 1855 (rechts).

Karlsruhe

Wo die Windrose zum Stadtplan wurde

Karlsruhe, die Hauptstadt des gleichnamigen Regierungsbezirks, geht auf eine Gründung des Jahres 1715 zurück. Markgraf Karl Wilhelm begann damals mit der planmäßigen Anlage einer neuen Residenz, da er mit der bisherigen in Durlach nicht mehr zufrieden war. Am Anfang stand ein Jagdschloß mitten im Hardtwald. In der Form der Windrose wurden 32 Schneisen, vom Schloß ausgehend, durch den Wald gehauen und eine Aufforderung an die Bürger des Landes zur Ansiedlung erlassen. Die Häuser mußten zunächst aus Holz errichtet werden. 1719 lebten bereits etwa 2000 Menschen in der neuen Stadt. 1724 wurde das Gymnasium von Durlach nach Karlsruhe verlegt, und 1751 vom Markgrafen Karl Friedrich an der Stelle des Jagdschlosses das jetzige Schloß aus Stein erbaut.

Seit 1771 war Karlsruhe Residenz der vereinigten Markgrafschaft und seit 1803 des Kurfürstentums, das drei Jahre darauf zum Großherzogtum Baden erhoben wurde. Die Stadt vergrößerte sich ständig, sie zählte 1812 bereits gut 14 000 Einwohner. 1825 wurde die Technische Hochschule gegründet.

1848/49 war Karlsruhe der Schauplatz zuerst der Volkserhebung, dann der Gegenrevolution. Bis 1885 stieg die Zahl der Bewohner auf über 61 000. 1918 mußte der Großherzog abdanken, Karlsruhe war daraufhin bis 1945 Hauptstadt des Freistaates Baden. Mit der Bildung des Landes Württemberg-Baden als Teil der amerikanischen Besatzungszone verlor die Stadt den Rang einer Landeshauptstadt. Dennoch sind zahlreiche Behörden in Karlsruhe ansässig, von denen das Bundesverfassungsgericht und der Bundesgerichtshof die bekanntesten sind. Lebten in den dreißiger Jahren 146 000 Einwohner hier, so sind es heute 272 000.

Kaschau

Das Haupt des deutschen Fünf-Städte-Bundes

Eine der ältesten und schönsten Städte der Slowakei, die auf deutsche Gründungen zurückgehen, ist Kaschau. Über ein dreiviertel Jahrtausend ist es jetzt her, daß deutsche Kaufleute und Händler in dieses Gebiet kamen und die Grundlage für eine der bedeutendsten wirtschaftlichen und kulturellen Siedlungen schufen, die ein Zentrum des Deutschtums in den Karpaten wurden.

Bereits im 13. Jahrhundert erhiert Kaschau von König Stephan V. das Stadtrecht. Ab 1290 errichtete man Mauern und legte Festungswerke an, die der deutsche Kaiser Ferdinand II. erweitern und Leopold I. mit einer Zitadelle verstärken ließ. Ungarns König Karl Robert trat Kaschau an den Palatin (Pfalzgraf) Amadeus Aba ab, der jedoch bald danach (1311) mit den Bürgern in Streit geriet

Karlsruhe: Alte Aufnahme des Marktplatzes mit der Pyramide, dem Grabmal des Stadtgründers Markgraf Karl Wilhelm (oben), das Schloß (unten).

Kaschau: Dom der heiligen Elisabeth (links), der Urbanturm (rechts).

Kassel: Friedrichsplatz mit Rotem Palais, Fridericianum und Elisabethkirche (oben), Schloß Wilhelmshöhe (unten). Vorkriegsaufnahmen.

und von ihnen getötet wurde. Seine Familie mußte auf die eben erst erworbenen Rechte verzichten.

Der ungarische König Ludwig gab 1346 der Stadt das Recht der Halsgerichtsbarkeit. Im Jahr darauf verlieh er ihr das Ofener Stadtrecht, bestimmte sie 1361 zum Stapelplatz für polnische und russische Waren und erteilte ihr das Marktrecht. König Sigmund bestätigte 1425 alle diese Gerechtsame. Kaschau stand zu dieser bewegten Zeit an der Spitze des Fünf-Städte-Bundes Ostungarns und seit 1437 vor allem mit Krakau in enger Handelsbeziehung.

In der Schlacht bei Mohacs am 29. August 1526 schlug der türkische Sultan Soliman II. den ungarischen König Ludwig II. In der Zeit danach wurde Kaschau zunächst immer entschiedener vom Protestantismus geprägt. Nach der Eroberung durch Johann Zapolyas, der den ungarischen Thron anstrebte, wurden deutsche Altbürgerfamilien gewaltsam verdrängt und durch zuwandernde Magyaren ersetzt. Kaschau erscheint im 16. und 17. Jahrhundert und auch noch danach als politisches Zentrum des ostungarischen Berglandes und als wichtiger Waffenplatz und Kommandoort des kaiserlichen Ungarn. Die Gegner der Habsburger hatten hier ihren Stützpunkt. Die bekanntesten sind Bocskai, Gabriel Bethlen, Tökölyi und Franz Rakoczy II., dessen Erhebung auch Kaschau in Mitleidenschaft zog. Unter König Leopold I. wurde hier 1657 eine Universität unter Leitung der Jesuiten gegründet, an deren Stelle dann ein Gymnasium und eine Rechtsakademie verblieben.

Während der Aufstände der Ungarn gegen die Herrschaft der Habsburger in der Mitte des 19. Jahrhunderts wurde Kaschau am 11. Dezember 1848 von den Österreichern erobert. Am 4. Januar 1849 fand hier eine Schlacht zwischen den Ungarn unter Mészaros und den Österreichern unter Schlick statt. Am 9. Februar desselben Jahres wurde die Stadt von dem Führer der ungarischen Revolutionsarmee Görgei und am 24. Juni von den Russen besetzt.

Bis in die Tage der Vertreibung am Ende des Zweiten Weltkrieges hielt sich stets ein deutscher Bevölkerungsanteil. Bauwerke wie der gotische Dom aus dem 14. Jahrhundert gaben der Stadt ein deutsches Gepräge.

Kassel

Residenz der hessischen Landgrafen

Die erste Nachricht über einen Ort namens Cassala, an dem König Konrad I. verweilte, stammt aus dem Jahre 913. Eine weitere datiert von 1008, als Kaiser Heinrich II. dem Kloster Kaufungen einen Güterhof in Kassel schenkte. Zu Anfang des 13. Jahrhunderts wurde Kassel von den Landgrafen von Thüringen zur Stadt erhoben. Mit dem Erlöschen des thüringischen Hauses wurde es 1277 Residenzstadt der Landgrafen von Hessen. Schon Landgraf Heinrich I., der 1308 starb, legte auf dem jenseits der Fulda gelegenen Ufer eine Neustadt an. Er verband sie mit der Altstadt durch eine Brücke und baute die Burg von neuem auf. Heinrich II. gründete 1328 auf der linken Seite des Flusses die sogenannte Freiheit und erbaute hier die St. Martinskirche, mit der er 1364 ein Chorherrenstift verband. Kassel widersetzte sich 1376 einer vom Landgrafen Hermann willkürlich ausgeschriebenen Steuer, wurde aber durch Hinterlist überwältigt und seiner Freiheit beraubt. Eine Einmischung benachbarter Fürsten zugunsten der vertriebenen Bürger blieb fruchtlos, erst Landgraf Ludwig gab ihnen ihre Freiheiten zurück.

1527 nahm die Stadt die Reformation an. Landgraf Philipp der Großmütige verstärkte die bestehenden Festungswerke beträchtlich. 1547 mußten sie infolge der Halleschen Kapitulation nach der Niederlage im Schmalkaldischen Krieg geschleift werden. Sofort nach der Befreiung des Landgrafen aus der kaiserlichen Gefangenschaft begann die Wiederherstellung, die aber erst durch seinen Sohn Wilhelm IV. vollendet wurde. Darüber hinaus verschönerte er die Stadt durch verschiedene größere Bauten. Landgraf Moritz suchte 1615 den Wohlstand Kassels durch die Aufnahme vertriebener Niederländer zu heben. 1648 wurde hier zwischen den hessischen Landgrafen ein Vergleich geschlossen, durch den der Nachlaß Ludwigs IV. von Marburg geteilt wurde.

Der Anfang des Aufschwungs der Stadt zu ihrer heutigen Bedeutung fällt in die Regierungszeit des Landgrafen Karl, unter dem die Aue, das Orangerieschloß, die großartigen Anlagen am Habichtswald und durch die Aufnahme vieler aus Frankreich vertriebener Hugenotten (1688) die prächtige Oberstadt entstand. Im Siebenjährigen Krieg wurde Kassel viermal von den Franzosen besetzt. 1761 wurde es vom Grafen Friedrich von Bückeburg vergeblich belagert; dagegen konnte Prinz Friedrich von Braunschweig die Stadt im November 1762 einnehmen.

Am 1. November 1806 wurde Kassel durch ein französisches Heer besetzt und zur Hauptstadt des neuen Königreichs Westphalen erhoben. Doch die »Herrlichkeit« ging rasch vorbei. Als am 28. September 1813 der russische General Tschernitschew vor Kassel anlangte, vertrieb er die französischen Truppen rasch. König Jérôme entfloh eiligst nach Koblenz, während General Alix zur Kapitulation gezwungen wurde. Am 1. Oktober hielt General Tschernitschew unter dem Jubel der Bevölkerung Einzug, verließ die Stadt aber schon zwei Tage danach. Am 7. Oktober waren die Truppen von Alix wieder da. Doch wenig später mußten Jérôme & Co. endgültig die Koffer packen. Seine Truppen folgten ihm am Tag darauf, und am 28. Oktober erschienen die Truppen der Verbündeten. Der Kurfürst zog am 21. November wieder in seine Residenz ein.

In den Jahren 1830 und 1831 war Kassel wie auch andere Städte Kurhessens der Schauplatz von Unruhen. 1848 kam es erneut zu Erhebungen. Während der Verfassungskrise und der Spannung zwischen Preußen und dem Bund wurde Kassel am 2. November 1850 von preußischen und am 22. Dezember von bayerischen und österreichischen Truppen besetzt, die bis Juli 1851 blieben. Am 18. Juni 1866 rückte die preußische Division Beyer, ohne auf Widerstand zu treffen, in die Stadt ein. Nach der Einverleibung des Kurfürstentums in den preußischen Staat wurde Kassel Hauptstadt der neugebildeten Provinz Hessen-Nassau und des gleichnamigen Regierungsbezirks.

Die Zahl der Einwohner stieg rasch an. Waren es im Jahre 1885 64 000, Mitte der dreißiger Jahre 175 000, so zählt man heute rund 200 000. Das langsame Wachstum der letzten Jahrzehnte hängt nicht zuletzt mit folgendem Ereignis zusammen: Der Zerstörung der noch aus der kurfürstlichen Zeit stammenden Innenstadtbezirke durch die britische Luftwaffe im Zweiten Weltkrieg. In der Nacht vom 22. auf den 23. Oktober 1943 wurde ein Feuersturm auf einer Fläche von 4,7 Quadratkilometern beiderseits der Fulda entfacht, dem Tausende Menschen zum Opfer fielen.

Mit dem Ende des Krieges kam Kassel zur amerikanischen Besatzungszone. Das Land Hessen wurde gebildet, und Landeshauptstadt wurde Wiesbaden. Kassel ist seither nur noch Hauptstadt des gleichnamigen Regierungsbezirks, wenn auch eine Reihe von Bundes- und Landesbehörden hier ihren Sitz haben, von denen das Bundesarbeits- und Bundessozialgericht am bekanntesten sind.

Kattowitz

Wo das industrielle Herz Schlesiens schlug

Kattowitz war 1815 noch ein unbedeutendes Dorf und erhielt erst im Zuge der industriellen Entwicklung Oberschlesiens 1867 das Stadtrecht. 1873 wurde der Kreis Kattowitz gegründet, der zum preußischen Regierungsbezirk Oppeln gehörte. 1885 lebten in der Stadt 14 200 Einwohner. Begünstigt wurde die Entwicklung durch die Lage an der Eisenbahnlinie Cosel-Auschwitz. Politische Bedeutung erhielt Kattowitz nach dem Ersten Weltkrieg, als der Kampf um Oberschlesien begann. Als letztes deutsches Gebiet kam das bedeutende Industrierevier nach langem Hinauszögern durch die Entente-Mächte zur Abstimmung. Die Bevölkerung sprach sich am 20. März 1921 mit 709 348 gegen 479 747 Stimmen für Deutschland aus, und dies trotz schwerstem, durch Franzosen begünstigten Terror von Polen. Im Bunde mit dem französischen Abstimmungskommissar Le Rond veranstalteten nun die Polen unter Korfanty in Oberschlesien eine »Erhebung«. In Wirklichkeit drangen polnische Banden in das Land ein. Die Botschafterkonferenz verbot das Eingreifen deutscher Polizei und deutscher Truppen. Der deutsche Selbstschutz, der heldenmütig kämpfte, wurde von der Entente zum Halten gezwungen, nachdem er starke Stellungen der Aufständischen auf dem Annaberg erstürmt hatte. Das deutsche Industrieland aber wurde nun trotz des Abstimmungsergebnisses zerrissen, wodurch Deutschland ein Gebiet mit fast einer Million Einwohnern verlor. 49 von 61 Steinkohlegruben, alle Eisenerz-, 12 Zink- und Bleierzgruben, 22 von 37 Hochöfen, sämtliche Zink- und Bleihütten und beide Blei- und Silberhütten fielen an Polen.

Kattowitz blieb dennoch eine überwiegend deutsche Stadt. 1934 lebten 131 000 Einwohner in der Hauptstadt einer jetzt polnischen Provinz Schlesien, in der es sogar einen »Schlesischen Landtag« gab. Daran war unschwer erkennbar, daß sich Polen mit dem Erreichten noch lange nicht zufrieden geben wollte.

1939, nach Kriegsausbruch, kam Kattowitz noch einmal an Deutschland zurück. 1945 brach auch über diese Region die Rote Armee herein und vertrieb die deutsche Bevölkerung. Die Zurückgebliebenen durften erheblichenteils zunächst

Kattowitz: Friedrichstraße (oben), Stadttheater (unten).

bleiben, da die polnische Verwaltung die deutschen Arbeitskräfte nicht sofort ersetzen konnte. So erhielt sich in Oberschlesien ein deutsches Bevölkerungselement in einem größeren Umfang als in allen anderen Vertreibungsgebieten. Mit dem Zusammenbruch der kommunistischen Herrschaft ließ sich polnischerseits das Vorhandensein einer deutschen Minderheit nicht mehr vertuschen. Deutsche Vereine wurden gegründet, die trotz häufiger Behinderung versuchen, die kulturelle Identität zu wahren.

Kattowitz, das 1953-56 den zweifelhaften Ehrennamen »Stalinogrod« tragen mußte, ist heute von 369 000 Menschen bewohnt. Geprägt wird es wie früher von der Industrie. Hinzugekommen sind allerdings verheerende Umweltprobleme. Bei den ersten halbwegs freien Wahlen gab es in weiten Bereichen Oberschlesiens deutsche Mehrheiten.

Kiel

Stadt an der Förde

Der schönste Weg nach Kiel führt über das Wasser, denn die Förde - eine siebzehn Kilometer lange, tief in das Land hineinreichende Meeresbucht - ist für die schleswig-holsteinische Landeshauptstadt nicht nur Zufahrtsweg und Wasserstraße, sondern auch wichtigstes Lebenselement. Der größte natürliche Tiefwasserhafen der Ostsee befindet sich hier und gibt der Wirtschaft Kiels bedeutende Impulse.

Der Name der Stadt leitet sich wahrscheinlich von dem altsächsischen Wort Kille ab, was soviel wie sicherer Platz für Schiffe bedeutet. Es wurde schon im 10. Jahrhundert als Kyl erwähnt und im 11. Jahrhundert erstmals als Stadt bezeichnet. Nachdem diese Stadt 1072 von den Slawen zerstört worden war, wurde sie von Graf Adolf II. wieder aufgebaut. 1242 erhielt sie lübisches Recht. Zu Anfang des 14. Jahrhunderts gab ihr der dänische König Christoph II. die Erlaubnis zum Seehandel sowie das Stapel- und 1318 das Münzrecht. Am meisten trug aber Graf Adolf IV. zum Aufschwung bei, als er nach dem Sieg bei Bornhöved in Kiel seine Residenz aufschlug. Sein Sohn Johann I. gründete die Linie Holstein-Kiel.

Durch ihre Regenten mit vielen Freiheiten ausgestattet, entwickelte sich die Stadt sehr rasch. Im 13. Jahrhundert schloß sie sich der Hanse an, der sie bis 1518 angehörte. Trotzdem blieb sie lange im Schatten ihrer großen Nachbarn Lübeck und Hamburg. 1544 kam Kiel an Herzog Adolf zu Holstein-Gottorp, der sie im Flensburger Teilungsvertrag vom 12. August 1581 an seinen Neffen, den dänischen König Friedrich II., abtrat.

Während des Dreißigjährigen Krieges wurde Kiel von den Truppen beider Parteien wiederholt erobert. 1665 gründete Christian II. die Universität. Seit 1721 war Kiel wieder Residenz der Herzöge von Schleswig-Gottorp und Hauptstadt des großfürstlichen (russischen) Anteils von Holstein, bis es 1773 mit dem königlichen Teil vereinigt wurde.

Blick vom Rathausturm auf **Kiel.**

Im Frieden von Kiel (14. Januar 1814) trat Dänemark Norwegen an Schweden und Helgoland an England ab. 1848 ging von Kiel der Anstoß zum Aufstand gegen die dänische Herrschaft aus, bis 1850 war es Sitz der provisorischen Regierung. 1864-66 residierte Herzog Friedrich von Augustenburg hier.

Infolge des deutsch-dänischen und preußisch-österreichischen Krieges wurde Kiel preußisch. Mit der Reichsgründung 1871 kam die Zeit der großen Blüte Kiels. Als Kriegshafen der kaiserlichen Marine spielte die Stadt nun eine bedeutende Rolle. Als Folge entwickelten sich Schiffbau und Rüstungsindustrie sprunghaft, so daß die Einwohnerzahl auf fast eine Viertelmillion stieg, weshalb Kiel anstelle von Schleswig 1917 Hauptstadt der Provinz Schleswig-Holstein wurde.

Nach der Niederlage im Zweiten Weltkrieg gehörte Kiel zu den am stärksten zerstörten Städten Deutschlands. Es lag zu 80 Prozent in Schutt und Asche, darunter seine meisten Sehenswürdigkeiten wie Nikolai- und Hauptkirche und das Alte Schloß, von dem auch heute nur noch die Reste zu sehen sind.

Um so mehr ist staunenswert, was der Aufbauwille der Kieler Bürger bis heute geschaffen hat. Der Besucher bewundert den Rathausplatz, den Alten Markt, Park- und Grünanlagen im Stadtkern und kilometerlange Uferpromenaden an der Kieler Förde. Die Kirchen wurden stilgerecht wiederhergestellt, während die alten, verwinkelten Gassen für immer verschwunden sind. Von den Alt-Kieler Adelshöfen ist nur der Warleberger Hof geblieben, in dem sich heute das Stadtmuseum befindet.

Klagenfurt

Im Zeichen des Fürstensteins

Keltische und römische Funde bezeugen eine frühgeschichtliche Besiedlung Kärntens. Die ursprünglich von Herzog Hermann I. von Kärnten angelegte Siedlung lag unmittelbar an der Glan. Sie wird als Markt um 1190 erwähnt. 1246-52 entstand durch den Sponheimer Herzog Bernhard die südlich der ersten Siedlung gelegene heutige Stadt, die 1279 erstmals erwähnt wurde. 1338 bestätigte Herzog Albrecht II. von Österreich die Rechte und Freiheiten der Stadt.

1518 schenkte Kaiser Maximilian I. die vier Jahre zuvor durch einen Brand stark in Mitleidenschaft gezogene Stadt den Landständen, in deren Besitz sie bis 1849 blieb, und verlegte das Landgericht hierher. 1534-91 wurde Klagenfurt zu einer Festung gegen die Türken ausgebaut, die 1809 von den Franzosen geschleift wurde.

Zur Hauptstadt Kärntens entwickelte sich Klagenfurt erst seit dem 16. Jahrhundert, vorher war es St. Veit. Trotzdem blieb die Stadt relativ klein. Die Zahl der Einwohner betrug 1880 erst knapp 19 000, um bis in die 1930er Jahren auf 27 000, mit Vororten 40 000, zu steigen. Ansprüchen von seiten Jugoslawiens auf die Landeshauptstadt Kärntens, nach beiden Weltkriegen erhoben, konnte erfolgreich entgegengetreten werden. Der Süden des alten österreichischen Kronlandes jedoch

Klagenfurt: Blick über die Stadt (links), das Landhaus (rechts).

ging trotz des heldenhaften Kärntner Abwehrkampfes verloren. Zuletzt kursierten nach Ausbruch des Sezessionskrieges im zerfallenden Jugoslawien Eroberungspläne, die Klagenfurt unter dem Namen Celovec als Bestandteil eines mit Großserbien verbündeten Sloweniens zeigten. Die Träume sind mittlerweile zerronnen.

Im Ständischen Saal des Landhauses befindet sich der Fürstenstein, auf dem die Einsetzung der Herzöge durch den Herzogbauer (= Ederbauer) stattfand. Große Empörung gab es 1992, als der Herzogstuhl des Landes Kärnten auf dem Entwurf einer Banknote des eben gegründeten slowenischen Staates zu sehen war. Weitere Sehenswürdigkeiten sind der Lindwurmbrunnen, der Dom aus dem 16. Jahrhundert und die 1970 gegründete Universität für Bildungswissenschaften.

Koblenz

Die erste Hauptstadt von Rheinland-Pfalz

Schon um 58 v.Chr. war das Gebiet, in dem später Koblenz entstand, mit Gallien im Besitz der Römer. Cäsar schlug in der Nähe eine Schiffsbrücke über den Rhein. Unter Drusus wurde um 9 v.Chr. an dieser Stelle ein Kastell angelegt. Da sich die Flüsse Mosel und Rhein hier vereinen, erhielt es den lateinischen Namen Confluentes, woraus in der Folge Covelenz entstand.

Mit der Eroberung Galliens durch die Franken kam Koblenz 486 unter ihre Herrschaft. Den fränkischen Königen diente es bisweilen zum Aufenthalt. 860 fand hier die Versöhnung der Nachfolger Ludwigs des Frommen statt. Das Frankenreich und die daraus entstandenen Teilstaaten litten schwer unter den Verheerungen der Normannen, die 882 bis in die Gegend von Koblenz reichten. Kaiser Heinrich II. übergab die Stadt 1018 dem Erzstift Trier, bei dem sie bis zum Ende des 18. Jahrhunderts verblieben ist. 1105 veranlaßte Heinrich V. hier eine Zusammenkunft mit seinem kaiserlichen Vater, um ihn dabei in seine Gewalt zu bringen. 1138 wurde Konrad II. in St. Kastor, einer der ältesten Kirchen des Rheinlandes, zum Kaiser gewählt, und acht Jahre später predigte hier Bernhard von Clairvaux den zweiten Kreuzzug. In Koblenz versuchte Eduard III. von England, Kaiser Ludwig 1338 zum Krieg gegen Frankreich zu bewegen.

Während des Dreißigjährigen Krieges nahm die Stadt 1632 eine kaiserliche Besatzung auf, wurde dennoch von den Schweden erobert, dann von den Franzosen besetzt und 1636 von den Kaiserlichen erstürmt. 1688 belagerten und beschossen die Franzosen unter Marschall von Boufflers die Stadt, vermochten aber nur den ältesten Teil zu zerstören.

Im Laufe des 18. Jahrhunderts wurde Koblenz mehrfach erweitert. Noch bedeutender war die Verlegung der Residenz durch Kurfürst Klemens Wenzeslaus vom Ehrenbreitstein hierher. Die späteren Könige Ludwig XVIII. und Karl X. hielten sich am kurfürstlichen Hof und im Schloß Schönbornslust auf und schmiedeten Pläne über die Wiedererrichtung der Monarchie in Frankreich. Am 25. Juli 1792 erließ von hier der Herzog von Braunschweig das Koblenzer Manifest. Aber

Koblenz in Vorkriegsaufnahmen: Blick über die Mosel auf die Altstadt (oben), das Kaiser-Wilhelm-Denkmal am Deutschen Eck (unten).

schon zwei Jahre darauf mußte der Kurfürst bei Annäherung der französischen Armee unter Marceau die Stadt verlassen. Sie fiel in die Hände der Franzosen. Die Befestigungswerke wurden zerstört und die Klöster aufgehoben. Koblenz erklärte man 1798 zur Hauptstadt des Rhein- und Moseldepartements. Am 1. Januar 1814 nahmen die Verbündeten die Stadt in Besitz. Im folgenden Jahr wurde sie Teil Preußens, Hauptstadt eines Regierungsbezirks und 1822 Sitz der höchsten Behörden der Rheinprovinz, was sie bis 1945 blieb.

Die Festung Ehrenbreitstein wurde in den Jahren 1816-32 wiederhergestellt und erst auf Anordnung des Versailler Diktats teilweise geschleift. 1919-29 war Koblenz erst amerikanisch, dann französisch besetzt. Die Einwohnerzahl stieg von gut 32 000 im Jahre 1885 auf 65 000 Mitte der dreißiger Jahre. Heute sind es rund 110 000.

1946 bis 1950 war Koblenz Hauptstadt des Landes Rheinland-Pfalz. Es blieb aber über diesen Zeitpunkt hinaus Sitz zahlreicher Bundes- und Landesbehörden. Bedeutende Baudenkmäler sind die aus dem 9. Jahrhundert stammende, mehrfach erweiterte Pfeilerbasilika der St.-Kastor-Kirche, das um 1700 erbaute Rathaus und das 1778-85 errichtete Kurfürstliche Schloß. Über den Rhein führt die vierzehnbogige, 1332-38 entstandene Balduinsbrücke. 1993 wurde das bei Kriegsende von US-Soldaten mutwillig zerstörte Reiterstandbild Kaiser Wilhelms I. am Deutschen Eck zu Koblenz, am Zusammenfluß von Rhein und Mosel, wiedererrichtet. Das Denkmal war 1895-1897 erbaut worden.

Köln

Stadt unter dem Dom

Um 38 v. Chr. förderte Agrippa am linken Rheinufer die Ansiedlung der germanischen Ubier, deren städteähnliche Gründung Oppidum Ubiorum Keimzelle des heutigen Köln wurde. 50 n.Chr. wurde die Ubierstadt erweitert, befestigt und auf Anweisung Agrippas des Jüngeren zur römischen Kolonie Colonia Agrippinensis erhoben. Sie entwickelte sich vor allem im 2. Jahrhundert als Hauptstadt Niedergermaniens rasch zu einem Zentrum des Handwerks und des Handels. Der Sitz des Statthalters im Praetorium wurde 1953 unter dem heutigen Rathaus ergraben.

Seit dem 3. Jahrhundert sind christliche Gemeinden nachgewiesen, und ab 313 gab es hier einen Bischof. Postumos begründete in Colonia das Gallien, Spanien und Britannien umfassende Sonderreich, das 15 Jahre bestand. 310 wurde zum heutigen Deutz eine feste Brücke und das Kastell Divitia errichtet.

Köln fiel 464 als letzte römische Festung am Rhein in fränkische Hand. Zeitweilig war es Hauptstadt der Rheinfranken, die in Lothringen, Trier, Luxemburg und Limburg saßen. Goldmünzprägungen aus dem 6. Jahrhundert und Goldschmuck aus den Gräbern des merowingischen Hochadels belegen die Bedeutung Kölns im Frühmittelalter bis zur Karolingerzeit. Durch seine verkehrs-

Dom und Hohenzollernbrücke zu **Köln** am Rhein.

günstige Lage an der Kreuzung von mehreren Straßen mit dem Rhein und als bedeutender Binnenhafen erfuhr Köln seit karolingischer Zeit einen Aufschwung als Knotenpunkt weitreichender wirtschaftlicher Beziehungen und zu einem wichtigen deutschen Umschlagplatz.

Köln war im Mittelalter die größte deutsche Stadt. Im 14. Jahrhundert lebten hier 120 000 Menschen. 12 Tore, über 80 Türme prägten das Bild der Rheinmetropole. Zugleich war Köln seit dem 8. Jahrhundert Sitz eines Erzbischofs und damit geistliches Zentrum Nordwest-Deutschlands. An der Stelle des rechtsrheinischen Kastells entstand ein fränkischer Königshof, der den Kern der aufstrebenden Siedlung Deutz bildete, die 1230 Stadtrecht erhielt.

Um 953 ging die Stadt in den Besitz des Erzbischofs über. Heftige Auseinandersetzungen zwischen ihm und den Bürgern folgten, bis Köln 1288 in der Schlacht von Worringen einen reichsunmittelbaren Status erlangte. Die Bürger hatten bereits 1106 maßgeblich in den Konflikt zwischen Kaiser Heinrich IV. und seinem Sohn Heinrich V. sowie 1198 in den Thronstreit zugunsten Ottos IV. eingegriffen. Köln war wichtigstes Mitglied einer Kaufmannsvereinigung in London, bis es nach der Entstehung der Hanse deren Mitglied wurde. Das Patriziat wurde 1370/96 durch die Zünfte in der städtischen Selbstverwaltung abgelöst.

Die Ordensschule der Dominikaner in Köln wurde im 13. Jahrhundert zum geistigen und theologischen Zentrum. Hier wirkten u.a. Albertus Magnus, Thomas von Aquin und Meister Eckhart. Auch die Franziskaner und Karmeliter errichteten Ordenshochschulen. Als Reaktion darauf gründete der Rat der Stadt mit päpstlichem Privileg 1388 die Universität zu Köln. Sie war die erste deutsche Universitätsgründung, deren Initiative vom Rat einer Stadt ausging. Am Gehorsam Kölns gegen den Kaiser sowie an der konservativen Haltung der Theologen scheiterten 1542-47 und 1582/83 die Versuche der protestantisch gesinnten Erzbischöfe Hermann V. von Wied und Gebhard Truchseß von Waldburg, die Reformation durchzusetzen.

In der frühen Neuzeit stagnierte das Wirtschaftsleben. Die Einwohnerzahl war auf 40 000 zurückgegangen. 1794 besetzten französische Truppen Köln. Die Universität wurde unter französischer Herrschaft geschlossen. 1815 kam Köln zu Preußen und wurde Hauptstadt des gleichnamigen Regierungsbezirks. Während des wirtschaftlichen Aufschwungs im 19. Jahrhundert entwickelte sich die Stadt zu einem Banken- und Versicherungszentrum. Drei Eisenbahngesellschaften nahmen hier ihren Sitz, ebenso die Rheinische Dampfschiffahrtsgesellschaft. 1825 lief das erste Rheindampfschiff vom Stapel. Die Bevölkerung wuchs rasch; Mitte des Jahrhunderts wurde wieder die Marke von Hunderttausend überschritten. 1885 waren es 161 000, Mitte der dreißiger Jahre eine Dreiviertelmillion.

Wahrzeichen der Stadt ist der an der Stelle einer karolingisch-ottonischen Bischofskirche erbaute gotische Dom. 1248 begonnen, wurde der Chor 1322 vollendet. Das Gesamtwerk blieb jedoch ein Torso, bis im 19. Jahrhundert die Fertigstellung als nationale Aufgabe begriffen wurde. Von 1842-80 dauerte die Arbeit, die mit der Errichtung der beiden 156 Meter hohen Türme gekrönt wurde.

Die Türme des Domes überstanden auch das Inferno des britischen 1000-Bomber-Angriffs 1942. Doch waren die Innenstadt und mit ihr die zahlreichen Kost-

Königsberg: Das Schloß (rechts) vom Pregel aus gesehen.

barkeiten sakraler und profaner Baukunst größtenteil ein Raub der Flammen geworden.

Heute zeigt der Blick über den Rhein wieder die altgewohnte Kulisse der zahlreichen Türme, auch wenn zwischen ihnen so manches neue Haus steht. In Köln leben rund eine Million Einwohner, und der Karneval zieht wie in alten Zeiten jährlich die Menschen in seinen Bann.

Königsberg

Krönungsstadt der Preußenkönige

Die Stadtgründung Königsbergs geht auf das Jahr 1225 zurück. Nur wenige baltische Pruzzen siedelten weit verstreut in dem Land, in das 1226 der Deutsche Ritterorden von Herzog Konrad von Masowien gegen die unbotmäßigen, noch heidnischen alten Preußen gerufen und als Ausgangsbasis mit dem Culmerland ausgestattet wurde.

Von hier aus hat der geistliche Orden deutscher Ritter im Gebiet des heutigen Ostpreußens feste Stützpunkte zur Sicherung seiner Heidenmission angelegt. Von diesen Ordensburgen aus wollte er das Preußenland christianisieren und kulturell wie auch zivilisatorisch erschließen. Er durchdrang dabei bis 1283 das gesamte Preußenland bis zur Memel.

1255 errichtete der Deutsche Orden auf den Rat des böhmischen Königs Ottokar II. hin eine Burg zum Schutz gegen die heidnischen Samländer. In der Gegend des späteren Steindammes wurde die Stadt im Jahr darauf angelegt. Nach König Ottokar, dem Sohn einer deutschen Mutter, erhielt die Stadt den Namen Königsberg. 1263 von den einheimischen Pruzzen während eines Aufstandes zerstört, wurde es in dem Tal unterhalb des Schloßbergs bis an den Pregel wieder aufgebaut und erhielt 1286 Stadtrecht. Der Stadtteil Löbenicht wurde 1300, die Insel Kneiphof 1327 mit dem Stadtrecht versehen.

Als Folge der Niederlage gegen die litauisch-polnische Übermacht am 15. Juli 1410 bei Tannenberg und des Dreizehnjährigen Krieges ab 1454 war der Orden gezwungen, seinen bisherigen Hochmeistersitz in der Marienburg an der Nogat aufzugeben und ihn 1457 nach Königsberg zu verlegen. Nicht mehr übersehbare Auflösungserscheinungen veranlaßten schließlich den letzten Hochmeister des Ordens, Markgraf Albrecht von Brandenburg-Ansbach, im Jahre 1525 - auf Luthers Rat hin - den preußischen Ordensstaat im Vertrag von Krakau in ein weltliches und protestantisches Erzherzogtum umzuwandeln, das dann 1618 im Nachfolgerecht an das Kurfürstentum Brandenburg fiel.

1626 wurde die Stadt durch Wälle und Gräben befestigt, dreißig Jahre später ein Vertrag zwischen Brandenburg und Schweden geschlossen, durch den die schwedische statt der polnischen Lehenshoheit für das Gebiet festgelegt wurde. Darüber hinaus wurde das Ermland den Hohenzollern als Lehen unterstellt. Im Frieden von Oliva (1660) erreichte dann endlich der Große Kurfürst die Anerkennung seiner Souveränität über Ostpreußen und gewann damit die Eigenständigkeit des Preußenlandes zurück. Nur dadurch, daß es noch nicht dem Reichsverband angehörte, wurde die Krönung des Kurfürsten Friedrich III. am 18. Januar 1701 im Königsberger Schloß zum ersten König in Preußen überhaupt durchführbar. 1758 wurde Königsberg während des Siebenjährigen Krieges von den Russen erobert, 1807 von den Franzosen besetzt.

König Friedrich Wilhelm I. vereinigte Löbenicht und Kneiphof 1724 mit Königsberg, so daß es nur noch einen Magistrat und ein Stadtgericht gab. Königsberg war von 1808-1945 Hauptstadt der preußischen Provinz Ostpreußen, die 1824-77 mit Westpreußen vereint war.

Vom Königsberger Schloß blieben aus der Ordenszeit bis zur Zerstörung im Zweiten Weltkrieg lediglich der Unterbau des Westflügels, der Westteil des Nordflügels sowie die Kellerräume erhalten. Aus der Zeit der Herzöge stammten das Ostportal sowie die anschließenden Teile des Ostflügels von 1548/49, der Süd- und Westflügel von 1584-95 und der Oberteil der Rundtürme. Unter König Friedrich I. wurde ein prunkvoller Schloßneubau geplant. Er kam jedoch nur teilweise zur Ausführung, da der sparsame Nachfolger, Friedrich Wilhelm I., den Weiterbau sofort beendete.

Vom 30. Januar bis zum 9. April 1945 trotzte die Festung Königsberg dem Ansturm der zahlenmäßig ums Vielfache überlegenen Roten Armee. Nach der Kapitulation wurde die deutsche Bevölkerung fast vollständig ausgerottet und Königsberg auf Befehl Stalins nach dem Bolschewistenführer Kalinin sowjetoffiziell in »Kaliningrad« umbenannt.

Das Schloß wurde im Zweiten Weltkrieg stark beschädigt. Die Ruine wurde in den sechziger Jahren gesprengt; ein nie fertig gestellter Klotz, der ein Parteigebäude werden sollte, verunziert das Gelände bis heute. Sonst sind in der alten Hauptstadt Ostpreußens, die einstmals der geistige Mittelpunkt des Deutschtums im Osten war, vor allem die Immanuel-Kant-Gedenkstätte am Dom und das Schillerdenkmal aus deutscher Zeit geblieben. Der Dom soll wiederaufgebaut werden, erste Schritte hierzu wurden nach dem Sturz des Sowjetsystems bereits unternommen.

Inzwischen hat der Untergang des Sowjetimperiums den Norden Ostpreußens zu einer russischen Exklave gemacht. Zehntausende Rußlanddeutsche haben sich mittlerweile hier niedergelassen. Von einer Rückbenennung in Königsberg ist schon die Rede. Unverhohlen meldeten Polen und Litauen »historische Ansprüche« auf das Gebiet an; nur die Bundesregierung zeigt sich betont desinteressiert. Das Schicksal der ostpreußischen Metropole bleibt also weiter ungewiß.

Laibach

Hauptstadt der Krain

Laibach (slowenisch Ljubljana) war einst Hauptstadt des österreichischen Kronlandes Krain und zuvor des gesamten Königreiches Illyrien. Sie liegt in einem flachen, von zwei Bergvorsprüngen gebildeten Tal, halbmondförmig um den steilen Schloßberg.

Laibach befindet sich an der Stelle des kelto-römischen Emona. Nach seinem Verfall während der Zeit der Völkerwanderung wurde es im 6. Jahrhundert von den Slowenen neu besiedelt. Seit dem 12. Jahrhundert blühte der nun zunehmend deutsch besiedelte Ort unter den Kärntner Herzögen aus dem Hause Sponheim-Lavantthal auf. Die Namen der Vorstädte Tyrnau und Krakau widerspiegeln den slawischen Charakter der Pfahlbürgerschaft. 1270 wurde Laibach als Erbschaft des letzten Sponheimers von Ottokar II. von Böhmen eingenommen. Nach dessen Niederlage gegen Rudolf von Habsburg gingen Laibach und die Krain an die Habsburger.

1416 wurde Laibach zur Stadt erhoben. Die Errichtung des Bistums folgte 1462. Die Stadt spielte auch zur Reformationszeit eine bedeutende Rolle als erster Wirkungskreis des bekannten Reformators Primus Truber. 1797 zogen die Franzosen erstmals hier ein, um 1805 und 1806 erneut zu erscheinen. Nachdem das verschanzte Lager der Österreicher am 26. Mai 1809 sich den Franzosen unter Mortier ergeben hatte, war Laibach bis 1813 der Sitz des französischen Generalgouverneurs der illyrischen Provinzen.

Die Stadt ist auch bekannt geworden durch den Laibacher Kongreß, der im Januar 1821 hier eröffnet wurde. Er dauerte bis Mai und hatte die Wiederherstellung der alten Ordnung in Neapel und Sizilien sowie die Beruhigung der Lage in Italien zum Ziel. Es versammelten sich die Kaiser von Österreich und von Rußland, der König beider Sizilien und der Herzog von Modena. Die Folge der Laibacher Beschlüsse war die Restituierung des Königtums in Neapel durch den Einmarsch österreichischer Truppen.

1880 lebten 26 284 Einwohner in Laibach. Davon waren 40% Deutsche und 60% Slowenen. Mit dem Untergang der Donaumonarchie kam die Krain an das »Königreich der Serben, Kroaten und Slowenen«. Dieses Staatswesen entpuppte sich rasch als serbisch dominierter Zwangsstaat, der 1941 nach der militärischen Niederlage auseinanderfiel. Während Kroatien unabhängig wurde, kam Laibach unter italienische Verwaltung.

Bereits seit dem Ende des Ersten Weltkrieges war die deutsche Minderheit mancherlei Schikanen ausgesetzt. Trotzdem waren unter den 60 000 Einwohnern, die in den dreißiger Jahren hier lebten, noch viele Deutsche. Mit dem Rückzug der deutschen Wehrmacht an der Südfront setzte ein Ausrottungsfeldzug gegen alles Deutsche in den Provinzen Südslawiens ein. Ihm fiel nahezu alles zum Opfer, was deutsch war, sofern nicht vorsorgliche Maßnahmen deutscher Stellen eine rechtzeitige Umsiedlung oder zumindest eine Fluchtbewegung ermöglicht hatten.

Der Vielvölkerstaat Jugoslawien wurde erneut errichtet, diesmal unter kommunistischem Vorzeichen. Doch auch er zerfiel wieder mit dem Scheitern dieses Systems. Slowenien als ethnisch nun recht homogenes Land konnte seine Unabhängigkeit ohne Blutvergießen erringen und Laibach, heute eine Großstadt mit über 300 000 Einwohnern, wurde die Hauptstadt. Von den einst hier lebenden Deutschen zeugen nur noch die Bauwerke, die aus der Zeit der Habsburger stammen.

Laibach: Blick über die Stadt (oben), die Universität (unten).

Libau

Deutsche Stadt in Kurland

Libau entstand Anfang des 13. Jahrhunderts bei einer kurischen Siedlung und wurde 1253 erstmals urkundlich erwähnt. 1625 erhielt es Stadtrecht. 1795 kam es mit dem Herzogtum Kurland an Rußland.

Libau, die Hauptstadt der heute lettischen Provinz Kurland, liegt an der Ostsee und am Libauer See. Der alte Hafen, ein Verbindungskanal zwischen beiden Gewässern, friert nur in sehr strengen Wintern zu. Dieser Umstand führte 1890 zur Anlage eines russischen Kriegshafens (Kaiser-Alexander-III.-Hafen). Im Ersten Weltkrieg wurde er von den deutschen Kleinen Kreuzern »Augsburg« und »Magdeburg« am 2. August 1914 beschossen und durch Minen gesperrt. Libau wurde am 7./8. Mai 1915 von deutschen Truppen besetzt und diente dann der kaiserlichen Flotte, nach der Räumung Kurlands im Januar 1919 der englischen Flotte als Stützpunkt. Seit 1931 war Libau Freihafen.

Die Bevölkerung der Stadt bestand seit ihrer Gründung zumeist aus Deutschen. 1880 lebten in ihr 27 418 Einwohner, unter denen sich nur wenige Russen befanden. Bis 1914 stieg die Zahl auf insgesamt 94 000; der deutsche Anteil ging wie im gesamten Baltikum stetig zurück, blieb aber kulturell bestimmend. Nach dem Zusammenbruch des Zarenreichs und der Ausrufung einer unabhängigen Republik Lettland geriet das Deutschtum verstärkt unter Druck. Mitte der dreißiger Jahre waren von den etwa 57 000 Einwohnern nur noch 6000 Deutsche. Die Besetzung durch Stalins Truppen im Jahre 1940 brachte das Ende, die verbliebenen Baltendeutschen wurden ins Deutsche Reich umgesiedelt.

Heute ist Libau, lettisch Liepaja genannt, eine Stadt mit rund 115 000 Bewohnern, unter denen sich viele während der sowjetischen Besetzung eingewanderte Russen befinden. Seit 1991 ist das kurische Seebad wieder Teil einer unabhängigen Republik Lettland.

Linz

Hauptstadt Oberösterreichs

Linz wurde schon zur Zeit der Römer als Lentia genannt. Der Ort selbst ist keltischen Ursprungs. Als die Legionen immer weiter ins Land der Germanen vordrangen, ist auch die Keltensiedlung in ein Kastell umgewandelt worden.

Mit Beginn der Völkerwanderung geriet der Ort in Vergessenheit. Erst Jahrhunderte später tauchte er wieder als »Lintza« benannte bayerische Neugründung auf. Die Urkunde, die Linz im Jahre 799 erstmals wieder nannte, war ein

Alte Stadtansicht von **Libau.**

Blick auf **Linz** an der Donau.

Leibgedingebrief des Bischofs Walderich von Passau an den bayerischen Markgrafen Gerold, womit der Graf mit der Burg und dem Ort belehnt wurde. Passau verkaufte die Herrschaft 1211 an die Babenberger, wodurch Linz an Österreich kam.

Den größten baulichen Aufschwung nahm Linz unter Kaiser Friedrich III., der den Ort zur Landeshauptstadt von Oberösterreich erhob. Er ließ auch den für die Stadt so typischen Hauptplatz als Marktplatz anlegen. Mit dem Umbau und der Erweiterung des Schlosses schuf er ein neues Wahrzeichen. Seine jetzige Vierecksgestalt verdankt es, wie aus der Inschrift über dem Haupttor hervorgeht, dem im Jahre 1604 vollendeten Umbau unter Kaiser Rudolf II.

Das Linzer Schloß sah viele farbenprächtige Hoffeste in seinen Mauern. So nahm Kaiser Maximilian I. dort die Dichterkrönung des Schlesiers Vinzenz Lang vor. Unter Ferdinand II. wurden Stadteinfriedung und Schloß, die zusammen die Festung Linz bildeten, 1626 von den Bauern unter Stefan Fadinger vergeblich belagert. Am 24. August 1645 fand hier ein Friedensschluß zwischen Kaiser Ferdinand III. und dem Fürsten Rakoczy von Siebenbürgen statt.

Im Österreichischen Erbfolgekrieg wurde Linz 1741 von den Bayern und Franzosen erobert, am 23. Januar 1742 aber von den Österreichern wieder genommen. Am 17. Mai 1809 kam es hier (Ebelsberg) zu einem Gefecht zwischen den Österreichern unter Kolowrat und den Sachsen und Württembergern unter Bernadotte, in dem letztere siegten.

Nachdem bereits im Österreichischen Erbfolgekrieg sich die Festungsanlagen als veraltet erwiesen hatten, reifte der Plan, Linz ganz nach modernen Gesichtspunkten zu befestigen. Nach einem Entwurf des Erzherzogs Maximilian von Este wurde 1828 mit dem Bau der Anlage begonnen, die 1839 vollendet war. Das neue Verteidigungssystem erregte zunächst großes Aufsehen. Doch schon nach wenigen Jahren war es vom neuesten Stand der Militärtechnik überholt worden. 1866 wurde diese Verteidigungsanlage letztmalig in den Verteidigungzustand versetzt, bald aber geschleift.

Die Landeshauptstadt war auch im zivilen Bereich im wahrsten Sinne des Wortes Vorreiter der modernen Technik. Die erste Pferdeeisenbahn beispielsweise wurde 1828 auf der Strecke Linz-Budweis eröffnet. Es war die erste Schienenbahn des Kontinents.

Das Wahrzeichen der Stadt ist der Pöstlinberg. 1716 siedelte sich ein Kapuzinermönch an. Nachdem Gundomar Graf Starhemberg hier Heilung von seinem Leiden erfahren hatte, wurde eine Wallfahrtskirche erbaut. Der Pöstlingberg ist neben Maria Taferl ein ganz besonders schöner Blickpunkt an der österreichischen Donau und zeigt an klaren Tagen die Alpenkette vom Wiener Schiefergebirge bis zum Kaisergebirge bei Kufstein.

Lome

Hauptstadt Togos

Lange bevor mit der Flaggenhissung durch Dr. Nachtigal das dann Togo genannte deutsche Schutzgebiet entstand, war deutscher Einfluß, gestützt auf Faktoreien und Missionsstationen, an diesem Teil der afrikanischen Westküste wirksam gewesen. Nach langen und schwierigen Verhandlungen mit den Nachbarn, den Franzosen und Engländern, gelang es, die Grenzen des Schutzgebietes festzulegen. Seine Fläche betrug 87 200 Quadratkilometer.

Die Küste war nur 50 Kilometer lang und besaß keinen natürlichen Hafen. Im Innern dehnte sich das Gebiet auf 220 Kilometer aus und reichte über 500 Kilometer in die trockene Sahelzone hinein. Unterlauf und Mündung der Grenzflüsse lagen im Hoheitsgebiet der Nachbarkolonien.

Trotz dieser Widrigkeiten entwickelte sich Togo zur Musterkolonie des Deutschen Reiches. Die besondere Eigenart der Wirtschaft Togos lag in der fehlenden Plantagenwirtschaft. Die ländliche Produktion blieb weitgehend in der Hand der Eingeborenen. Weiße Ansiedler blieben des tropischen Klimas wegen fern.

Unter Aufsicht der deutschen Verwaltung, die Musterstationen anlegte, erzeugte der einheimische Kleinbauer die traditionellen Ausfuhrgüter wie Ölfrüchte, Baumwolle, Erdnüsse und Mais. Hinzu kamen völlig neue Gewächse, so der Kakaobaum. Bislang nicht beachtete Reichtümer wie die Kautschukliane, wurden genutzt und vorhandene, so die Baumwolle, verbessert und exportfähig gemacht. Vor allem in der Küstenebene wurde in dieser Art gewirtschaftet.

Nach Norden erstreckte sich eine weite, baumarme Savannenlandschaft. Hier blühte die Viehzucht, und das Volk der Haussa trieb seinen Handel. Der wirtschaftliche Schwerpunkt der Kolonie lag aus naheliegenden Gründen im Küstengebiet. Lome wurde Verwaltungszentrum und Verkehrsmittelpunkt. Von hier führten drei Eisenbahnlinien ins Landesinnere, nach Anecho, Palime und Atakpame, dem Zentrum der Baumwollkultur. Zahlreiche Straßen ergänzten das Verkehrsnetz. Zur Überwindung der Lade- und Löschschwierigkeiten erhielt Lome eine 360 Meter lange Landungsbrücke.

Mit dem Aufblühen des Schutzgebietes nahm die Zahl der Europäer (weit überwiegend Deutsche) von 137 im Jahr 1901 auf 370 (1913) zu. Lome, das mehr als die Hälfte aller Weißen beherbergte, entwickelte sich mit seinen breiten Straßen und Alleen, seinen Verwaltungsgebäuden und Handelsfaktoreien zu einer Mustersiedlung. Mit der Umgestaltung der Eingeborenenviertel gewannen aber auch die anderen Plätze an Ansehen, so Anecho und Atakpame. Für die Nachrichten- und Verkehrsverbindung mit der Heimat und den übrigen afrikanischen Schutzgebieten hatte Togo große Bedeutung durch das Seekabel über Monrovia und durch die 1914 eröffnete Großfunkstation Kamina, die in Verbindung mit der Station Nauen in Brandenburg stand.

Da in Togo keine militärische Schutztruppe aufgestellt wurde, konnte die aus etwa 550 Mann bestehende, von zwei deutschen Offizieren geführte einheimische

Lome in deutscher Zeit: Blick auf die Stadt (oben), die Hamburger Straße (unten).

Polizeitruppe nach Ausbruch des Ersten Weltkrieges den eindringenden Engländern und Franzosen keinen erfolgreichen Widerstand leisten. Die Übergabe erfolgte bereits am 8. August 1914. Die deutschen Geschäfte wurden vernichtet und die deutschen Kaufleute und Pflanzer gewaltsam entfernt. Entsprechend einer Absprache der Entente aus dem Jahr 1916 wurde das Land im Versailler Diktat geteilt. Die Einheimischen wehrten sich gegen die neuen Kolonialherren. Den ersten Deutschen (Missionare), die 1923 wieder ins Land kamen, bereitete die Bevölkerung Triumphzüge. Der westliche Landesteil bis zum Voltafluß gehört heute zu Ghana, der östliche bildet den seit 1960 unabhängigen Staat Togo.

In Anwesenheit deutscher Delegationen wurde am 3. Juli 1984 in Togoville ein Denkmal eingeweiht. Hier hatte Dr. Nachtigal mit dem König Mlapa III. erfolgreich verhandelt. Am Tag darauf wurde in Banguida, dem Hafen der Hauptstadt Lome, ein weiteres Denkmal geweiht. Hier war am 5. Juli 1884 die deutsche Flagge gehißt worden. Ebenfalls 1984 brachte Togo eine Briefmarke zu Ehren Kaiser Wilhelms II. heraus, wie überhaupt Deutschland als einstige Kolonialmacht in Togo höhstes Ansehen genießt.

Lübeck

Haupt der Hanse

Lübeck liegt am Unterlauf der Trave, 15 Kilometer von der Ostsee entfernt. Seit 1937 ist die Stadt ein Teil Schleswig-Holsteins. Bis zu diesem Zeitpunkt war Lübeck über 700 Jahre selbständig.

Erstmals erwähnt wird eine Stadt Lübeck (Liubice) unter dem Fürsten Gottschalk (gestorben 1066), gelegen an der Mündung der Schwartau in die Trave. Unter seinem jüngeren Sohn, Heinrich, blühte das alte Lübeck auf. Es wurde jedoch in einem späteren Krieg 1138 von Race, Fürsten der Rugier, erobert und verwüstet. Graf Adolf II. von Holstein erbaute 1143 ein neues Lübeck auf einem Werder zwischen Trave und Wackenitz. Es gewann durch seine günstige Lage rasch an Bedeutung. Der Gründer, der die deutsche Besiedlung der Ostseeküstenländer einleitete, überließ 1157 die Stadt Heinrich dem Löwen. Er fiel am 6. Juli 1164 bei Demmin in seinem Dienste.

Die Entwicklung der Stadt wurde von Heinrich gefördert. Er verlegte 1163 den Sitz des Bischofs von Oldenburg in Holstein nach Lübeck. 1173 begann er mit dem Bau des Doms. Kaiser Friedrich I., genannt Barbarossa, gewährte 1188 Sonderrechte. Kaiser Friedrich II. übergab der Bürgerschaft 1226 den Reichsfreiheitsbrief.

Ein Jahr zuvor war der Gründer Hamburgs, Graf Adolf III., gestorben. Zu seinen Lebzeiten war durch den Sturz Heinrichs des Löwen eine für Deutschland höchst gefährliche Entwicklung eingetreten. Dänenkönig Waldemar II. hielt die Ostseeküste und die Gebiete bis zur Elbe besetzt.

Lübeck: Rathaus (oben), Holstentor mit Marien- und Petrikirche (unten).

Da trat Graf Adolf IV. auf den Plan. Seine Jugendzeit hatte er auf der Schauenburg (Schaumburg), dem Stammsitz der Familie an der Mittelweser, verbracht. Von dort eilte er nach dem Tod seines Vaters nach Norddeutschland, wo er von der Bevölkerung jubelnd als neuer Graf begrüßt wurde. Am 2. Februar 1225 holte er Hamburg von den Dänen zurück. Im selben Jahr bezwang er bei Mölln den Dänengrafen Albrecht von Orlamünde. So eroberte er im Sturm alle Gebiete zurück, die der Dänenherrscher seinem Vater entrissen hatte.

Über die Entscheidungsschlacht am 22. Juli 1227 bei Bornhöved am Schmalensee urteilt der Geschichtsforscher Ludwig Andresen: »Der Tag von Bornhöved bedeutet für Norddeutschland dasselbe wie die Schlacht im Teutoburger Wald für Germanien.«

Von nun an beherrschten die Deutschen die Ostsee, konnten Hanse und Deutscher Orden sich entfalten, schritt die Ostsiedlung voran.

Nach dem Sieg über die Dänen wurde Lübeck Hauptstadt der Hanse. Der Name Hanse stammt aus dem Germanischen und bedeutet ursprünglich Kriegerschar. Im 12. Jahrhundert bildeten deutsche Kaufleute Schutzgemeinschaften im Ausland. Wichtigster Bund und Keimzelle der Hanse waren die Gotlandfahrer. Wisby auf Gotland war einer der frühesten Handelspartner Lübecks, das sich wegen seiner günstigen Lage zu einem bedeutenden Warenumschlagplatz entwickelte.

Im Lübecker Hafen stapelten sich die Güter. Die neuen bauchigen Koggen ermöglichten ihre Verschiffung in großen Mengen. Nowgorod, Brügge und London wurden Handelspartner. Jahrhundertelang traf man sich in Lübeck zu den Hansetagen, bei denen auch über Krieg und Frieden entschieden wurde. Verhandlungsort war das Rathaus, in dem es eine eigene »Kriegsstube« gab. Ohne Lübecks Zustimmung wurden über lange Zeit die Kronen der nordischen Königreiche nicht vergeben.

Der Reichsfreiheitsbrief von 1226 hatte Lübecks Bürgern die Möglichkeit gegeben, sich eine demokratische Verfassung zu schaffen. Diese Rechtsform wurde von vielen Städten übernommen, die im Zuge der deutschen Erschließung und Besiedlung des Ostseeraums entstanden. Ähnlich beispielgebend war die Lübecker Backsteingotik. Die zwischen 1250 und 1350 erbaute Marienkirche wurde zum Vorbild von 40 Gotteshäusern in Nordeuropa.

An dieser Kirche wirkte ab 1669 vier Jahrzehnte lang der Organist und Komponist Friedrich Buxtehude. Georg Friedrich Händel und Johann Sebastian Bach kamen nach Lübeck, um von Buxtehude zu lernen. Seine Orgeln verbrannten in einer Bombennacht des Jahres 1942. Aber immer noch ist Lübeck für diese Instrumente berühmt. 1925 nahm hier die »Orgelbewegung« ihren Ausgang, die den Weg von Orgeln mit gewaltiger Klangfülle zurück zum Einfacheren suchte.

Lübeck ging es gut, solange es der Hanse gut ging. Einer der Höhepunkte hanseatischer Macht war der Sieg über den Dänenkönig Waldemar Atterdag 1370, der im Frieden zu Stralsund besiegelt wurde. In ihrer Blütezeit gehörten der Hanse mehr als 160 Städte an. Ihr Einflußgebiet reichte von Köln und Dortmund bis Riga, von Breslau bis Stockholm. Nichtstädtische Mitglieder waren der Hochmeister des Deutschen Ordens und die Dithmarscher Bauernrepublik.

Blick auf **Luxemburg**, das alte Lützelburg.

Die Hanse organisierte den Handel in Nord- und Mitteleuropa. Sie sicherte die deutschen Interessen gegen ausländische Wirtschaftsmächte, vor allem gegen die Engländer. Außer den Dänen rang sie auch die Freibeuter nieder. Ihren Mitgliedern brachte sie großen Wohlstand und stützte die deutsche Ostsiedlung wirtschaftspolitisch ab.

Aber auch, als die Warenströme nach der Entdeckung Amerikas verstärkt westlich über den Atlantik und nicht mehr so sehr über die Ostsee flossen, wurden die Lübecker keine armen Leute. Ihre Handelsbeziehungen verschafften ihnen weiterhin Wohlstand. Mit dem Frieden von Stettin 1570 nach einem erfolglosen Krieg der Hanse zusammen mit Dänemark gegen Schweden ging die politische Bedeutung Lübecks stark zurück. Im Dreißigjährigen Krieg erlosch die Hanse.

Schwere Zeiten kamen mit der Besetzung durch die Franzosen unter Napoleon und der damit verbundenen Kontinentalspere. Davon hat sich die Wirtschaft der Stadt im 19. Jahrhundert nur langsam erholt. 1866 trat Lübeck dem Norddeutschen Bund bei, 1868 dem Deutschen Zollverein und 1871 als Bundesstaat dem Deutschen Reich.

Im März 1942 zerstörte ein britischer Bombenangriff weite Teile von Lübecks historischer Innenstadt. Er war der Auftakt zu dem gegen die Zivilbevölkerung gerichteten, militärisch bedeutungslosen Massenmord an wehrlosen Menschen.

Trotz der damaligen Zerstörungen bietet Lübeck heute wieder ein einzigartiges Bild. Einen guten Überblick hat man von der Aussichtsplattform des St.-Petri-Turmes. Zu den ältesten norddeutschen Backsteinbauten gehört der Dom. Nach dem Vorbild des Braunschweiger Doms als dreischiffige romanische Pfeilerbasilika begonnen und im wesentlichen vollendet, wurde er im 13. und 14. Jahrhundert zu einer gotischen Hallenkirche umgebaut.

Ein großartiges Beispiel kirchlicher Backsteingotik ist die Marienkirche, neben St. Marien in Danzig die größte und höchste Kirche im Ostseeraum. Über 120 Meter hoch sind ihre Türme, das Kirchenschiff ist rund 100 Meter lang bei einer Mittelschiffhöhe von 38 Metern. Am Lübecker Rathaus wurde über Jahrhunderte gebaut. Von den umfangreichen Befestigungsanlagen blieben vor allem das Burgtor und das 1466 bis 1478 erbaute Holstentor erhalten. Dieses gilt als Wahrzeichen der Hansestadt Lübeck.

Luxemburg

Die Stadt, die dem Großherzogtum den Namen gab

In der Hauptstadt und Residenz des gleichnamigen Großherzogtums, malerisch gelegen im tief eingeschnittenen Tal der Alzette, ihren Nebentälern und darüber, leben rund 75 000 Einwohner. Aus dem altertümlichen Stadtbild ragen besonders die Mauern der alten Burg, die Kathedrale aus dem 16. Jahrhundert, die Kirchen St. Michael und St. Johann, die großherzogliche Stadtresidenz im ehemaligen

Renaissancerathaus und die Reste der Festungsanlagen hervor. In den letzten Jahren wurde Luxemburg zum bevorzugten Banken- und Versicherungsplatz und zum Zentrum europäischer Behörden.

Der Name stammt von der im 10. Jahrhundert gebauten Lützelburg, was soviel wie »kleine Burg« heißt. Sie wurde zum Stammsitz des Grafen- und Königsgeschlechts der Luxemburger. 1224 erhielt die um die Burg gewachsene und mit Ringmauern aus dem 11. Jahrhundert umgebene Siedlung das Stadtrecht. In der Folge wurde die Stadtgeschichte weitgehend von der Burg bestimmt, die eine der stärksten Festungen des Deutschen Reiches war und von den jeweiligen Machthabern um- und ausgebaut wurde, bis man sie in den siebziger Jahren des vorigen Jahrhunderts gemäß den Bestimmungen eines Neutralitätsabkommens schleifte.

Die Grafschaft Luxemburg entstand, wie die Stadt nach der gleichnamigen Burg benannt, im frühen Mittelalter. 963 erwarb sie Graf Siegfried. Die ursprünglich rein deutsch besiedelte Grafschaft erweiterte sich im 12. und 13. Jahrhundert stark nach Westen, womit wallonische Einflüsse hinzukamen. Im 14. und 15. Jahrhundert stellte das Haus mehrfach den deutschen König und Kaiser, durch Heirat kam Böhmen an die Luxemburger. Kaiser Karl IV. erhob sein Stammland zum Herzogtum.

Nachdem es König Wenzel 1386 an Burgund verpfändet hatte, kaufte Philipp von Burgund 1443 das Land. Durch die Heirat Marias von Burgund mit Kaiser Maximilian I. kam Luxemburg an die Habsburger. Bei der Teilung 1555 erhielt es die spanische Linie; das Land blieb aber weiter Bestandteil des Deutschen Reiches.

Zwischenzeitlich, so von 1684-97 und 1794-1814, war Luxemburg französisch besetzt. Auf dem Wiener Kongreß wurde es zum Großherzogtum erhoben, das in Personalunion mit den Niederlanden verbunden, zugleich aber Teil des Deutschen Bundes war. 1839 mußte der wallonische Teil an Belgien abgetreten werden. Seit 1842 war Luxemburg Mitglied des Deutschen Zollvereins; diese Union blieb bis 1918 bestehen. 1866 wurde es mit der Auflösung des Deutschen Bundes selbständig und nach dem Scheitern der Annexionsversuche Napoleons III. 1867 neutralisiert.

Die Personalunion mit den Niederlanden wurde nach dem Tod Wilhelms III. gelöst. In Luxemburg folgte 1890 Adolf von Nassau und Oranien als Großherzog. Im Ersten Weltkrieg von deutschen Truppen besetzt, mußte es danach alle Bindungen an das Reich lösen und die Großherzogin Marie Adelheid (1912-19) zugunsten ihrer Schwester Charlotte abdanken. 1920 schloß Luxemburg eine Wirtschaftsunion mit Belgien. Nach erneuter deutscher Besetzung im Zweiten Weltkrieg schloß es sich 1947 der Benelux-Union an. 1949 trat es der NATO bei und 1957 der Europäischen Gemeinschaft. Seit 1964 regiert Großherzog Johann (Jean). Die Eingesessenen der rund 350 000 Einwohner des Großherzogtums, das rund ein Jahrtausend zum Deutschen Reich gehörte, sind deutschen Volkstums, meist aus fränkischem Stamm.

Magdeburg

Von der Kaiserpfalz zur Landeshauptstadt

Im Jahre 805 wurde Magdeburg, damals Magadaburg genannt, von Karl dem Großen zu einem Handelsplatz bestimmt, über den die mit den Slawen und Awaren handelnden Kaufleute nicht hinausgehen durften. 923 und 924 wurde die Stadt bei einem Einfall der mit den Ungarn verbündeten Wenden und Slawen fast gänzlich zerstört. Königin Edgitha, die Gemahlin Ottos des Großen, ließ sie wieder aufbauen und mit Wällen und Mauern umgeben. 936 wurde vom König das Moritzkloster gegründet, das 968 in ein Erzbistum verwandelt wurde. Magdeburg war die Lieblingsresidenz Ottos des Großen, der den Dom mit Kostbarkeiten ausschmücken ließ.

1135 hielt Kaiser Lothar II. hier einen Reichstag, auf dem Herzog Erich von Schleswig die dänische Krone als deutsches Lehen erhielt. Nach dem großen Brand von 1188, dem ein bedeutender Teil der Stadt zum Opfer fiel, erholte sie sich bald, trat der Hanse bei und erhielt im 14. Jahrhundert das Stapelrecht.

1207 brannte der ottonische Dom ab und wurde, obwohl bedeutende Teile erhalten waren, abgetragen und durch einen Neubau ersetzt. Der älteste Teil, der hohe Chor, enthält noch die antiken Säulen seines Vorgängers. Obwohl im gotischen Stil errichtet, ist er von romanischen Formen geprägt. 1363 erfolgte die Einweihung durch Erzbischof Dietrich; 1520 waren auch die Türme vollendet. Als ältester gotischer Dom Deutschlands war er auch einer der wenigen, die fertiggestellt wurden, ehe die zunehmende Schwächung des Reiches den Weiterbau zum Erliegen brachte.

Gegen Ende des 15. Jahrhunderts erscheint Magdeburg fast unabhängig von den Erzbischöfen, die meist auswärts, besonders in Halle, residierten. Dennoch hat es sich nie ganz von ihrer Vorherrschaft befreien können. Der schon frühzeitig errichtete Schöppenstuhl stand im Mittelalter in hohem Ansehen, und das Magdeburger Recht, eine Mischung von altsächsischen Gewohnheits- und Magdeburger Lokalrechten, hatte in den Gebieten der deutschen Ostkolonisation eine weite Verbreitung und Gültigkeit. Die höchste Blüte erreichte die Stadt vor dem Dreißigjährigen Krieg Anfang des 16. Jahrhunderts, als in ihr 40 000 Menschen lebten.

Seit 1524 fand in Magdeburg die Reformation insbesonders durch die Bemühungen Amsdorfs, eines engen Mitarbeiters Luthers, Eingang. Die Stadt trat 1531 dem protestantischen Schmalkaldischen Bund bei, sagte sich vom Erzbischof und dem Kapitel los und unterwarf sich auch dem Kaiser nicht, selbst als dieser im Schmalkaldischen Krieg ganz Sachsen erobert hatte. 1548 deshalb in die Reichsacht genommen, beugte sich Magdeburg nicht, verweigerte die Annahme des Interims und wurde Zufluchtsort aller durch die Religionsverfolgung vertriebenen Glaubensgenossen, darunter zahlreicher Prediger. Karl V. hatte den Vollzug der Acht dem Kurfürsten Moritz von Sachsen übertragen. Am 4. Oktober 1550 begann er die Belagerung, konnte am 28. November die Neustadt erobern; der Widerstand

Der Dom zu **Magdeburg.**

der Bürgerschaft jedoch war nicht zu brechen. Nachdem diese mehrere erfolgreiche Ausfälle unternommen hatten, mußte der Kurfürst Gnade und Religionsfreiheit anbieten. Danach erst war man bereit, ihm als Burggrafen zu huldigen und eine sächsische Besatzung aufzunehmen (9. November 1552).

Im Dreißigjährigen Krieg wurde Magdeburg 1626 für kurze Zeit von Wallenstein besetzt und drei Jahre später 28 Wochen lang vergeblich belagert. Nachdem der geächtete Administrator Christian Wilhelm vom Rat wieder in die Stadt aufgenommen worden war, begann 1630 eine neue Belagerung durch Pappenheim. In der Hoffnung auf baldige Hilfe von den Schweden hielten die Bürger tapfer aus, unterstützt durch eine kleine schwedische Besatzung. Im März des Folgejahres vereinigte sich Tilly mit den Belagerern, und nun standen 25 000 Angreifer gegen nur 2000 Verteidiger. Am Morgen des 20. Mai 1631 brach der Feind durch, die Stadt ging in Flammen auf und ein Großteil der 36 000 Bürger wurde umgebracht. Nur der Dom, der sogleich dem katholischen Glauben wiedergeweiht wurde, das Kloster Unserer Lieben Frau und einige Fischerhütten blieben vom Feuer verschont.

Im Westfälischen Frieden 1648 wurde Magdeburg neben dem Erzstift dem Haus Kurbrandenburg für den Fall des Todes des Administrators August von Sachsen zugesprochen. Der Kampf um Reichsunmittelbarkeit ging trotz des Wirkens von Otto von Guericke, des genialen Naturwissenschaftlers, als Bürgermeister verloren.

Lange sträubte sich Magdeburg, dem Kurfürsten von Brandenburg zu huldigen, mußte aber schließlich im Vergleich zu Kloster Berge 1666 doch einwilligen. 1680 starb der letzte Administrator, und die Stadt fiel an ihren neuen Herren. In der Folgezeit ließen sich viele der aus Frankreich vertriebenen Reformierten nieder. Magdeburg wurde neu aufgebaut, die Kirchen wurden wiederhergestellt, und es entstanden die herrlichen Barockbauten am Breiten Weg. Der Domplatz, unter dessen Pflaster sich die Reste der kaiserlichen Pfalz verbergen, wurde mit königlichen Palais geschmückt. In ihnen verbrachte die preußische Königsfamilie den Siebenjährigen Krieg, da die Festung nun als uneinnehmbar galt.

Im Krieg Preußens mit Frankreich 1806 übergab der greise Festungskommandeur von Kleist Magdeburg an die Franzosen unter Ney. Trotz der Bemühungen von Königin Luise, Magdeburg für Preußen zu erhalten, fiel es an das Königreich Westphalen. 1813-14 wurde die Stadt von einem Korps unter Tauentzien eingeschlossen. 1815 fiel es durch den Pariser Frieden zurück an Preußen und wurde Hauptstadt der neugebildeten Provinz Sachsen, zu der nun auch die Altmark gehörte.

Die Festungsanlagen hinderten die Entwicklung der Stadt sehr, so daß sie erst nach ihrer Beseitigung über diese Grenzen hinauswachsen konnte. Sie erreichte bis zum Ersten Weltkrieg über 300 000 Einwohner und wurde von der Schwerindustrie geprägt.

Nach dem Ersten Weltkrieg wurde in Magdeburg der »Stahlhelm - Bund der Frontsoldaten« gegründet. Die Verkehrsverbindung der Stadt verbesserte sich durch die Anlage des Mittellandkanals und der Reichsautobahn A2. Bereits seit 1940 war die Stadt das Ziel britischer, später auch amerikanischer Bombenangriffe.

Schon 1944 wurden schwere Schäden in den Wohngebieten und Industrieanlagen verursacht. Noch aber stand die Stadt im wesentlichen. Das änderte sich am 16. Januar 1945. Am Morgen wurde ein Großangriff auf die Rüstungsbetriebe geflogen. Während spät am Abend die Aufräumungsarbeiten noch in vollem Gange waren, begann ein weiterer Angriff, der sich diesmal gegen die Wohngebiete im Stadtzentrum richtete. Über 16 000 Menschen kamen in dem Inferno ums Leben, die Innenstadt war zu 90 Prozent zerstört.

Der Wiederaufbau begann schleppend und beschränkte sich zunächst auf die Enttrümmerung und Wiederherstellung beschädigter Gebäude. Der Plan, aus Magdeburg »Ernst-Thälmann-Stadt« werden zu lassen, ließ unrealistische Funktionärsträume über ein vollkommen neu gestaltetes Zentrum aufkommen. Die Namensänderung verhinderten die Magdeburger Arbeiter, die sich am 17. Juni 1953 so aufständisch verhielten, daß Walter Ulbricht und Genossen die Umbenennung fallen ließen. Die Errichtung von Wohn- und Geschäftsbauten stalinistischer Prägung wurde jedoch in Angriff genommen. Dabei standen die mittelalterlichen Kirchen im Wege. 1956 wurde die eigentlich durchaus wiederaufbaufähige Ruine von St. Ulrich gesprengt, 1958 war die bereits wiedererrichtete Heilig-Geist-Kirche an der Reihe. Weitere sakrale Bauten verschwanden in den folgenden Jahren; zuletzt mußten die Doppeltürme der Katharinenkirche an dem in »Karl-Marx-Straße« umbenannten Breiten Weg weichen. Da man sich spät entschlossen hatte, waren die Neubaublöcke in der Nachbarschaft bereits fertiggestellt und eine Sprengung nicht mehr möglich. Also errichtete man ein Gerüst und trug die Türme Stein für Stein ab. Es wurde der teuerste Abriß in der Geschichte der Stadt.

Die sozialistische Planwirtschaft hinterließ viele freie Flächen, die die Innenstadt sehr weitläufig erscheinen lassen. 1990 wurde Magdeburg Hauptstadt des Bundeslandes Sachsen-Anhalt.

Mainz

Wo Gutenberg wirkte

Während der Zeit der Adoptivkaiser, noch bevor Mark Aurel die Regierung übernahm, siedelten sich Germanen rund um zwei römische Kastelle an. Auf diese Weise entstand die Siedlung Moguntia, die als Metropole von Germania Prima der Sitz eines Dux wurde. Um das Jahr 300 herum wird dieser Ort erstmals als Stadt bezeichnet. In der Mitte des 4. Jahrhunderts eroberten die Alemannen, 406 die Vandalen, 451 die Hunnen die Stadt. Die Asiaten äscherten den Ort ein.

Ende des 5. Jahrhunderts kam Mainz zum fränkischen Machtbereich. Die Mainzer Bischöfe waren seit Mitte des 6. Jahrhunderts führend am Wiederaufstieg der Stadt beteiligt. Das Bistum wurde 746/47 von Bonifatius übernommen und um 780 zum Erzbistum erhoben. Der Erzbischof von Mainz wurde zum ranghöchsten Fürsten im Reich. Er war Herr der Stadt, einer Diözese vom Hunsrück bis zur thüringischen Saale und der größten Kirchenprovinz der christlichen Welt. Zudem war er seit 965 Reichserzkanzler mit dem Recht zur Berufung der Königswahl und seit dem 13. Jahrhundert der Erste der Kurfürsten, seit dem 16. Jahrhundert auch Inhaber des Direktoriums im Reichstag.

Nach der Sage soll der fränkische König Dagobert (622-38) die Stadt und einen Palast darin wiedererbaut haben. Mit mehr Grund wird der Bau einer Stadtmauer auf Bischof Siegbert (712) zurückgeführt. Unter den Karolingern stand hier ein königlicher Palast, der 766 erwähnt wird. Der von Bischof Willigis erbaute Dom brannte am Tag der Einweihung (1009) ab, der neue wurde von Bardo vollendet und 1037 geweiht. 1159 kam es zu einem Aufstand in der Stadt, bei dem der Erzbischof Arnold getötet wurde. Kaiser Friedrich I. Barbarossa hielt deswegen ein strenges Strafgericht über die Stadt und zerstörte die Mauern, die erst um 1200 wiedererrichtet wurden. Unter den fränkischen und staufischen Kaisern wurden nach Mainz wiederholt Reichstage und Kirchenversammlungen einberufen.

Die Stadt stand anfangs unter der Herrschaft des Erzbischofs, der seit dem 11. Jahrhundert den Burggrafen bestellte. Nach dem Erlöschen dieses Amtes 1221 erlangte die Stadt 1244 die Reichsunmittelbarkeit, die von den Erzbischöfen jedoch wiederholt angefochten wurde. 1254 wurde in Mainz der Rheinische Städtebund geschlossen. Auch an dem noch größeren Bund, der 1381 nachfolgte, hat sich die Stadt beteiligt. Um 1440 gelang Johannes Gutenberg in Mainz ein Genistreich von weltgeschichtlicher Bedeutung: die Erfindung des modernen Buchdrucks. Während im 14. Jahrhundert die Einwohnerzahl mit 90 000 angegeben wurde, machte sich in der zweiten Hälfte des 15. Jahrhunderts ein Rückgang bemerkbar, obwohl es hier seit 1476 eine Universität gab.

In dem Streit zwischen dem abgesetzten Kurfürsten Dietrich II. von Isenburg und seinem Widersacher Adolf II. von Nassau verlor Mainz 1462, von letzterem erobert, seine Privilegien und wurde eine erzbischöfliche Stadt, was König Maximilian 1486 bestätigte. In den Zeiten der kirchlichen Unruhen des 16. Jahrhunderts und des Dreißigjährigen Krieges wurde Mainz 1552 von dem Markgrafen Albrecht von Brandenburg-Kulmbach, 1631 von Gustav Adolf besetzt. Der Schwedenkönig ließ die Gustavsburg auf dem rechten Rheinufer an der Mündung des Mains in den Rhein anlegen und die Festungswerke, die schon seit dem 13. Jahrhundert bestanden, erweitern. Unter Kurfürst Johann Philipp wurde Mainz 1635 von den Schweden geräumt. Kurfürst Anselm Franz übergab sie 1688 den Franzosen, von denen sie im Jahr darauf das Reichsheer wieder befreite.

Im 18. Jahrhundert erholte sich die Stadt soweit, daß ihre Bevölkerung bis 1780 auf 30 000 stieg, um während der bald darauf folgenden erneuten französischen Okkupation wieder auf 20 000 abzusinken. Am 17. Oktober 1792 erschien der General Custine vor der Stadt und nötigte sie vier Tage später zur Kapitulation. Ein Koalitionsheer unter General Kalckreuth schloß sie am 31. März 1793 ein und erzwang am 23. Juli die Übergabe. Ein zweiter Angriff der Franzosen wurde von den Österreichern abgeschlagen. Sie blieben bis 1797. Dann kamen erneut die Franzosen, und im Frieden von Lunéville (1801) wurde Mainz an Frankreich abgetreten. Am 2. und 3. Januar 1814 begann die Einschließung der Stadt durch die Gegner Napoleons. Am 4. Mai übergab der Kommandeur auf Befehl König Ludwigs XVIII. die Festung. Durch den Pariser Frieden wurde Mainz wieder

Blick auf den Dom zu **Mainz**. Vorn das Gutenbergdenkmal.

deutsch und dem Großherzog von Hessen-Darmstadt 1816 übergeben. Dabei galt die Bedingung, daß Mainz als Bundesfestung zu betrachten und von preußischen und österreichischen Truppen besetzt werden solle.

Der 1826 begonnene Neubau der Festungswerke machte Mainz (mit Kastell) zu einem militärischen Platz ersten Ranges. Nach mehreren, seit dem März 1848 entstandenen Unruhen veranlaßte ein am 21. Mai jenes Jahres ausgebrochener blutiger Straßenkampf zwischen den Bürgern und dem preußischen Militär die Erklärung des Belagerungszustandes. Er konnte aber bereits drei Tage danach wieder aufgehoben werden.

Durch die Explosion eines Pulverturmes 1857 auf dem alten Kästrich wurde dieser Stadtteil fast völlig zerstört. Vor Ausbruch des Krieges von 1866 verließen die österreichischen und preußischen Bundestruppen infolge eines Bundestagsbeschlusses die Stadt, die von Teilen des 8. Bundesarmeekorps unter Prinz Ludwig von Hessen besetzt wurde. Am 26. August 1866 zogen aber die Preußen wieder ein, und durch den Friedensvertrag erhielt Preußen das alleinige Besatzungsrecht. Nach der Errichtung des Zweiten Deutschen Reiches wurde Mainz zunächst Reichsfestung. 1885 betrug die Einwohnerzahl einschließlich des Militärs 66 321.

Nach den Bestimmungen des Versailler Diktats wurde Mainz erneut von französischen Truppen besetzt, die erst 1930 abzogen. Seit 1919 wurde unter ihrer Regie die starke Festung geschleift. Die größte Stadt des ehemaligen Freistaates Hessen und Hauptstadt Rheinhessens hatte Mitte der dreißiger Jahre 142 000 Einwohner.

Im Zweiten Weltkrieg wurde Mainz als Verkehrsknotenpunkt häufig das Ziel alliierter Luftangriffe. Bis Ende 1944 waren bereits umfangreiche Schäden zu verzeichnen. Das Bild der uralten Domstadt war jedoch in seinen wesentlichen Zügen noch erhalten. Am 27. Februar 1945, kurz vor Ende des Krieges, wurde es für alle Zeiten ausgelöscht. An diesem Tag schickte RAF-Marschall Harris zwei seiner Luftflotten mit 458 viermotorigen Bombern nach Mainz. Ihr Ziel waren die Wohnviertel der Altstadt und nicht die Gleis- und Verkehrsanlagen der Reichsbahn.

Kein öffentliches Gebäude, kein Krankenhaus und keine Kirche, mit Ausnahme des Doms, überstand diesen schweren Angriff. 12 Stunden brannte Mainz, bis dem Feuer die Nahrung ausging. 1200 Tote lagen unter den Ruinen und auf den Straßen. Von 28 000 Wohnungen waren 20 000 zerstört.

Rheinhessen und mit ihm Mainz wurden nach dem Kriege dem neugebildeten Land Rheinland-Pfalz zugeschlagen. Seit 1950 ist Mainz die Hauptstadt dieses Bundeslandes. Die Einwohnerzahl beträgt mittlerweile rund 185 000. 1946 wurde die 1803 geschlossene Johannes-Gutenberg-Universität wiedereröffnet. Eine Reihe historischer Gebäude wurde nach den Zerstörungen wiedererrichtet, einige wichtige Bauten kamen neu hinzu. Zu nennen wären das Rathaus (1971-74) und die Rheingoldhalle von 1968.

Blick auf **Marburg** an der Drau.

Marburg/Drau

Die deutsche Insel in der Südsteiermark

Der bedeutendste Ort der heute zu Slowenien gehörenden Untersteiermark, wenn auch keine Hauptstadt im eigentlichen Sinne, ist Marburg an der Drau. Die kleine Stadt hatte Ende des 19. Jahrhunderts knapp 20 000 Einwohner. Die meisten waren Deutsche, wenn auch im südlich anschließenden Umland die Slowenen in der Mehrzahl waren.

Mit dem Zerfall der Monarchie der Habsburger wurde die Untersteiermark von Österreich abgetrennt und dem Königreich der Südslawen einverleibt. Die steirische Landesversammlung hatte am 6. Novemer 1918 den Beitritt zu Deutsch-Österreich erklärt. In die Stadt zogen nun viele Slowenen. Trotzdem waren unter den 33 000 Einwohnern, die in den 1930er Jahren hier gezählt wurden, noch viele Deutsche. Mit dem Zusammenbruch Jugoslawiens im Zweiten Weltkrieg unter den Schlägen der Wehrmacht wurden Marburg und Umgebung dem Deutschen Reich angegliedert. Um so furchtbarer war die Terrorwelle, der das Deutschtum nach der Niederlage ausgesetzt war. Wer nicht rechtzeitig floh, überlebte die Massenverbrechen der entmenschten Tito-Soldateska nicht oder kam in Lager, in denen das Sterben der Alltag war.

Im wiedererrichteten Jugoslawien wuchs Maribor, wie Marburg nun hieß, bis in die siebziger Jahre zu einer Großstadt heran. Mit dem Untergang des Völkergefängnisses Jugoslawien wurde Slowenien unabhängig. Doch auch in Marburg an der Drau zeugen die Stein gewordenen Erinnerungen, wie die 1548 errichtete Kathedrale und viele Bürgerhäuser, von der Zeit, als dies eine deutsche Stadt war.

Marienburg

Der Sitz des Deutschen Ordens

Die Marienburg, die größte Burganlage des Abendlandes, war nicht das Werk einer einzelnen Fürstenfamilie. Hinter der einzigartigen Anlage stand vielmehr die Kraft eines ganzen Ordens.

Die ursprüngliche Wegeburg beherrschte den Nogatübergang des alten nordöstlichen Handelsweges, der Pommern mit dem Lande der Preußen verbunden hatte. Nach dem Verlust Palästinas und dem Scheitern in Siebenbürgen war Preußen das Hauptgebiet des Deutschen Ordens geworden.

Das Schloß Marienburg wurde durch den Landmeister des Deutschen Ritterordens, Konrad von Thierberg, um 1274 gegründet und zwei Jahre darauf erstmals urkundlich erwähnt. Noch gegen Ende des 13. Jahrhunderts wurde der Massivbau des heutigen Hochschlosses mit Nordflügel, Kirche und Kapitelsaal begonnen. 1309 wurde die Marienburg Ordenshaupthaus und Sitz des Hochmeisters, also

Das Ordensschloß **Marienburg.**

Metropole des Ordensstaates. Unter Werner von Orseln (1324-30) und Dietrich von Altenburg (1335-41) wurde an dem weiteren Ausbau des Schlosses besonders eifrig gearbeitet. Es bestand schließlich aus vier einen quadratischen Hof umschließenden, drei Stockwerke hohen Flügeln, in denen sich die gemeinsamen Schlaf- und Speisesäle der Ritter und die Vorratsräume befanden. Alles war stilvoll aus besten Ziegelsteinen errichtet und künstlerisch reich ausgebildet. Um das Schloß zogen sich Gräben, Mauern und feste Türme. Nördlich der Burg selbst lag die Vorburg mit den Pferde- und Viehställen und den Gebäuden zur Aufnahme der Vorräte und des Kriegsmaterials. Um die Mitte des 14. Jahrhunderts wurde die Burg für den Hofstaat des Hochmeisters zu klein. Als einer der angesehensten Fürsten seiner Zeit brauchte er eine entsprechende Residenz, und so wurde an der Stelle der alten Vorburg das Mittelschloß erbaut und die neue Vorburg weiter nach Norden verlegt. Unter der Regierung des Hochmeisters Winrich von Kniprode (1351-82) wurde das Projekt mit großem Kunstsinn ausgeführt.

Nach zunächst erfolgreicher, heldenhafter Verteidigung 1410 und 1454 ging die Marienburg 1466 durch den Zweiten Thorner Frieden an Polen verloren. Der Ordenssitz wurde 1530 nach Mergentheim, 1834 nach Wien verlegt.

Während des schwedisch-polnischen Krieges schloß hier der Große Kurfürst Friedrich Wilhelm mit König Karl X. Gustav einen Vertrag, durch den er vier polnische Woiwodschaften als souveränen Besitz erhielt und beide sich zu gegenseitiger Unterstützung gegen Polen verpflichteten. 1708 hielt König Stanislaus Leszczynski mit großem Gefolge vier Monate lang in Marienburg hof, später August der Starke mit der Gräfin Cosel. Während des Siebenjährigen Krieges quartierten sich Russen hier ein.

1772 fiel Marienburg infolge der ersten »Polnischen Teilung« wieder an Preußen. Das Schloß hatte durch Mißbrauch und Vernachlässigung sehr gelitten und war in vielen Teilen verunstaltet worden. 1803 war sogar sein Abriß im Gespräch. Da machte ein Zeitungsartikel des Dichters Max von Schenkendorf auf den hohen historischen und künstlerischen Wert des Schlosses aufmerksam und veranlaßte schließlich eine in den Jahren 1817-42 gründlich ausgeführte Restaurierung, die unter der Regie des Oberpräsidenten von Schön vonstatten ging. Die Wiederherstellung der Marienburg war eine nationale Leistung, die im 19. Jahrhundert kaum ihresgleichen fand, wenn man von den Bemühungen um den Kölner Dom einmal absieht.

Der Architekt und Archäologe Konrad Steinbrecht setzte von 1882 bis 1922 die Arbeiten am Schloß fort. Kapitelsaal, Kreuzgang, Siebensäulensaal und Herrenstube, der Danzker mit dem Bogengang sowie das Brück- und Nikolaustor wurden wieder instandgesetzt. Bernhard Schmid, Steinbrechts Nachfolger als Schloßbaumeister, konnte besonders das äußere Bild der Burg wiederherstellen und die Wehrmauern, Türme, Tore und das Plauenbollwerk wieder aufrichten.

Nach 1919 war die Burg im Osten ein Symbol der Behauptung gegen die Verstümmelung durch das Diktat von Versailles. Die Volksabstimmung vom 11. Juli 1920 brachte für Deutschland in Stadt und Kreis Marienburg 17 805 Stimmen und nur 191 für Polen und bannte damit zunächst die Gefahr, daß Marienburg in fremde Hände fiel. Ein beeindruckendes Abstimmungsdenkmal in

Städtisches Schauspielhaus mit Ännchenbrunnen zu **Memel.**

Form eines trutzigen Ordensritters wurde vor der Marienburg nach dem Wahlsieg 1920 errichtet.

1944 mußte die neben der Burg entstandene, 1276 vom Orden mit Stadtrecht versehene Stadt Marienburg zur Festung erklärt werden, denn die Rote Armee stand an den Grenzen der Provinz. Die Verteidigung der Marienburg durch insgesamt 2500 Mann ermöglichte Abertausenden Zivilpersonen die Flucht.

Seit 1945 steht das prächtige steinere Monument des Deutschtums im Osten auf polnisch besetztem Boden.

Memel

Hauptstadt im nordöstlichsten Preußen

Memel wurde 1253 im Schutze der Deutschordensburg Memelburg gegründet und sollte anfangs wegen der Siedler aus dem Westfalenland den Namen Neudortmund sowie Dortmundisches Stadtrecht erhalten, wurde aber zunächst Memelburg genannt und bekam Lübisches Recht. Ein Drittel der Stadt gehörte dem Bischof von Kurland, zwei Drittel besaß der livländische Schwertorden. Letzterer übertrug 1326 seinen Anteil dem Deutschen Orden, der 1328 die ganze Stadt erhielt und sie 1404 aufs neue befestigte. In den Kriegen mit den Litauern und Polen im 13.-15. Jahrhundert hatte die Stadt viel zu leiden und brannte wiederholt ab. Einige Zeit hatten die Schweden Memel besetzt, 1757 die Russen. Nach der Schlacht bei Jena 1806 wurde es 1807 zum Zufluchtsort des preußischen Königs Friedrich Wilhelm III. und seiner Gemahlin, Königin Luise. Am 28. Januar 1807 wurde hier der Friede zwischen Preußen und England abgeschlossen.

Memel wuchs zu einer Stadt mit über 30 000 Einwohnern heran, deren Bevölkerung überwiegend deutsch war. Nach den Bestimmungen des Versailler Vertrages wurde das Memelland trotz des Widerspruchs der Bevölkerung vom Reich abgetrennt und unter französische Verwaltung gestellt. Bei Beginn der Ruhrbesetzung 1923 marschierten litauische Truppen ein, und bereits am 15. Februar wurde die litauische Souveränität über den äußersten Norden Ostpreußens von den Westmächten gebilligt. Ein »endgültiges Memelabkommen« wurde ein Jahr später geschlossen. Damit wurde eine Grenze zu Lasten Deutschlands willkürlich verschoben, die seit dem Vertrag von Meldensee 1422 ein halbes Jahrtausend unverändert Bestand hatte. Die im Memelstatut festgesetzte ausgedehnte Autonomie des Gebietes wurde von Anfang an durch Einsetzung litauischer Vorsitzender des Landesdirektoriums, Entlassung deutscher Beamter und Lehrer, Beschränkung der Presse- und Versammlungsfreiheit, Verhängung des Kriegszustandes (1926) und andere Schikanen geschmälert. Der Völkerbund erwies sich als unfähig, den deutschen Beschwerden gerecht zu werden; so entschied er trotz klarer Rechtslage 1932 gegen den deutschen Einspruch. Bereits 1930 wurde die Autonomie gesetzlich beschränkt und bis 1934 unter dem Druck des Ausnahmezustandes fast völlig aufgehoben.

Metz: Dom (oben), Deutsches Tor (unten).

Mitte der dreißiger Jahre lebten 37 000 Menschen in Memel, von denen 80 Prozent Deutsche waren. Im März 1939 willigte Litauen angesichts des erstarkenden Deutschen Reiches, des Münchener Abkommens und des Zerfalls der Tschechoslowakei in die Rückgabe des Memelgebietes ein.

Das Ende des Zweiten Weltkrieges brachte dem Memelgebiet und seiner Hauptstadt Tod und Vertreibung. Das Land wurde der Sowjetrepublik Litauen zugeschlagen. 1950 erfolgte eine bedeutende Hafenerweiterung, seit Anfang der achtziger Jahre gibt es eine Fährverbindung nach Mukran auf Rügen. Über sie ging ein Großteil der Waffen und Ausrüstung, als mit dem Zusammenbruch des Kommunismus im Ostblock die Sowjetarmee ihren Posten in Mitteldeutschland räumen mußte. Zuletzt kamen die abziehenden Truppen in einem wieder unabhängigen Litauen an, das seinen ehemaligen Staatsbürgern deutscher Nationalität die Rückgabe ihres Eigentums anbietet, vorausgesetzt, sie lassen sich im Lande nieder. Von dieser Regelung machen wegen der immer noch vorhandenen Unwägbarkeiten der Lage recht wenige Gebrauch. Ein Schritt in die richtige Richtung ist es allemal.

Metz

Zentrum Lothringens

Metz ist das alte Divodurum, die »Götterburg« im Gebiet der Mediomatriker, weshalb es auch Mediomatrica hieß. Daraus wurde durch Abkürzung Metä, Metis, Mattä und schließlich Metz. Nachdem es in der Mitte des 5. Jahrhunderts von den Hunnen unter Attila zerstört worden war, kam es zum fränkischen Reich und wurde 511 Hauptstadt von Austrien, dem östlichen Teil des Merowingerreiches. Ludwig der Fromme fand in der Abtei St. Arnold seine Grabstätte. 843 kam Metz an Lothar I. und nach dem Tod von dessen Sohn Lothar II. im Vertrag zu Mersen 870 an das ostfränkische (deutsche) Reich.

Die Stadt stand zunächst unter der Herrschaft eines Bischofs, dem auch die Ernennung der Burggrafen zustand. Anfang des 13. Jahrhunderts, erwarb Metz die Rechte einer Freien Reichsstadt. Metz galt im 14. und 15. Jahrhundert als bedeutendster Stadtstaat des Deutschen Reiches neben Nürnberg und Augsburg.

Kaiser Karl IV. verkündete hier auf dem Reichstag 1356 als Reichsgrundgesetz die Goldene Bulle. 1444 wurde die Stadt erstmals von den Franzosen belagert, aber noch nicht erobert. 1543 versuchte ein Teil der Bürgerschaft mit Hilfe des Reformators der romanischen Schweiz, Guillaume Farel, die neue Lehre in Metz einzuführen, scheiterte aber an dem Widerstand des Kardinals von Lothringen, und auch der Kaiser verbot die evangelische Predigt.

1552 wurde Metz von Frankreich überfallen und annektiert. Im Westfälischen Frieden 1648 erhielt Paris die volle Souveränität über Metz, Toul und Verdun förmlich zugesprochen. Die alte Größe der Stadt war dahin. Die Zahl der Einwohner sank seit 1552 von 60 000 auf nur noch 22 000 im Jahr 1698.

Blick auf Marienplatz, Rathaus und Dom (»Frauenkirche«) in **München.**
Vorkriegsaufnahme

Erst im 19. Jahrhundert gewann Metz wieder an Bedeutung. Mehrere Belagerungen und Einschließungen, so auch 1814/15, hielt die Festung aus, ohne zur Übergabe gezwungen zu werden, bis der Deutsch-Französische Krieg 1870 für Metz folgenschwer eröffnet wurde. Die Kapitulation am 29. Oktober machte die erste und zweite deutsche Armee für die Unterstützung des Kampfes um Paris frei. Im Frankfurter Frieden wurde Metz wieder an Deutschland abgetreten und Hauptstadt des Bezirks Lothringen. Die Gemeinderatswahlen von 1886 brachten eine klare deutsche Mehrheit.

Nach den Bestimmungen des Versailler Diktats wurde mit dem Elsaß und Lothringen auch Metz wieder französisch. Viele deutsche Einwohner haben unter dem Druck der Vertreibung und Assimilation die Stadt verlassen oder ihre nationale Identität aufgegeben. Heute ist Metz Verwaltungssitz des französischen Departements Moselle mit 114 000 Einwohnern. Die gotische Kathedrale und das im 13. Jahrhundert erbaute Deutsche Tor erinnern aber an die große Zeit, als hier überwiegend Deutsche lebten.

München

Das Herz Bayerns

Die bayerische Landeshauptstadt wird als »Munichen« erstmals in den Annalen des Klosters Tegernsee der Jahre 1102-54 genannt. Der Mönch kam im 13. Jahrhundert in das Stadtwappen. Heinrich der Löwe erhob die »Villa Munichen« 1158 zur Münzstätte und zur Hauptniederlage für das von Reichenhall und Hallein kommende Salz. 1164 hatte München schon Mauern und eine bürgerliche Verfassung. Die Herzöge der Wittelsbacher residierten hier zuweilen, Ludwig der Strenge erwählte ab 1255 die neuerbaute Ludwigsburg zu seiner ständigen Residenz. 1254 wurde die innere Stadt mit Ringmauern, Wällen und Gräben umgeben. Durch vier Tore gelangte man in die Vorstädte. Später wurden diese Vorstädte in die innere Stadt, die 1301 eine neue Umfassungsmauer erhielt, einbezogen.

1327 verwüstete ein Großbrand die Stadt. Kaiser Ludwig der Bayer gab ihr beim Wiederaufbau den Umfang und die Gestalt, die sie dann bis zu Anfang des 19. Jahrhunderts im wesentlichen bewahrt hat. Albrecht V. gründete die Bibliothek, die Gemäldegalerie, die Schatzkammer, den Antikensaal und das Münzkabinett.

Wilhelm V. (1579-96) rief die Jesuiten nach München und baute ihnen ein großes Kollegium und die St. Michaelskirche. Unweit davon errichtete er seine neue Burg, die spätere Maxburg. Kurfürst Maximilian I. (1597-1651) erbaute sich eine neue prachtvolle Residenz und ließ das Zeughaus und das Josephsspital ausführen. Denkmäler in Marmor und in Erz schmückten die ganze Stadt. Vor allem der geniale Peter de Witte, genannt Candid, ein Schüler des Florentiners Vasari, verwirklichte die Pläne des Kurfürsten geistvoll und mit Geschick. Zugleich erhielt München neue Befestigungen, die aber nicht verhindern konnten, daß der Schwedenkönig Gustav Adolf am 17. Mai 1631 siegreich einzog.

Unter Ferdinand Maria (1651-79) wurden die Theatinerkirche und das benachbarte Schloß Nymphenburg gebaut. Alle wissenschaftlichen und Kunstsammlungen erfuhren in diesem Zeitraum bedeutende Erweiterung, insbesondere durch die in München und Schleißheim vereinigten Gemäldegalerien. Im Spanischen Erbfolgekrieg 1705 und im Ersten Schlesischen Krieg 1742 wurde München von Österreichern besetzt. Für die Wissenschaft brach unter der Regierung des Kurfürsten Maximilian III. Joseph (1745-77) ein neues Zeitalter an. Die Akademie der Wissenschaften (1759) und zahlreiche neue Schulen wurden gegründet. Unter Karl Theodor (1778-99) erweiterte sich die Stadt, die damals 35 000 Einwohner zählte, nach allen Seiten hin. Die Festungswerke aus der Zeit des Dreißigjährigen Krieges wurden seit 1791 geschleift. An deren Stelle entstanden neue Straßen. Es ging auch etwas toleranter zu: 1801 erhielt der erste Protestant das Bürgerrecht.

König Maximilian I. begann seit 1814 das noch immer sehr enge München zu einer geräumigen Königsstadt umzugestalten. 1818 bekam es eine neue Gemeindeverfassung, 1826 die Universität, die von Landshut nach München verlegt wurde. Sein eigentümliches Gepräge erhielt München aber durch Ludwig I. und Maximilian II., die prachtvolle Bauten begannen, reiche Kunstsammlungen gründeten und ihre Residenz zu einer der schönsten Städte Deutschlands machten.

Während die Bautätigkeit der Könige zunächst nur das Äußere der Stadt umwandelte, vollzog sich allmählich unter dem Einfluß von Wissenschaft und Kunst sowie des durch die Eisenbahnen hervorgerufenen Verkehrs auch ein geistiger Umschwung. In der zweiten Hälfte des 19. Jahrhunderts zeigten die Einwohner eine freiheitliche und deutsch-nationale Einstellung. Insbesondere die rasche Niederlage des bisherigen traditionellen Verbündeten Österreich im Krieg gegen Preußen 1866 bewirkte eine Umorientierung, die zum Ende des partikularistischen Strebens führte. Ein geheimes Schutz- und Trutzbündnis mit Preußen wurde geschlossen, das sich bald im Deutsch-Französischen Krieg bewährte und im Abkommen vom 23. November 1870 gipfelte. Hierin wurde durch einen Vertrag mit dem Norddeutschen Bund die Gründung des Deutschen Reiches beschlossen, die am 18. Januar 1871 in Versailles verkündet wurde. Namens der deutschen Bundesfürsten trug Ludwig II. von Bayern dem Preußenkönig Wilhelm die Kaiserkrone an.

1885 war München mit etwa 262 000 Einwohnern bereits eine der größten Städte Deutschlands, und die Entwicklung ging rasch weiter aufwärts. Im 20. Jahrhundert war die bayerische Metropole mehrmals Schauplatz revolutionärer Unruhen. Der Sturz des Königs am 7. November 1918 leitete die Abdankungswelle der deutschen Monarchen ein. Die blutige Räteherrschaft und ihre Niederschlagung durch deutsche Freikorpskämpfer folgten. Am 9. November 1923 erschoß die Landespolizei auf dem Münchner Odeonsplatz 16 Teilnehmer des von Hitler und Ludendorff geführten Marsches zur Feldherrnhalle.

Das Münchener Abkommen von 1938 besiegelte den Anschluß des Sudetenlandes. Im Zweiten Weltkrieg wurde die Stadt zu einem bevorzugten Ziel des alliierten Bombenterrors (66 Großangriffe). Am schwersten wirkte sich der Schlag vom 24./25. April 1944 aus. Die Bilanz der Zerstörung: 11 000 Wohnungen, 2000 Betriebe, 17 Schulen, 10 Kirchen und drei Krankenhäuser. Siebzigtausend Menschen wurden obdachlos. Ausgebrannt waren die Residenz, die Alte Akademie und das Alte Rathaus. Verwüstet lag auch die berühmte Pinakothek.

735 000 Menschen lebten vor dem Kriege in München. Schrittweise wurden nach 1945 die Schäden beseitigt und eine Vielzahl historisch wertvoller Bauten wiederhergestellt. 1972 lud die Stadt zu den XX. Olympischen Spielen ein, denen eine rege Bautätigkeit vorausging. Der Olympiapark mit Olympiaturm (290 Meter hoch) entstand, Olympia-, Rad- und Schwimmstadion sowie weitere Sportstätten wurden errichtet. Die Zahl der Einwohner stieg auf rund 1,25 Millionen, was München zur drittgrößten Stadt der Bundesrepublik Deutschland machte. Neben der Landesregierung befinden sich zahlreiche Behörden wie der Bundesfinanzhof und das Deutsche und Europäische Patentamt in der Stadt sowie der Sitz des Erzbischofs von München und Freising.

Münster

Wo der Westfälische Friede geschlossen wurde

Schon 3000 Jahre vor der Zeitenwende wurde das fruchtbare Münsterland, die Tieflandbucht zwischen Teutoburger Wald und dem Rheinnebenfluß Lippe, besiedelt. Von 11 vor bis 16 nach Christus befand sich im westfälischen Haltern eine römische Garnison in einem Legionslager. Als Spätfolge der Niederlage der Römer in der Schlacht im Teutoburger Wald wurde es geräumt, und das Land war wieder frei.

Eine frühgermanische Anlage aus dem 3. Jahrhundert ist die älteste nachgewiesene Siedlung auf dem Gebiet Münsters. An ihrer Stelle bestand im 7./8. Jahrhundert ein sächsischer Wohnort. Am Schnittpunkt zweier Fernstraßen errichteten die Franken um 782 auf demselben Hügel eine Befestigung, deren Wall und Graben 1958 freigelegt wurden. Mit der Gründung eines Klosters 794 entstand hier ein Missionszentrum. Die Bezeichnung Mimgernaford wich später, erstmals 1068 erwähnt, dem Namen Monastre. Neben der Festungsanlage entwickelte sich eine Marktsiedlung, die durch eine Münze Kaiser Ottos III. bezeugt ist.

Die Stadt wuchs rasch, und um 1200 wurde eine Mauer errichtet, die auch das linke Ufer des Flüßchens Aa einbezog. Bereits im 12. Jahrhundert schuf sich die Bürgerschaft ein eigenes Stadtrecht, das 1214 erstmals in einem Gesetz zusammengefaßt wurde. Die sechzehn Gilden der Handwerker erkämpften sich gegen die aristokratischen Geschlechter 1454 Sitz und Stimme im Rat der Stadt, die seit dem 14. Jahrhundert Mitglied der Hanse war. 1495 wurde sie Vorort des westfälischen Hansequartiers. Die Blütezeit Münsters wurde durch das »tausendjährige« Reich der Wiedertäufer (1533-35) nur kurz unterbrochen. Die Hinwendung der Bürger-

Das alte Rathaus zu **Münster**/Westfalen.

schaft zur Reformation endete erst mit der Berufung der Jesuiten an die Domschule (1588).

Im Dreißigjährigen Krieg war Münster seit 1643 Tagungsort des Friedenskongresses. Am 15. Mai 1648 wurde der Teilfrieden zwischen den sieben nordniederländischen Provinzen und Spanien in der Ratsstube (Friedenssaal) beschworen, am 24. Oktober 1648 der allgemeine Frieden unterzeichnet. Das Deutsche Reich verlor seine europäische Führungsrolle. Es wurde zum Spielball ausländischer Imperialisten und einheimischer Separatisten. Nicht nur das Ausscheiden der Niederlande aus dem Reichsverband mußte anerkannt werden, sondern auch die Schweiz wurde vollkommen unabhängig, Frankreich riß Gebiete bis zum Rhein als Ausgangsbasis für weitere Räubereien an sich, und Schweden erhielt die Herrschaft über Deutschlands Küsten. Trotz der außerdem verkündeten Bestimmungen zur konfessionellen Toleranz, der Generalamnestie und der Stärkung Brandenburg-Preußens war der Westfälische Friede eine nationale Katastrophe.

Im Kampf gegen Bischof Christoph Bernhard von Galen verlor Münster 1661 seine Freiheit. Gleichzeitig ging die wirtschaftliche Bedeutung der Stadt zurück. Das städtische Leben verlief in ruhigen Bahnen, da der Kurfürst von Köln als Bischof und Landesherr zumeist in Bonn residierte. Infolge des von Napoleon erzwungenen Reichsdeputationshauptschlusses (1803) fiel Münster an Preußen, kam vier Jahre später an das Großherzogtum Berg, und 1810 verleibte der Franzosenkaiser die Stadt seinem Reich ein. Nach seiner vernichtenden Niederlage in den Befreiungskriegen wurde Münster wieder preußisch und 1816 Hauptstadt der Provinz Westfalen (bis 1948). 1821 wurde das eigenständige Bistum Münster errichtet. Durch den Anschluß an das Eisenbahnnetz (1848-56 Hamm-Emden, 1870 Paris-Hamburg) und den Dortmund-Ems-Kanal (1898) wurde Münsters Entwicklung zum Industriestandort gefördert.

Münster ist Kulturzentrum eines weiten Umlandes. Nach mehreren gescheiterten Gründungsversuchen wurde 1780 die Universität konstituiert. 1818 wurde sie in eine theologisch-philosophische Lehranstalt umgewandelt und 1902 erneut zur Universität erhoben. Ihren Namen - Westfälische Wilhelms-Universität - erhielt sie 1907.

Die im Zweiten Weltkrieg fast völlig zerstörte Altstadt wurde weitgehend in traditionellen Formen wiederaufgebaut. Sie ist vollständig von einer Promenade umschlossen, die anstelle der ab 1764 geschleiften Befestigungsanlagen angelegt wurde. Der Prinzipalmarkt, umgeben von Giebelhäusern mit Laubengängen, zählt in seiner heutigen Form als Gesamtanlage zu den beachtlichsten städtebaulichen Leistungen der Nachkriegszeit. Beim Wiederaufbau wurden die wesentlichsten Elemente der historischen Struktur berücksichtigt.

Das Rathaus gilt mit seinem filigranhaften Treppengiebel aus dem 14. Jahrhundert und dem getäfelten Friedenssaal von 1577 als eines der Hauptwerke des gotischen Profanbaus in Europa. Wie das benachbarte Stadtweinhaus, das 1615 im Stile der Spätrenaissance errichtet wurde, entstand es nach der Kriegszerstörung wieder in alter Gestalt. Der gotische Dom als dreischiffige Basilika mit Doppelturmfassade erhebt sich erneut in alter Würde. Von den zahlreichen Sakralbauten der Stadt ist St. Lamberti mit den Käfigen, in denen einst die toten Führer der

Wiedertäufer zur Schau gestellt wurden, besonders zu erwähnen. Das ehemalige fürstbischöfliche Schloß, ein 1767-84 entstandener Backsteinbau, ist ein Spätwerk des norddeutschen Barocks. Es beherbergt heute die Universität. Jüngeren Datums ist dagegen das Theater. 1952-55 wurde es nach Entwürfen Deilmanns errichtet, der auch für den Neubau des Landgerichts (1983-86) verantwortlich zeichnete.

Zu den folgenden farbigen Abbildungen:

Der Römer mit Gerechtigkeitsbrunnen zu **Frankfurt** am Main.

Speicher am Hafen zu **Königsberg**/Pr.

Ludwigstraße zu **München**, links die Feldherrnhalle.

Blick auf die Kaiserburg zu **Nürnberg.**

Nürnberg

Des Reiches Schatzkästlein

Erstmals schriftlich erwähnt wird Nürnberg 1050 in der »Sigena-Urkunde«, mit der eine Leibeigene, Sigena, durch Erlaß Heinrichs III. ihre Freiheit erhielt. Die Burg auf der Höhe diente dem Kaiser als Verwaltungsmittelpunkt des ostfränkischen Raumes und als Stützpunkt bei seinen Kriegszügen gegen den Herzog von Böhmen. In dieser Zeit übertrug er das Marktrecht, das bis dahin Fürth innehatte, auf die Siedlung der Handwerker und Kaufleute am Fuße des Burgfelsens.

1105 soll die Stadt von Kaiser Heinrich V. erobert und zerstört worden sein, scheint jedoch bald wieder aufgebaut worden zu sein, denn 1127 wurde sie von Kaiser Lothar eingenommen und Herzog Heinrich dem Stolzen übergeben. Konrad III. nahm sie wieder für das Reich in Besitz, bis Friedrich II. ihr 1219 die Reichsfreiheit verlieh. Damit war Nürnberg unmittelbar dem Reich unterstellt, übernahm die Selbstverwaltung der Steuern, erhielt Zollfreiheiten, errichtete eine Stadtmauer und entwickelte sich zu einer der bedeutendsten Freien Reichsstädte.

Die Burggrafschaft Nürnberg, die zuerst 1105 erwähnt wurde, ging 1191 an den Grafen von Hohenzollern über. Von ihr unabhängig entwickelte sich die Verfassung der Stadt, an deren Spitze schon 1236 Konsuln standen. Daneben gab es einen Rat und seit König Philipps Zeit einen Reichsschultheißen für die Gerichtsbarkeit. Als seit dem 15. Jahrhundert der größte Teil des Reichsguts in den Besitz der Stadt überging, wurden auch der Butigler (für die Finanzen) und der Reichsforstmeister städtische Beamte.

1349 hing ein Teil der Bürger dem Gegenkönig Günther von Schwarzburg an, verursachte einen Aufstand und setzte den Rat ab. Kaiser Karl IV. erschien mit einem Heer und setzte ihn wieder ein. Von nun an wuchs Nürnbergs Wohlstand stetig. Es wurde einer der wichtigsten Handelsplätze Europas. Trotzdem blieb die Einwohnerzahl relativ niedrig, 20 000 im 15. Jahrhundert und 40 000 im 17. Jahrhundert. Von 1073 bis zum Ende des 16. Jahrhunderts sind viele Reichstage in Nürnberg abgehalten worden. Zu den wichtigsten gehört der am 23. November 1355 eröffnete, auf dem die Goldene Bulle (das Reichsgrundgesetz) entstand. Die Reichskleinodien wurden 1424 nach Nürnberg gebracht und blieben hier bis 1797, als sie wegen der Franzosengefahr zunächst nach Regensburg und 1806 nach Wien kamen. Von 1938 bis 1945 wurden die Reichskleinodien abermals in Nürnberg verwahrt.

1427 kaufte der Rat vom Burggrafen Friedrich VI. die Burg für 120 000 Gulden, was den Anlaß für Zwistigkeiten mit den Markgrafen von Ansbach bot. Schon zwei Jahre nach dem Kauf brach eine Fehde mit dem Markgrafen Albrecht Achilles aus, in der eine Vielzahl Dörfer beider Parteien verwüstet wurden, ehe es 1450 zu einem Vergleich kam. Als 1552 der Streit erneut ausbrach, gelang es Albrecht Alcibiades von Brandenburg-Kulmbach nicht, die Stadt zu erobern. Während des bayerisch-pfälzischen Erbfolgekrieges glückte die Erwerbung mehrerer Ämter in der Oberpfalz, wodurch sich das Stadtgebiet deutlich vergrößerte. Die Reformati-

Blick auf die Altstadt von **Nürnberg**.

on wurde 1524 eingeführt und Nürnberg bald eine Hochburg der neuen Lehre. Am 23. Juli 1532 wurde der Nürnberger Friede zwischen den Protestanten und den Katholiken und 1538 der Nürnberger Bund zwischen Kaiser Karl V. und den katholischen Ständen gegen die Protestanten geschlossen. Während des Schmalkaldischen Krieges blieb Nürnberg neutral. Am 10. Mai 1609 trat es der Protestantischen Union bei. Im Dreißigjährigen Krieg stellte sich die Stadt 1631 unter den Schutz Gustav Adolfs und wurde von diesem gegen Tilly und besonders gegen Wallenstein kräftig verteidigt. Nach der für die Schweden unglücklichen Schlacht bei Nördlingen und nachdem der Kurfürst von Sachsen sich mit dem Kaiser verglichen hatte, war auch Nürnberg genötigt, sich dem Vergleich anzuschließen.

Als Folge der französischen Revolutionskriege kam die Stadt in eine so mißliche Lage, daß sie dem König von Preußen 1796 vergeblich anbot, sich freiwillig seinem Reich anzuschließen. Beim Reichsdeputationshauptschluß von 1803 behielt Nürnberg die Reichsfreiheit zunächst, geriet aber mit dem König von Preußen als Burggrafen der Stadt in Streit, infolge dessen er einen Teil des Nürnberger Stadtgebiets förmlich in Besitz nahm. 1806 wurde Nürnberg schließlich Bayern angegliedert.

Nach dem Rückgang des Handels seit dem 17. Jahrhundert erlebte Nürnberg einen neuen Aufschwung mit der Industrialisierung im 19. Jahrhundert. Seine Bedeutung als Zentrum Frankens hatte es nie verloren. In der reichsstädtischen Zeit galt Nürnberg als »des Deutschen Reiches Schatzkästlein«. Um das Jahr 1500 war es ein angesehener Ort der Kunst und des Geisteslebens. Der berühmteste Künstler dieser Zeit war Albrecht Dürer (1471-1528), der neben der Malerei auch die Graphik mit Radierung, Kupferstich und Holzschnitt genial beherrschte. Berühmte Nürnberger Bildhauer waren Veit Stoß (1447-1533), dessen Werke die Kirchen der Stadt zieren, und Adam Krafft (um 1450-1506). Unter den Erzgießern wurden Peter Vischer (um 1460-1529) und seine beiden Söhne die berühmtesten. Martin Behaim konstruierte von 1491-93 den ersten Globus. Um 1510 erfand Peter Henlein die Taschenuhr, das »Nürnberger Ei«. Christoph Denner schuf 1690 die erste Klarinette. Volkstümlich, aber nach strengen Regeln gestaltet war der »Meistergesang« der Handwerker. Berühmtester Meistersinger war Hans Sachs (1494-1576), Schuhmacher und Dichter.

1933 wurde Nürnberg unter den Nationalsozialisten zur »Stadt der Reichsparteitage« erklärt und bildete alljährlich die Kulisse für Massenveranstaltungen, die Leni Riefenstahl in ihren Dokumentarfilmen festhielt. Bei einem Bombenangriff gegen Ende des Zweiten Weltkrieges wurde die Innenstadt größtenteils zerstört. Die Siegermächte ließen es sich nicht nehmen, die weitgehend unbeschädigten Gerichtsgebäude der Stadt für eine weitere Propagandaveranstaltung zu nutzen: das Internationale Militärtribunal - ein Schauprozeß, in dem jene zu Richtern erklärt wurden, die selbst jeden der behandelten Anklagepunkte begangen hatten.

Die Innenstadt wurde wiederaufgebaut, Neubauten halten sich weitgehend an die historischen Grundrisse. Der berühmte »Christkindlesmarkt«, jedes Jahr vom 4. bis 24. Dezember ausgerichtet, lockt Besucher aus fern und nah. Neu dagegen ist der Hafen, der im Zuge des Baus des Rhein-Main-Donau-Kanals entstand.

Oldenburg i. Old.: Blick auf die Stadt (oben), Augusteum (unten).

Oldenburg

Die Stadt, die der Grafschaft den Namen gab

Oldenburg ist heute eine kreisfreie Stadt in Niedersachsen, zugleich Verwaltungssitz des Regierungsbezirks Weser-Ems. In der an der Hunte und dem Küstenkanal gelegenen Stadt leben 143 300 Einwohner. 1973 wurde die Universität gegründet. Der Binnenhafen hat den größten Umschlag in Niedersachsen zu verzeichnen.

Bereits um 800 bestand eine Siedlung im heutigen Stadtkern von Oldenburg, die »Ommeresburg« genannt wurde, was soviel wie »Ammerburg« bedeutet. 1108 erscheint erstmals der Name Oldenburg. Der Ort wurde 1155 befestigt. 1168 belagerte Heinrich der Löwe Oldenburg, 1230 standen die Stedinger, aufständische Bauern, vor den Toren. 1270 wurde der Ort ummauert und erhielt 1345 das Bremer Stadtrecht.

Seit Mitte des 12. Jahrhunderts war Oldenburg Mittelpunkt der im Herzogtum Sachsen gelegenen gleichnamigen Grafschaft. Noch im Mittelalter wurde Oldenburg um eine Neustadt erweitert. Bis 1667 war die Stadt Sitz der Grafen, 1774-1918 der Herzöge bzw. Großherzöge von Oldenburg, dann bis 1946 Landeshauptstadt des Freistaates.

Das Stadtbild ist weitgehend vom Klassizismus geprägt. Die Lambertikirche, ursprünglich eine gotische Halle, wurde nach dem Einsturz in den Jahren 1790-1797 zur klassizistischen Rotunde umgebaut. Die Rückbesinnung auf die Formen der Gotik brachte im 19. Jahrhundert eine erneute Umgestaltung zum Langbau mit sich. Das repräsentative Schloß, 1603-20 im Renaissancestil erbaut, 1737-43 barock verändert und in einem weitläufigen Park gelegen, enthält das Landesmuseum. Wahrzeichen Oldenburgs ist der »Lappan«, Turm der mittelalterlichen Heiligengeist-Kapelle (1467).

Plauen

Stadt der Vögte und der Spitzen

Plauen wurde unter dem Namen Plawe gegründet. Die gegen 1220 mit gitterförmigem Grundriß bei einer 1222 erstmals erwähnten Burg errichtete Stadt wurde 1244 um eine Neustadt erweitert. Sie gehörte Anfang des 12. Jahrhunderts den Grafen Eberstein im Gau Dobna, dann seit 1230 den Vögten von Weida. 1232 wird einer von ihnen erstmals als »Vogt von Plauen« bezeichnet.

1327 wurde das Vogtland und mit ihm Plauen böhmisches Lehen. König Georg Podiebrad verlieh es im Jahre 1466 dem Kurfürsten Ernst von Sachsen, und 1485 wurde es der Ernestinischen Linie zugeteilt. 1547 belehnte Kaiser Karl V. den

Das Rathaus zu **Plauen.**

Burggrafen Heinrich V., einen Abkömmling der früheren Vögte, mit Plauen. Doch schon sein Sohn, Heinrich VI., verkaufte es 1569 für 10 000 Gulden an Kursachsen.

Die erste - fast totale - Zerstörung erlebte Plauen am 25. Januar 1430, als die Hussiten mit Mord und Plünderung durchs Vogtland zogen. Seit 1524 fand die Reformation durch den Dominikaner Raute und den Ordenskomtur Eulner Eingang in die Stadt. Eingebürgerte Schweizer führten im 16. Jahrhundert die Baumwollwirkerei in Plauen ein. Nach dem Dreißigjährigen Krieg wurde zunächst die Zeugmacherei, später auch das Tuchmachergewerbe in der Stadt heimisch.

1602 erhob der sächsische Kurfürst Christian II. Plauen zur Kreisstadt des neugegründeten vogtländischen Kreises. Von 1656 bis 1718 gehörte Plauen als Hauptstadt des Vogtlandes zu der Nebenlinie Sachsen-Zeitz, wurde dann aber endgültig mit Kursachsen vereinigt.

Der Leipziger Kaufmann Schild siedelte 1695 nach Plauen über und brachte die Musselin- und Kattunmanufaktur zu hoher Blüte. Wenige Jahre später kopierten die Vogtländer karierte und gestreifte Nesseltücher aus Ostindien und veredelten diese durch Stickereien. Hier liegen die Anfänge der Stickerei- und Spitzenindustrie.

Der Wohlstand Plauens war in der Zeit bis zum Ende des 19. Jahrhunderts abhängig von Absatz der Waren, die hier produziert wurden. Jeder Wechsel der Mode, jede politische Krise schlug empfindlich zu Buche.

1857 läutete die Aufstellung einer ersten Handstrickmaschine die Industrialisierung ein. 1880 erfand Theodeor Bickel die Tüllspitze. Vor dem Ersten Weltkrieg produzierte die vogtländische Weißwarenindustrie jährlich Waren im Werte von 150 Millionen Goldmark. Die Friedrich-August-Brücke über das Syratal war mit 18 Metern Höhe und 90 Metern Spannweite die damals größte Steinbogenbrücke der Welt. Das neue Rathaus, das Theater, das humanistische Gymnasium, das König-Albert-Bad und viele Wohn- und Geschäftshäuser entstanden, zumeist im für Plauen typischen Jugendstil.

Das Versailler Diktat im Gefolge des Ersten Weltkriegs schnitt Plauen vom Weltmarkt ab. Erleichterung brachte das Aufblühen der »Vomag« (Vogtländische Maschinenaktiengesellschaft), die u.a. Rotationsdruckmaschinen herstellte. Die Weltwirtschaftskrise riß weitere Bürger ins Elend, so daß es zu einer Polarisierung der Wähler kam. Vor allem die Nationalsozialisten aber auch die Kommunisten überflügelten die bürgerlichen Parteien. Sechs Tage vor Einmarsch der amerikanischen Truppen, am 10. April 1945, erfolgte der letzte und größte Luftangriff auf die Stadt, die dabei zu über 75 Prozent zerstört wurde. Schätzungsweise 2000 Menschen verloren ihr Leben.

Der Wiederaufbau ging äußerst schleppend voran. Die Einwohnerzahl sank von 120 000 auf 80 000. Von allen Verkehrsverbindungen abgeschnitten, zur grenznahen Kreisstadt degradiert, sank das Niveau der Textilindustrie weit unter den Weltstandard. 1989 kam es auch in Plauen zu Protestkundgebungen gegen die SED-Herrschaft und für die deutsche Einheit.

Das Rathaus zu **Posen.**

Posen

Residenzstadt des Kaisers im Wartheland

Eine Siedlung aus dem 8. Jahrhundert wurde 968 Bischofssitz. Seit dem 10. Jahrhundert residierten in Posen die Herzöge von Großpolen, zeitweise auch die Könige. Mit dem Begründer der polnischen Macht, Boleslaw I., schloß der Erzbischof Tagino von Magdeburg 1005 im Auftrage Kaiser Heinrichs II. hier einen Frieden. Um 1250 legten deutsche Siedler die Neustadt an, drei Jahre später erhielt Posen Magdeburger Recht. Als königliche Stadt unterstand es direkt dem König von Polen und war bis 1733 auf dem polnischen Reichstag durch Abgeordnete vertreten. Allerdings hemmte die Verwicklung der Stadt in die Thronstreitigkeiten der Piasten-Dynastie Anfang des 14. Jahrhunderts die wirtschaftliche Entwicklung.

Posen erreichte seine erste Blütezeit im 16. Jahrhundert. Besonders Handel und Gewerbe blühten. Die Einwohnerzahl stieg bis auf über 30 000. Die nordischen Kriege, Bürgerkriege infolge der anarchischen Verhältnisse im polnischen Machtbereich, brachten Verheerungen der Stadt durch Brand, Plünderung und Epidemien. Im 18. Jahrhundert war deshalb die Zahl der Einwohner auf 10 000 gesunken.

Der polnische Staat zerfiel immer mehr und bedrohte durch seine Instabilität die Nachbarmächte, die deshalb zu seiner Aufteilung schritten. Im Zuge der zweiten polnischen Teilung kam Posen an Preußen. 1793 bis 1806 wurde es als die zweitgrößte Stadt der Provinz Südpreußen Schauplatz des verräterischen Friedensschlusses zwischen Napoleon I. und dem Kurfürsten Friedrich August von Sachsen (11. Dezember 1806). Das kurze Intermezzo des sächsisch regierten Großherzogtums Warschau endete mit dem Wiener Kongreß 1815. Posen wurde zur Hauptstadt des preußischen Herzogtums Posen, ab 1830 der gleichnamigen Provinz erklärt, und der wirtschaftliche Aufschwung konnte erneut beginnen. Etwas gehemmt wurde er allerdings durch den Ausbau als Festung und die östliche Randlage an der Grenze zum russischen Zarenreich.

Gegen 1885 bestand die Bevölkerung Posens aus über 68 000 Einwohnern, die je zur Hälfte deutsch und polnisch waren. Schöne breite Straßen durchzogen die Stadt, worunter die mit einer Kastanienallee bepflanzte Wilhelmstraße mit dem Raczynskischen Brunnen zu den beeindruckendsten gehörte. Unter den zahlreichen Plätzen waren hervorzuheben der Alte Markt und der Wilhelmsplatz mit dem vom 5. Armeekorps seinen im Krieg von 1866 gefallenen Kameraden gewidmeten Löwendenkmal, das 1870 enthüllt wurde. Auf der Dominsel der Vorstadt Wallischei stand der im Spätmittelalter begonnene, im gotischen Stil errichtete katholische Dom mit zahlreichen Grabmonumenten. Eine Besonderheit stellte die sogenannte Goldene Kapelle dar, die 1842 Graf Raczynski in byzantinischem Stil errichten ließ. Bereits 1508 war das Rathaus erbaut worden. Der alles überragende Turm kam 1730 hinzu. 1910 wurde der neoromanische Kaiserpalast anläßlich der Erhebung Posens zur Residenzstadt des Deutschen Reiches einge-

Potsdam: Stadtschloß und Garnisonkirche (links), Schloß Sanssouci (rechts).

weiht. Kurz darauf brach der Erste Weltkrieg aus. Das 1916 mit Hilfe der Mittelmächte wiederentstandene Polen riß nach Verkündung des Waffenstillstands fast die gesamte Provinz Posen an sich. Die deutsche Bevölkerung sah sich schwersten Repressalien ausgesetzt und ihr Anteil sank bis Mitte der 30er Jahre auf 3,5 Prozent bei insgesamt 247 000 Einwohnern. Nach der Zerschlagung des polnischen Staates im Herbst 1939 kam Posen noch einmal für wenige Jahre zu Deutschland. 1941 wurde die Reichsuniversität gegründet. 1945 brach der Terror der Roten Armee, dann Rotpolens über die Stadt herein. Die deutsche Bevölkerung wurde ermordet oder vertrieben.

Potsdam

Wo der große König »Sanssouci« schuf

Die erste urkundliche Erwähnung Potsdams stammt aus dem Jahre 993. Aus ihr geht hervor, daß Kaiser Otto III. seiner Tante, der Äbtissin Mathilde von Quedlinburg, zwei Orte, Poztupimi und Geliti, mit allen Gerechtsamen übertrug. Man deutete die erwähnten Ortsnamen später als Potsdam und Geltow, unweit der heutigen Landeshauptstadt gelegen.

Im 12. Jahrhundert wird von einer deutschen Burg berichtet, die den Havelübergang sicherte. Unter ihrem Schutz ließen sich deutsche Siedler nieder. Das Stadtrecht von Magdeburg war vorbildlich für die unter Albrecht dem Bären errichtete Mark Brandenburg. So wurde es auch auf Potsdam übertragen. In einer Urkunde aus dem Jahre 1317 wird »Poststamp« zum ersten Mal als Stadt erwähnt. Seine Bewohner nährten sich von Fischerei und Landwirtschaft. 1496 kam Potsdam an die Hohenzollern.

Der Dreißigjährige Krieg setzte der kleinen Stadt erheblich zu. Ganze 711 Einwohner wohnten noch zuletzt in 79 von einstmals 198 Häusern. Eine entscheidende Wende kam 1660, als der Große Kurfürst seine Residenz hierher verlegte. Am 8. November 1685 erließ er das »Edikt von Potsdam«, mit dem er den von Ludwig XIV. aus Frankreich vertriebenen Hugenotten eine neue Heimat gab. Zugleich erreichte er damit eine Wiederbelebung des weithin verödeten Landes durch Ansiedlung meist tüchtiger Handwerker.

Unter dem Großen Kurfürsten kam höfisches Leben in die Stadt. Sie wurde Schauplatz glänzender Feste und fröhlicher Jagden. Die Hohenzollern blieben der Stadt treu, auch nachdem sie Könige in Preußen geworden waren. Einen sprunghaften Ausbau und manche Legende verdankt Potsdam dem Soldatenkönig Friedrich Wilhelm I., der von 1713 bis 1740 regierte. Die Straßen ließ er im rechten Winkel, breit und gerade anlegen. Ein Paradebeispiel stellt das »Holländische Viertel« dar. Schlichte Giebelhäuser, aus Backstein errichtet, gaben ihm seinen besonderen Reiz. Heute müssen Denkmalschützer um seinen Erhalt kämpfen.

Friedrich Wilhelm I. errichtete auch zwei der bekanntesten Kirchen Potsdams. Die Heiliggeist- und die Garnisonkirche wurden als Simultankirchen mit je einer reformierten und einer lutherischen Pfarrstelle gestiftet. Eine rasch wachsende Bevölkerung, von 1500 auf 12 000 steigend, gut gehendes Handwerk und Gewerbe prägten diese Zeit. Potsdam nahm mehr und mehr den Charakter einer Militärstadt an, in der besonders die Waffenherstellung, die Tuch- und Wollmanufaktur und auch die Bierbrauerei blühten.

Ein einheitliches Stadtbild erhielt Potsdam jedoch erst durch Friedrich den Großen und seine Baumeister. Der genialste unter ihnen war Georg Wenzeslaus von Knobelsdorff. Er sah das Ideal der Architektur in der Regelmäßigkeit und Harmonie der Formen. Bestes Beispiel dafür war das von ihm erbaute Stadtschloß. Ihm verdankt Potsdam viele Bürgerhäuser und das Schloß Sanssouci, dessen barocke Formen den Empfindungen des Königs entsprachen.

Trotz der Vielfalt der Formen und der Vielzahl der Künstler haben Bauherr und Baumeister bei der Planung stets das Stadtbild als Ganzes im Auge gehabt. So verdankt Potsdam seinen Ausbau als Residenz und seine eigentliche Bedeutung Friedrich dem Großen (1740-86). Es erhielt Weltgeltung, als der Alte Fritz seinen Hof auch zum geistigen Mittelpunkt machte. Zu seinen Gästen zählten Voltaire, Bach und Mozart. Die Potsdamer Industrie, insbesondere die Bau- und Textilindustrie, nahm einen starken Aufschwung. Die Einwohnerzahl stieg während seiner Regierungszeit auf 28 000. Unter Friedrich Wilhelm II. (1786-97) erhielt die Stadt größere Bedeutung durch den Bau von Fernstraßen nach Berlin und Brandenburg. Mit dem Ende des 18. Jahrhunderts zerfielen die wirtschaftlichen Grundlagen der Stadt. Kriege und die Einführung des Freihandelssystems richteten die Potsdamer Manufakturen zugrunde. Potsdam wurde eine Stadt des Militärs und der Behörden. 1806, nach der preußischen Niederlage in der Doppelschlacht bei Jena und Auerstedt, besetzten französische Truppen die Stadt, was schwerste Belastungen für die Bevölkerung brachte.

Die Steinschen Reformen bescherten für Potsdam einschneidende Veränderungen. Die Stadt erhielt die Selbstverwaltung, während der Magistrat bisher aus Beamten bestanden hatte, die vom König eingesetzt worden waren.

1838 wurde die Eisenbahn Berlin - Potsdam eröffnet. Acht Jahre später wurde die Bahnlinie bis Magdeburg verlängert. Potsdam war eine Stadt höfischen und militärischen Glanzes, Sitz wichtiger Reichs-, Landes- und Provinzialbehörden.

Die besten Jahre Potsdams waren mit dem Sturz der Hohenzollernmonarchie dahin. Am 21. März 1933 sollte der »Staatsakt von Potsdam« (Hindenburg und Hitler in der Garnisonkirche) eine Brücke vom alten Preußentum zum NS-Staat schlagen. 12 Jahre später, am 14. April 1945, fielen das Gotteshaus wie auch große Teile der Innenstadt dem militärisch sinnlosen alliierten Bombenangriff zum Opfer. 7000 Menschen starben, 4000 Familien wurden obdachlos. Wochen später trafen sich die Repräsentanten der Siegermächte im Potsdamer Schloß Cecilienhof, um unter Bruch des Völkerrechts eine Nachkriegsordnung für Deutschland und Europa zu errichten.

Was die Bomben nicht völlig zerstört hatten, fiel zum Teil Sprengladungen und der Spitzhacke zum Opfer. Dem antipreußischen Wahn der roten Diktatoren mußte u.a. das Stadtschloß weichen, dessen ausgebrannte Ruine bis 1961 stehengeblieben war. Im Turmstumpf der ebenfalls ausgebrannten Garnisonkirche fanden bereits wieder Gottesdienste statt, bis 1968, exakt gefilmt, auch dieses deutsche Nationaldenkmal nach mehreren Explosionen in sich zusammensank.

In sich zusammengesunken ist mittlerweile auch die Herrschaft der SED. Das Glockenspiel mit der Melodie »Üb immer Treu und Redlichkeit« kehrte zurück. Über den Wiederaufbau der Garnisonkirche ist noch nicht entschieden.

1991 wurden die Gebeine Friedrichs des Großen und seines Vaters, des Soldatenkönigs, feierlich nach Potsdam überführt und am Schloß Sanssouci beigesetzt.

Prag

Die goldene Stadt

Die Geschichte von Hauptstädten ist nur aus der Geschichte ihres Landes zu verstehen. Wegen der Vielfältigkeit der Einflüsse gilt dies für Prag in besonderer Weise. Die Stadt steht auf uraltem Siedlungsgebiet, das schon in der Steinzeit bewohnt war. Da sich ein nord-südlicher und ein west-östlicher Handelsweg hier kreuzen, gewann der Ort schon in der Bronzezeit Bedeutung als Umschlagplatz für Waren.

In der Jungsteinzeit wanderten die Bojer ein. Der Name des Landes Böhmen geht auf sie zurück. Sie unterwarfen sich allmählich die Ureinwohner. Als Kelten gehörten sie jener großen Sprachengruppe an, die in den letzten vorchristlichen Jahrhunderten weite Teile Europas, auch Süddeutschland und Österreich, kulturell bestimmten.

Kurz vor der Zeitenwende erlagen die Kelten dem Druck der Germanen aus dem Norden. In Böhmen und Mähren bildete sich ein germanisches Großreich unter dem Markomannen Marbod. Später, während der Völkerwanderungszeit, zogen die Markomannen ab, vermutlich nach Bayern. Dieser Name deutet ebenso wie die Bezeichnung »Bajuwaren« auf Leute hin, die aus dem Land der Bojer gekommen sind.

In Böhmen und Mähren wanderten nun auch Slawen ein. Teilweise standen sie in Abhängigkeit von den Awaren. Nach einer Niederlage dieses Volkes gegen Ostrom errang in der Mitte des siebenten Jahrhunderts der Franke Samo die Herrschaft über die slawischen Stämme in Böhmen. Bis heute rätselt man, wo seine Hauptstadt »Wogastisburg« zu suchen ist.

Nach dem Jahre 800 begann der Frankenkaiser Karl der Große mit der Christianisierung der Slawen. In der zweiten Hälfte des neunten Jahrhunderts sorgte der Przemyslidenfürst Borivoy für die Verbreitung des Christentums. Vom Hradschin, der Prager Burg, herrschte er über weite Teile Böhmens. Er ließ im Burgbereich die Marienkirche errichten, einen kleinen Rundbau.

Seine Witwe Ludmilla wurde, nachdem sie einem Mordanschlag zum Opfer gefallen war, als erste christliche Märtyrerin des Landes verehrt. Ihr Enkel Wenzel, der Heilige, schloß sich eng an das deutsche Königtum an. Dort, wo heute die

Burg und Dom über **Prag.**

Wenzelskapelle steht, gründete er auf dem Hradschin eine Kirche, die dem heiligen Veit geweiht war. Leider wurde Wenzel schon nach kurzer Zeit von seinem Bruder Boleslav erschlagen.

Im Laufe der Zeit stiegen die Przemysliden zum angesehenen Fürstengeschlecht des Deutschen Reiches empor. Wratislaw II. empfing von Kaiser Heinrich IV., dem er treue Dienste leistete, 1086 die Königskrone. Er ließ die erste steinerne Moldaubrücke bauen, die für die Entwicklung Prags von großer Bedeutung war. Sein Nachfolger erteilte den deutschen Kaufleuten Privilegien und sicherte ihnen Behandlung nach deutschem Recht zu.

Um 1230 erhielt die Prager Altstadt Stadtrechte. Später stattete der in die Literatur eingegangene König Ottokar II. die von ihm gegründete Kleinseite mit Magdeburger Stadtrecht aus und besiedelte sie hauptsächlich mit deutschen Kaufleuten. Ottokar II. war ab 1253 König von Böhmen. Er erschloß das Land wirtschaftlich durch planmäßige Ansiedlung deutscher Bauern und Bergleute. Die Verwaltung wurde zentralisiert.

Durch Heirat sicherte sich 1310 das Haus Luxemburg die böhmische Krone. Dessen hervorragendster Vertreter war Karl IV., deutscher und böhmischer König, seit 1355 auch deutscher Kaiser. Unter ihm wurde Prag die bedeutendste Stadt des Reiches und für ein halbes Jahrhundert das kulturelle Zentrum Europas.

Schon als Kronprinz begann Karl mit dem Bau des Prager Königspalastes. Er legte den Grundstein für den Veitsdom und gründete die Neustadt mit dem auch nach heutigen Maßstäben gewaltigen Wenzelsplatz. An der Stelle des bereits vorhandenen steinernen Flußübergangs ließ er die figurengeschmückte Karlsbrükke errichten. Auch die Prager Universität, die erste deutsche Universität, verdankt ihm ihre Entstehung (1348).

Unterstützt wurde Karl IV. in seiner rastlosen Bautätigkeit von dem deutschen Baumeister Peter Parler. Er schuf jene gotischen Bauwerke, die den Ruhm des mittelalterlichen Prag noch heute ausmachen. Die »Parlergotik« wurde zum Vorbild der Architektur und Plastik in ganz Europa. Diese beispiellose kulturelle Blütezeit fand ihr Ende mit dem Ausbruch der hussitischen Revolution.

Auf Betreiben des tschechischen Reformators Jan Hus hatte Karls Nachfolger die Rechte der Deutschen an der Universität zugunsten der Tschechen beschränkt. 1409 verließen etwa 2000 deutsche Studenten und viele Professoren die Stadt Prag und gründeten die Universität Leipzig. Aus den ursprünglich gemäßigten religiösen Forderungen des Jan Hus entwickelte sich eine tschechische Erhebung, deren Entschlossenheit sich noch steigerte, als der Reformator 1415 in Konstanz auf päpstliches Geheiß den Feuertod erleiden mußte.

Am 30. Juli 1419 stürmte eine wütende Volksmenge das Altstädter Rathaus, befreite dort gefangene Hussiten und stürzte die katholischen Ratsherren aus dem Fenster (Erster Prager Fenstersturz). 15 Jahre wüteten nun die erbarmungslosen Hussitenkriege. Jan Zischka, Feldherr der Aufrührer, schlug 1420 in der Schlacht am Veitsberg ein zahlenmäßig weit überlegenes kaiserliches Heer vernichtend.

Zu dieser Zeit war Zischka bereits auf einem Auge blind. Beim Sturm auf eine bis dahin für uneinnehmbar gehaltene Felsenburg verlor er sein zweites Auge. Er errang er am 8. Januar 1422 bei Deutsch-Brod einen weiteren Sieg. Bis zu seinem

Tod im selben Jahr blieben die Hussiten ungeschlagen. Erst dann zersplitterten sich ihre Kräfte.

Im Jahre 1436 kam es zu einer Einigung. Prag unterwarf sich dem Kaiser Sigismund, der am 23. August in der Stadt gekrönt wurde. Die gewährte Religionsfreiheit wurde jedoch in der Folgezeit immer wieder bedroht, besonders seit das Land an die Habsburger gekommen war. Erster Regent aus diesem Haus war der spätere Kaiser Ferdinand I. (1526-1564). Gegen ihn gab es unter Führung Prags einen Aufstand, weil er Privilegien erst gewährt und dann wieder eingeschränkt hatte. Die Rebellion wurde niedergeschlagen.

Streitigkeiten über die freie Religionsausübung sowie über Privilegien der böhmischen Städte und Stände waren es auch, die 1618 zum Zweiten Prager Fenstersturz führten und den Dreißigjährigen Krieg auslösten. Nach der Schlacht am Weißen Berg (1620) wurden die Anführer der Erhebung auf dem Altstädter Ring hingerichtet. Protestantischer Adel und wohlhabendes Bürgertum erfuhren durch Gütereinziehung völlige Entmachtung und wurden teilweise des Landes verwiesen. Am 15. November 1631 wurde Prag durch die Sachsen besetzt, im Mai 1632 aber wieder von Wallenstein eingenommen. Am 30. Mai 1635 kam der Friede zwischen dem Kaiser und Kursachsen zustande, und am 5. August 1648 überrumpelte der schwedische General Königsmark die Kleinseite von Prag und räumte sie erst nach geschlossenem Frieden.

Nach Verlegung der Residenz von Prag nach Wien wurde Prag als Erbgut des Hauses Habsburg durch kaiserliche Beamte regiert. Nachdem schon unter Karl IV. die deutsche Schriftsprache in der Prager Reichskanzlei in Gebrauch war, wurde Deutsch jetzt neben Tschechisch in Böhmen gleichberechtigte Amtssprache.

Während der Gegenreformation entstanden in Prag prächtige Barockbauten. Die erste Hälfte des 18. Jahrhunderts wurde die künstlerisch fruchtbarste Epoche seit der Zeit Karls IV. Christoph Dientzenhofer aus Bayern schuf mit seinem Sohn Kilian Ignaz das »Dientzenhofer Barock«, das eine der höchsten Stufen des mitteleuropäischen Sakralbaus bildete.

Prag mußte noch manche Kriege über sich ergehen lassen, so den Österreichischen Erbfolgekrieg und den Siebenjährigen Krieg. In diesem wurde die Stadt 1757 zwei Wochen lang von den Preußen bestürmt. Der Entsatz erfolgte durch den Sieg der Österreicher bei Kolin. 1866 beendete der Prager Frieden den Krieg zwischen Preußen und Österreich um die Vorherrschaft in Deutschland.

Nachdem die Revolution 1848 gescheitert war, nahmen die Spannungen zwischen Tschechen und Deutschen zu. Nach heftigen parlamentarischen Kämpfen wurde die deutsche Sprache seit 1861 immer weiter zurückgedrängt. Mit der Zerschlagung des Habsburgerreiches nach dem Ende des Ersten Weltkrieges 1918 wurde Prag Hauptstadt der ersten Tschechoslowakischen Republik (CSR). Die Deutschen Prags waren in der folgenden Zeit schweren Bedrückungen ausgesetzt, besonders bei den Ausschreitungen im März 1919.

Das Münchener Abkommen von 1938 führte zur Angliederung des deutschbesiedelten Sudetenlandes an das Deutsche Reich. Nachdem die Slowakei im Frühjahr 1939 ihre Unabhängigkeit proklamiert hatte, wurden Böhmen und

Mähren von deutschen Truppen besetzt und Prag die Hauptstadt eines deutschen Protektorates. Den Zweiten Weltkrieg überstand die Stadt ohne größere Beschädigungen. Am 5. Mai 1945 begann der »Prager Aufstand« gegen die deutsche Besatzungsmacht. Zahlreiche deutsche Soldaten und Zivilisten wurden auf grausamste Weise ermordet.

Der tschechische Schachgroßmeister Ludek Pachmann schrieb darüber: »Wenn es je die Hölle auf Erden gibt, dann gab sie es nach dem 5. Mai 1945 in Prag. An den Straßenkandelabern meiner geliebten Stadt hingen an den Füßen aufgeknüpfte SS-Männer als lebendige Fackeln. Vom Kopf hinauf brennend. Umgeben von lachendem, sich daran ergötzendem Pöbel... Bewaffnete Banditen, die sich ›Partisanen‹ nannten, holten willkürlich deutsche Mitbürger aus ihren Häusern. An der Einmündung zur Wassergasse hingen drei nackte Leichen, bis zur Unkenntlichkeit verstümmelt, die Zähne restlos herausgeschlagen, der Mund nur noch ein blutiges Loch. Andere Deutsche mußten ihre toten Landsleute in die Stefansgasse schleifen. ›Das sind doch eure Brüder, küßt sie!‹ Und so mußten die noch lebenden Deutschen mit zusammengepreßten Lippen die Toten küssen. Greise, Frauen, Kinder wurden verstümmelt, totgeprügelt. Vergewaltigungen, barbarische Grausamkeiten, Schreckensfurien der Hölle. Hier waren sie losgelassen...«

Einst hatte die Seherin Libussa, legendäre Gründerin Prags, von einer Stadt geträumt, deren Ruhm bis in die Sterne reichen würde. Nie wurde der Ruhm dieser Stadt auf grauenhaftere Weise geschändet als in den Schreckenstagen des Mai 1945.

Im Februar 1948 führte ein kommunistischer Putsch zur vollständigen Gleichschaltung der CSR im stalinistischen Sinne. Daran konnte auch der sogenannte Prager Frühling, ein Reformversuch auf sozialistischer Grundlage, nichts ändern. Der Einmarsch der Truppen des Warschauer Paktes im August 1968 beendete die Demokratisierungsbestrebungen.

Im November 1989 geriet das kommunistische Regime im Zuge des Umbruchs im Ostblock ins Wanken und wurde gestürzt. In der Folge zerfiel der tschecho-slowakische Zwangsstaat. Ein befriedigender Ausgleich mit den Deutschen ist jedoch bislang nicht zustandegekommen.

Quedlinburg

An König Heinrichs Grab

Die Stadt Quedlinburg entstand aus der Siedlung Quitlingen. Dieses Dorf ließ Heinrich I. stark befestigen und mit einer Burg versehen. Es diente so wie die Orte Merseburg, Gandersheim, Goslar, Meißen u.a. als Bollwerk gegen die Einfälle der Ungarn. Eine besondere Veranlassung dazu bot der Umstand, daß das Geschlecht Heinrichs, die Liudolfinger, in dieser Gegend des sächsischen Harzgaues reiche Besitzungen hatte.

St. Servatius und Schloß über **Quedlinburg.**

Da Heinrich sehr gern in dieser Gegend weilte, entstand die Sage, daß ihm hier am Finkenherd beim Vogelfang die Königskrone durch Gesandte der deutschen Fürsten überbracht worden sei. Gesichert ist dies nicht - statt des beim einfachen Volk verbreiteten Vogelfangs wird es wohl die Falknerei gewesen sein, der der Herzog nachging.

Heinrich ließ die auf dem mächtigen Sandsteinfelsen gelegene Burganlage aus karolingischer Zeit erweitern und Quitlingen in diesen Schutz einbeziehen. Erstmals urkundlich erwähnt wurde Quitilingaburg am 22. April 922. Am 16. September 929 schenkte Heinrich diese Besitzung und die umliegenden Orte seiner Gemahlin Mathilde zum Wittum auf Lebenszeit. Er erfüllte ihr außerdem den Wunsch, hier ein Kloster einzurichten. Daraus entstand eine Stiftung für die Töchter der vornehmsten Familien des Landes. Eine kleine Kirche, die Heinrich hier erbauen ließ, bestimmte er zu seiner letzten Ruhestätte. Heinrich I. starb am 1. Juli 936 in Memleben. Sein Leichnam wurde nach Quedlinburg überführt und in der von ihm erbauten Kirche auf dem Burgberg beigesetzt.

Heinrichs Sohn Otto der Große führte den Plan seines Vaters zu Ende. Das Stift erhielt durch eine Urkunde vom 13. September 936 seine erste Verfassung und Ausstattung. Es wurde zu einem freien, weltlichen, dem Kaiser und dem Papst unmittelbar unterstellten Stift erklärt.

Bis zu ihrem Tode 968 erzog die Königinwitwe Mathilde die Töchter der Fürstenfamilien des Landes. 966 wurde ihre gleichnamige Enkeltochter zur ersten Äbtissin gewählt, obwohl diese erst 12 Jahre alt war. Die Entwicklung des Stifts verlief bis ins 12. Jahrhundert sehr positiv. So lassen sich für die Zeit von 922 bis 1207 allein 69 Besuche von 16 deutschen Königen und Kaisern nachweisen. Die große Bedeutung der Quitlingaburg in dieser Zeit läßt sich aus der Bezeichnung »Metropole des Reiches« ableiten. Die Reichstage von 973, 986 und 991 fanden hier statt.

Zahlreiche Schenkungen stärkten die wirtschaftliche Grundlage des Stiftes. Seine Macht kommt zum Beispiel darin zum Ausdruck, daß Äbtissin Mathilde während des Römerzuges ihres Neffen Otto III. (998-999) Reichsverweserin, also faktisch Herrscherin im Reich, war.

999 starb Mathilde, und Adelheid I., Tochter Kaisers Otto II., wurde zweite Äbtissin des Stiftes. Obwohl in der Folgezeit noch häufig Schenkungen erfolgten und weiter Kaiser, Könige und Fürsten die Stiftsburg besuchten, nahm ihre Bedeutung langsam ab. Die erste große Machteinschränkung erfuhr das Stift 1213, als die Burg von Kaiser Friedrich II. belagert wurde und die Stiftsdamen im selben Jahr durch Otto IV. von hier vertrieben wurden.

Im Auftrage Hoyers vom Falkenstein, Schutzvogt von Quedlinburg, wurde die Burg nach der erneuten Eroberung eines Teiles ihrer Befestigung beraubt. Dadurch war es mit der Bedeutung der Burg als wehrhaftes und politisches Zentrum vorbei. Es nahmen auch die Spannungen zwischen den adligen Damen und der aufstrebenden Stadt, die der Hanse beitrat, zu. Aus den sich daraus ergebenden kriegerischen Auseinandersetzungen im Jahre 1477 konnte das Stift noch einmal siegreich hervorgehen. Quedlinburg mußte die Oberhoheit Kursachsens anerkennen, nachdem es zuvor sich dem Schutz der Bischöfe von Halberstadt anvertraut hatte.

Kursachsen übergab 1698 die Erbvogtei für 340 000 Taler an Brandenburg. 1802 wurde das Stift endgültig aufgelöst. Infolge des Reichdeputationshauptschlusses kam Quedlinburg 1803 an Preußen, 1807 durch den Tilsiter Frieden an das Königreich Westphalen, um 1814 an Preußen zurückzufallen.

In der Zeit vom 16. bis zum 18. Jahrhundert entstanden viele der das Stadtbild bestimmenden Gebäude. Die bekanntesten Bürger dieser Zeit sind der Klassiker Friedrich Gottlieb Klopstock (1724-1803), Dorothea Christiane Erxleben (1715-1762), erste und lange Zeit einzige Doktorin der Medizin, sowie Johann Christian Guts Muths (1759-1839). Als Begründer der körperlichen Ertüchtigung der Jugend bezeichnet man ihn als »Erz- und Großvater der Turnerei«.

Die Stadt erlitt im Zweiten Weltkrieg kaum Schäden. Dafür sind die Schäden, den jahrzehntelange Mißwirtschaft hinterließen, noch lange nicht überwunden. Das äußere Bild von Schloß und Stiftskirche wird bestimmt von den baulichen Veränderungen des 19. Jahrhunderts und der Wiederherstellung der Türme nach dem Beschuß in den letzten Tagen des Krieges. Im Innern der Kirche fällt der »romanische« Chor auf, der erst bei Restaurationsarbeiten im Rahmen der zeitweiligen Umwidmung des Baus zur nationalsozialistischen Weihestätte entstand. Der 1945 von einem amerikanischen Offizier geraubte Domschatz ist größtenteils zurückgekehrt. Die Kaufsumme, die den Nachkommen des US-Räuberhauptmanns gezahlt wurde, hält man geheim.

Regensburg

Stadt der Reichstage

Regensburg bestand unter dem Namen Radasbona schon in vorrömischer Zeit. Nach dem hier in die Donau mündenden Fluß Regen wurde die zur römischen Kaiserzeit errichtete Grenzfestung Castra Regina genannt. Hier hatte Mark Aurel während der Markomannenkriege sein Hauptquartier. Bedeutend wurde die Stadt durch ihren Handel mit den Germanen.

Mit dem Ende der Völkerwanderung in Mitteleuropa im 6. Jahrhundert wurde Regensburg Sitz der bayerischen Stammesherzöge, der Agilolfinger. Seit dem 8. Jahrhundert Bischofssitz, residierten hier seit 826 die ostfränkischen Karolinger. Vom 10. bis 13. Jahrhundert war es Residenz des wiederhergestellten Herzogtums Bayern. Seit 806 lassen sich Burggrafen als königliche Beamte in Regensburg nachweisen. Den Bischöfen gelang es nicht, die Grafschaft an sich zu bringen, wenn sie auch Münz- und Zollrechte erwarben.

Die ersten Freiheiten erhielt die Stadt nachweislich 1207. Sie wurde jedoch erst 1245 durch Kaiser Friedrich II., dem sie gegen den päpstlich gesinnten Bischof Siegfried beistand, Freie Reichsstadt. Herzog Ludwig von Bayern hatte 1205 das Reichslehen der Burggrafschaft in Nürnberg erworben, und die daraus sich ergebenden Rechte verblieben seinem Haus bis 1492. Im 14. Jahrhundert, als der deutsche Handel nach Süden hauptsächlich in den Händen Regensburger Kaufleute war, zählte es annähernd 80 000 Einwohner.

Infolge des in Regensburg 1541 zwischen den Protestanten (Melanchthon, Bucer, Pistorius) und Katholiken (Johann Eck und Johann von Pflugk) gehaltenen Kolloquiums über verschiedene Dogmen kam das Regensburger Interim zustande, worauf die Stadt im folgenden Jahr die Augsburgische Konfession annahm. 1630 wurde hier ein Fürstentag gehalten und Wallenstein entlassen. 1632 wurde die Stadt vom schwedischen General Horn erfolglos belagert, jedoch im Jahr darauf von Herzog Bernhard von Weimar für die Schweden genommen. 1634 fiel sie bereits wieder in die Hände der Kaiserlichen.

1663 wurde der Reichstag, der seit dem 15. Jahrhundert wiederholt in Regensburg getagt hatte, endgültig hierher verlegt und blieb in der Stadt fast ununterbrochen bis 1806. In dem »Regensburger Stillstand« vom 15. August 1684 erlangte der französische König Ludwig XIV. die Anerkennung der von ihm vollzogenen Landräubereien seitens des Reichs, Spaniens und Hollands sowie eine Waffenruhe von 20 Jahren. 1703 nahm der Kurfürst von Bayern Regensburg ein, räumte es aber wieder nach der Schlacht bei Höchstädt 1704.

Mit der Auflösung des Deutschen Reichs 1806 verlor auch Regensburg, das zu Ende des 18. Jahrhunderts nur noch 20 000 Einwohner zählte, seine Reichsfreiheit und fiel mit dem Stift an den Kurerzkanzler von Dalberg, 1810 aber an Bayern. Schon durch die Gefechte bei Abensberg und Eggmühl sehr beunruhigt, wurde Regensburg 1809 innerhalb weniger Tage zweimal erstürmt. Am 19. April kamen die Österreicher und vier Tage danach die Franzosen.

Nach dem Ende der Befreiungskriege erholte sich Regensburg langsam. Als Hauptstadt des bayerischen Regierungsbezirks Oberpfalz lebten 1885 wenig mehr als 36 000 Menschen in der Stadt, also gerade die Hälfte der Einwohnerzahl der Blütezeit. 1869 vollendete der Baumeister Denzinger die 105 Meter hohen Türme des Domes, nachdem der gesamte Bau einer umfassenden Restaurierung unterzogen worden war. Mitte der 1930er Jahre wurden 82 000 Bewohner gezählt, heute sind es rund 125 000.

Regensburg ist eine der bedeutendsten Städte mittelalterlichen Gepräges mit zahlreichen sakralen und profanen Bauten des 13. und 14. Jahrhunderts. Neben dem bereits erwähnten Dom mit seiner prunkvollen Innenausstattung und dem Domschatz ist das im 8. Jahrhundert gegründete ehemalige Benediktinerkloster St. Emmeram zu nennen, das seit 1812 als Residenz derer von Thurn und Taxis diente, die ehemalige Dominikanerkirche und die im Kern fast 1000jährige Alte Kapelle mit ihrer Rokokoausstattung. Neben weiteren Sakralbauten sind die Geschlechtertürme der Patrizierfamilien erwähnenswert. Nicht vergessen werden darf natürlich das Alte Rathaus mit dem Reichssaal, 1663-1806 Tagungsstätte des Immerwährenden Reichstags.

Regensburg: Dom (links), Reichssaalbau – Sitz des Immerwährenden Reichstages von 1663 bis 1806 (rechts).

Reval

Von der Hansestadt zur Hauptstadt Lettlands

Reval, das als Hauptstadt des seit 1991 wieder unabhängigen Estlands den Namen Tallinn trägt, war zur Zeit des Zarenreiches neben St. Petersburg, Riga und Odessa der bedeutendste Seehandelsplatz Rußlands. Malerisch an einer tiefen Bucht des Finnischen Meerbusens gelegen, hat es seinen mittelalterlichen Charakter lange bewahren können.

1219 wurde Reval vom dänischen König Waldemar II. gegründet. Von Anfang an war die Bevölkerung deutsch; meist waren es Niedersachsen, die hierher kamen. Mit ganz Estland kam die Stadt durch Kauf an den Deutschen Orden. Im 14. und 15. Jahrhundert war Reval eine der wichtigsten Hansestädte. In dieser Zeit entstanden der sogenannte Dom mit dem alten Schloß auf einem 43 Meter hohen Felsen, die gotische Olaikirche mit dem 139 Meter hohen Turm und die Nikolaikirche mit bedeutsamen Altertümern aus katholischer Vorzeit (Totentanz). An weltlichen Bauwerken wurden das Rathaus, das das größte baltische Urkundenarchiv enthielt, erbaut, ferner das Ritterhaus, das Schwarzhäupterhaus und das Haus der Großen Gilde, dessen Säle in prachtvoller Spitzbogenführung weit über die Grenzen der Stadt bekannt wurden.

Nach dem Livländischen Krieg (1558-1561), kam Reval 1561 an Schweden und 1710 durch Kapitulation an Rußland. Peter der Große errichtete unweit der Stadt das Lustschloß Katharinenthal, dessen herrlicher Eichen- und Lindenpark ein beliebter Aufenthaltsort wurde.

In den ersten Jahrhunderten seit seiner Gründung eine rein deutsche Stadt, verminderte sich der deutsche Bevölkerungsanteil nach der Inbesitznahme durch Rußland zunächst langsam, dann dramatisch. 1881 lebten in der alten Hansestadt gut 51 000 Menschen, darunter knapp 13 000 Deutsche, 9000 Russen, 27 000 Esten und etwa 1000 Juden. Der Zusammenbruch des Zarenreiches, die Kämpfe danach, die zeitweise bolschewistische Herrschaft und der minderheitenfeindliche Kurs des unabhängigen, bürgerlichen Estlands seit den zwanziger Jahren drückte die Zahl der deutschen Einwohner weiter. Mitte der dreißiger Jahre waren es nur noch 7000 von 138 000. 1940 kam wie im gesamten Baltikum das Ende, als sowjetische Truppen einmarschierten und die Unabhängigkeit Estlands beseitigten. Als 1941 die deutsche Wehrmacht einrückte, waren ihre Landsleute bereits ins Reich heimgekehrt.

Blick vom Domberg auf **Reval.**

Riga

Tochter Bremens

Die erste Niederlassung an der Stelle des heutigen Riga wurde 1158 von Bremer Seefahrern gegründet. Die eigentliche Stadt wurde dann 1201 von Albrecht I. von Buxhöwden, Bischof von Riga, gegründet, der 1206 seinen Sitz hierher verlegte. 1253 erhob Papst Innozenz IV. Riga zum Sitz eines Erzbistums.

Zu dieser Zeit war Riga, das seit 1282 auch Mitglied der Hanse war, ein blühendes Zentrum des Handels mit Litauen und Rußland. Es kündigte in weltlichen Dingen dem Erzbischof den Gehorsam auf, sträubte sich aber auch gegen die Herrschaft der deutschen Ritter, denen es Dünamünde abnahm.

1420 mußte sich Riga der Herrschaft des Erzbischofs wieder unterwerfen. Daran änderte auch die 1523 eingeführte Reformation zunächst nichts. Als das Erzbistum 1566 aufgehoben wurde, hatten bereits neue Herren das Sagen. 1547 hatte sich die Stadt dem König von Polen, Siegmund, unterwerfen müssen. Durch den Vertrag mit dem letzten Heermeister von Livland, Kettler, wurde sie 1561 vom Deutschen Orden ganz an Polen abgetreten.

1581 mußte sich Riga dem polnischen König Stefan Bathory ergeben, der zunächst die freie Ausübung der lutherischen Religion garantierte. Sechs Jahre später versuchte er zwar, die katholische Religion wieder einzuführen, die Angriffe Karls IX. von Schweden 1605 und 1609 vereitelten jedoch sein Vorhaben. 1621 wurde Riga von Gustav Adolf erobert und mit Livland unter schwedischer Herrschaft vereinigt. 1656 belagerten die Russen zum ersten Mal die Stadt, allerdings noch vergeblich. 1700 standen die Sachsen ebenfalls vergeblich vor den Toren, da der schwedische Statthalter Dahlberg sie erfolgreich verteidigte. Das änderte sich nach der Niederlage des schwedischen Königs Karls XII. bei Poltawa. Nach hartnäckiger Verteidigung ergab sich die Stadt am 4. Juli 1710 dem russischen Feldmarschall Scheremetjew und wurde Teil des Russischen Reiches.

1812 wurde Riga von französischen Truppen unter Macdonald bombardiert, zwei Jahre später fügte starker Eisgang der Stadt schweren Schaden zu. Im Frühjahr 1854 wurde Riga von den Engländern blockiert (Krimkrieg), weshalb in diesem und im Jahr darauf die Festungswerke erweitert und verstärkt wurden.

Bis 1876 war Riga Sitz des dann aufgehobenen russischen Generalgouvernements von Livland, Estland und Kurland, danach des Gouverneurs von Livland. 1878 wurde die städtische Verwaltung dem Rat entzogen und die russische Städteordnung mit Stadtamt und Stadtverordnetenversammlung eingeführt. Trotz der Russifizierungspolitik waren 1885 von den 174 000 Einwohnern Rigas erst ein Viertel Russen neben gleich vielen Letten. Die Hälfte der Bevölkerung bestand immer noch aus Deutschen.

1918 wurde Riga die Hauptstadt eines unabhängigen Lettlands, wozu deutsche Freikorps durch ihren Kampf gegen die Bolschewisten maßgeblich beitrugen. Der Dank blieb aus; die Bodenreform in den zwanziger Jahren und die deutschfeindlichen Bestimmungen des Ausnahmezustandes 1934 setzten die nur noch 16 Pro-

Riga: Heutiges Stadtpanorama (links), das Schwarzhäupterhaus, einst Zentrum der deutschen Hanseaten in der Stadt (rechts).

zent ausmachende deutsche Bevölkerung Rigas zunehmend unter Druck. Das Jahr 1940 brachte das Ende für das Deutschtum im gesamten Baltikum. Stalin verleibte sich die einst »deutsche Ostseeprovinzen« genannten Gebiete ein. Die Rückführungsaktion »Heim ins Reich« lief auf der Grundlage bilateraler Abkommen an und führte die Deutschen des Baltikums und somit auch Rigas zumeist in den nach dem Untergang Polens neugebildeten Warthegau. 1945 brach die Rote Armee in dieses Gebiet ein und brachte Mord und Vertreibung.

Wie war es der Stadt Riga selbst ergangen? Der Kern war im Zweiten Weltkrieg weitgehend zerstört worden, wurde jedoch größtenteils wieder aufgebaut. Der 140 Meter hohe Turm der St.-Petri-Kirche, das 1330 begonnene Schloß des Deutschen Ordens, das 1750-65 errichtete barocke Rathaus und viele Renaissancebauten erinnern an die Zeit, als Riga eine deutsche Ostseemetropole war. Die Letten nahmen die Sowjetherrschaft nie als endgültig hin. Trotz verstärkter Russifizierung blieb der Wille zur Wiedererrichtung eines Nationalstaates ungebrochen, der sich 1991 durchsetzte.

Rudolstadt

Zu Füßen der Heidecksburg

Die einstige Haupt- und Residenzstadt des Fürstentums Schwarzburg-Rudolstadt liegt an der Saale in einer der schönsten Gegenden Thüringens. Auf einer Anhöhe thront das Schloß Heidecksburg über der Stadt, das seit 1737 an der Stelle von Vorgängerbauten errichtet wurde. Aus der gleichen Zeit stammt das Schloß Ludwigsburg. Die Stadtkirche ist etwas älter. Sie wurde 1634-36 erbaut.

Urkundlich kommt der Name Rudolstadt zuerst in einem im Jahr 800 aufgesetzten Verzeichnis der Güter und Rechte vor, die von der Abtei Hersfeld erworben wurden. Später war die Stadt im Besitz der deutschen Kaiser und fiel unter Albrecht dem Bären an die Grafschaft Orlamünde. Bei der Teilung von 1247 erhielt sie Otto II. von Weimar und 1335 Heinrich X. von Schwarzburg. In der thüringischen Fehde wurde Rudolstadt 1345 vom Landgrafen Friedrich dem Ernsthaften geplündert und niedergebrannt. 1404 erhielt Rudolstadt vom Grafen Heinrich XVII. die Bestätigung seines Stadt- und Marktrechts, das es seit 1326 innehatte.

1532 wurde die Reformation eingeführt. Hier soll nach der Überlieferung der spanische Feldherr Herzog Alba 1547 durch das entschlossene Auftreten der Gräfin Katharina von weiteren Gewalttaten gegen die Schwarzburger Protestanten abgeschreckt worden sein. Unter Albert VII. wurde Rudolstadt 1599 der »immerwährende Wohnsitz« einer Hauptlinie des schwarzburgischen Geschlechts. 1735 wurde das Schloß durch ein Großfeuer fast vollständig zerstört, bis 1744 aber wieder aufgebaut.

Zählte man 1885 wenig mehr als 10 000 Einwohner, so sind es heute etwa dreimal soviel. Nach dem Zusammenschluß der kleinen Fürstentümer zum Land

Schloß Heidecksburg zu **Rudolstadt.**

Thüringen 1920 verlor Rudolstadt wie die anderen Residenzen seine Funktion zunächst an Weimar, später an Erfurt.

In Rudolstadt begann Friedrich Schiller sein »Lied von der Glocke« zu dichten, da sich in der Nachbarschaft des Elternhauses seiner Frau eine Glockengießerei befand. Rudolstadt erlitt durch den Krieg keine Zerstörungen; der Verfall unter dem »realen Sozialismus« war aber beträchtlich.

Saarbrücken

Deutsch immerdar

Die Hauptstadt des kleinsten Flächenlandes der Bundesrepublik Deutschland, an der Saar gelegen, war bis zum Ersten Weltkrieg eine Kreisstadt, zuletzt im preußischen Regierungsbezirk Trier.

Die Burg Saarbrücken wird 999 erstmals erwähnt. Die daneben entstandene Siedlung hatte seit dem 13. Jahrhundert städtischen Charakter. Saarbrücken war bis 1233 im Besitz der alten Grafen der Ardennen. 1331 erhielt es gleichzeitig mit dem auf dem rechten Saarufer gelegenen St. Johann das Stadtrecht. Die Doppelstadt war Hauptort der Grafschaft Saarbrücken und seit 1381 des Fürstentums Nassau-Saarbrücken.

Bereits der französische König Ludwig XIV. versuchte, sich des Gebietes an der Saar zu bemächtigen. Bei einem Gegenschlag des kaiserlichen Heeres im Jahre 1677 brannte Saarbrücken ab. 1680 unterwarf der »Sonnenkönig«, wie er sich in aller Bescheidenheit nannte, die Stadt, um sie erst 17 Jahre später wieder zu räumen. Ein erneuter Versuch, sich Stadt und Region zu unterwerfen, wurde im Zuge der Revolutionskriege unternommen. 1792 bis 1815 stand Saarbrücken unter französischer Verwaltung. Danach kam es an Preußen.

Im Deutsch-Französischen Krieg fand in Saarbrücken am 2. August 1870 das erste Gefecht statt. Nach mehrstündigem Kampf und geringfügigen Verlusten zogen sich die deutschen Truppen (ein Bataillon Nr. 40 und ein paar Eskadrons Ulanen) zurück, worauf der französische General Frossard die Stadt kurzzeitig besetzte. Der Sieg bei Spichern am 6. August befreite Saarbrücken endgültig von der Gefahr, in diesem Krieg von den Franzosen eingenommen zu werden.

Bis zum Ersten Weltkrieg nahm die Entwicklung einen ruhigen Verlauf. Die Expansion der Industrie führte zu einem raschen Bevölkerungsanstieg, so daß Saarbrücken zur Großstadt wurde. 1918 versuchte Frankreich erneut, sich das Saargebiet anzueignen. Zwar kam Clemenceau beim amerikanischen Präsidenten Wilson nicht damit durch, seine Lüge von den »150 000 Saarfranzosen« führte aber dazu, daß eine Unterstellung unter den Völkerbund erfolgte. Die für 15 Jahre eingesetzte Regierungskommission stand unter französischem Einfluß, und die Kohlegruben durften ausschließlich von Frankreich genutzt werden. Seit 1919 gab es zahlreiche Bestrebungen, das Saargebiet gänzlich vom Deutschen Reich zu lösen. 1923 wurde die Frankenwährung eingeführt, und zwei Jahre darauf wurde

Blick auf **Saarbrücken** (Vorkriegsaufnahme).

die Region in das französische Zollgebiet einbezogen. Französische Schulen wurden eingerichtet und die Arbeiterschaft der Region Repressalien ausgesetzt. Die Truppen Frankreichs rückten erst 1930 endgültig ab. Der deutsche Widerstand wuchs, als sich 1933 die einheitliche Deutsche Front bildete. Gleichzeitig erhöhte sich die französische Gefahr, die mit der Drohung erneuten militärischen Einmarsches einherging. Emigranten setzten sich aus politischen Gründen für eine Status-quo-Regelung ein. Trotzdem wurde Ende 1934 eine Einigung mit Frankreich über die Durchführung einer Volksabstimmung, die Maßnahmen bei der Rückgliederung und über die Rückkaufsumme der Saargruben erreicht. Am 13. Januar 1935 stimmten 90,4 % für die Rückkehr ins Deutsche Reich, und die Rückgliederung erfolgte am 1. März 1935. Ein eigenes Verwaltungsgebiet unter einem Reichskommissar wurde gebildet.

1945 erhob Frankreich abermals Ansprüche; wieder kam es zu einer Sonderregelung. Selbst die deutsche Staatsangehörigkeit verloren die Einwohner 1948. Die Zahl der Kollaborateure war diesmal wesentlich höher und der Wille zum Kampf um die Rückgliederung unter bundesdeutschen und Saarpolitikern geringer.

Durch die französisch-deutsche Konvention von 1950 erhielt das Saargebiet einen autonomen Status, und die außenpolitische Vertretung der Bewohner wurde Frankreich überlassen. Die Opposition gegen die von Ministerpräsident Johannes Hoffmann repräsentierte Politik der engen Bindung an Frankreich wurde unterdrückt. Bonn einigte sich mit Frankreich auf ein Saarstatut, nach dem das Saarland bis zum Abschluß eines Friedensvertrages einem Kommissar der Westeuropäischen Union unterstehen sollte. Diese Lösung wurde von der Bevölkerung jedoch als Täuschungsmanöver erkannt und in der Volksabstimmung am 23. Oktober 1955 mit 67% der Stimmen abgelehnt. In den darauf folgenden Landtagswahlen erhielten die für die Rückkehr nach Deutschland eintretenden Parteien eine große Mehrheit. Durch sechs deutsch-französische Verträge vom 27. Oktober 1956 wurde das Saarland am 1. Januar 1957 ein Bundesland der Bundesrepublik Deutschland.

Salzburg

Die Mozartstadt

Das Gebiet von Salzburg gehörte zur 45 n.Chr. geschaffenen Provinz Noricum. Über das römische Municipium Iuvavum entwickelte sich reger Handel mit Aquileja. Vor allem Marmor und Salz nahmen den Weg vom heutigen Salzburg über die Alpen. Obwohl die Römer im 5. Jahrhundert abzogen, hielten sich romanische Bevölkerungsreste mindestens bis ins 8. Jahrhundert. Die keltoromanische Landbevölkerung wurde im 6. Jahrhundert bei der Inbesitznahme des Gebietes durch die Bayern lediglich nördlich von Iuvavum von Germanen überlagert.

Blick vom Mönchsberg auf **Salzburg.**

739 organisierte Bonifatius das Bistum Salzburg neu, als er seinen Auftrag, den Südosten des Frankenreiches zu missionieren, in Angriff nahm. Einen verstärkten Aufschwung erfuhr die Stadt, als sie 798 von Karl dem Großen zum Erzbischofssitz erhöht wurde. Damit verbunden waren der Königsschutz und die Immunität, was seit 816 auch urkundlich belegt ist. Schenkungen Kaiser Ottos II. von 977 schufen die Voraussetzungen für die Bildung einer geschlossenen Herrschaft als Kern des späteren geistlichen Territoriums. Die Grundlagen dafür nahmen vor allem unter Erzbischof Konrad I. (gestorben 1147) konkrete Gestalt an. Im 13. Jahrhundert setzte das Bistum seine Landeshoheit im gesamten Raum von der unteren Salzach und Alz, dem Abfluß des Chiemsees, bis zum Tauernkamm und vom Gerlospaß bis ins Murtal durch und bildete im 14. Jahrhundert ein eigenes Landrecht aus. Den Erzbischöfen standen Zoll- und Bergrecht sowie die Münzhoheit zu. Die wirtschaftliche Blüte gründete sich vor allem auf Salz- und Kupfererzbergbau. In dieser Zeit wurden die Städte Hallein, Radstadt, Laufen, Pettau und Friesach angelegt.

Seit dem 15. Jahrhundert geriet Salzburg immer mehr in Abhängigkeit von den Habsburgern, die als Kaiser Einfluß auf die Besetzung des Erzbischofsstuhls nahmen. Die Säkularisierung des Domkapitels (1514) und die damit verbundenen Streitigkeiten zwischen Erzbischof und Domkapitel sowie die Reformation (seit 1520) und Bauernaufstände stürzten das Land in eine große Krise. Nachdem die Reformation zunächst große Erfolge erzielt hatte, konnte die Gegenreformation in der zweiten Hälfte des 16. Jahrhunderts die Protestanten allmählich zurückdrängen. Letzte Ausweisungen gab es noch 1731/32. Über 30 000 Personen verließen das Land, von denen 17 000 Aufnahme in Preußen fanden.

Zwischenzeitlich hatte sich ein schweres Unglück ereignet. Am 16. Juli 1669 stürzte auf die Johannisvorstadt die locker gewordene Wand des Mönchsbergs herab und zertrümmerte ihre Häuser. 500 Einwohner verloren dabei ihr Leben.

Unter Erzbischof Hieronymus, Fürst von Colloredo, wurde das geistliche Hochstift, das reichste in Süddeutschland, 1803 säkularisiert. Als nunmehr weltliches Kurfürstentum wurde es dem Erzherzog von Österreich und Großherzog von Toskana, Ferdinand, als Entschädigung für die von ihm abgetretene Toskana gegeben. Salzburg kam im Frieden von Preßburg 1805 an Österreich, 1809 wurde es, dem Frieden zu Wien entsprechend, Napoleon zur Verfügung gestellt, der es im Folgejahr Bayern übergab. 1816 kam es im Münchner Vertrag (ohne den Rupertiwinkel und Berchtesgaden) endgültig an Österreich zurück. Die bayerische und französische Besatzung, die Aufhebung der Universität und der Anschluß an Österreich ließen die politische und kulturelle Bedeutung der Geburtsstadt Mozarts stark zurückgehen. Das Gebiet wurde 1850 Kronland, entwickelte sich seit 1860 zum Eisenbahnknotenpunkt, und im Jahr darauf trat zum ersten Mal der Landtag zusammen, was der negativen Entwicklung Einhalt gebot.

Nach dem Zerfall der Habsburger Monarchie und dem Verbot des Anschlusses an Deutschland wurde Salzburg 1920 die Hauptstadt des österreichischen Bundeslandes selben Namens. Im gleichen Jahr wurden die inzwischen weltbekannten Salzburger Festspiele erstmals ausgerichtet. Eine Volksabstimmung im Salzburger Land brachte 1921 ein Ergebnis von 99% für den Anschluß an das Deutsche Reich.

Blick auf **Schneidemühl.**

1938-45 Teil des Deutschen Reiches, wurde Salzburg danach amerikanisch besetzt und erneut Landeshauptstadt.

Über der Stadt erhebt sich die Feste Hohensalzburg, an der seit dem 11. Jahrhundert gebaut wurde. Die Altstadt liegt größtenteils auf dem linken Flußufer. Plätze, Paläste, Kirchen, Brunnen und hohe, farbig verputzte Häuser geben Salzburg ein für andere Inn-Salzach-Städte richtungweisendes Gepräge. Architektonisch bestimmend ist das Barock. Den Mittelpunkt der bischöflichen Stadt bildet der Dom. Seine doppelgeschossige Zweiturmfassade ist mit Balustraden und Statuen geschmückt, und die Vierung trägt eine achteckige Kuppel. Um den Dom gruppieren sich die Residenz, ein ausgedehnter Baukomplex, dessen Prunkräume z.T. von J.M. Rottmayer und M. Altomonte ausgemalt wurden, und das Residenz-Neugebäude. Nördlich des Doms liegt der Residenzbrunnen, südlich die Kapitelschwemme. An die Residenz schließt sich die Franziskanerkirche an, deren wertvolle Ausstattung durch den Hochaltar Fischers von Erlach gekrönt wird. Südlich des Domplatzes mit der Mariensäule liegt die Benediktinerabtei St. Peter, deren Stiftskirche eine romanische Basilika mit spätbarocker Fassade und Ausstattung ist.

Den Westen der Altstadt beherrscht die Kollegienkirche Fischers von Erlach. Wir sehen hier auch die Alte Universität, die einen trapezförmigen Hof mit Arkadengängen umschließt. Der Komplex des ehemaligen Hofmarstalls mit Winter- und Sommerreitschule wurde 1960 zum Großen und Kleinen Festspielhaus umgebaut.

Im Osten der Altstadt liegen das Benediktinerinnenkloster Nonnberg mit romanischen Fresken in der Stiftskirche sowie die Kajetaner- und die Erhardskirche, beides Barockbauten von G. Zuccalli. Mittelpunkt der Stadt ist das Rathaus. Der reichste Bestand an typischen Bürgerhäusern, die meist aus dem 16. Jahrhundert stammen und unter denen sich auch das Geburtshaus Wolfgang Amadeus Mozarts befindet, steht in der Getreidegasse. Der geniale deutsche Tonschöpfer kam hier 1756 zur Welt.

Rechts der Salzach finden wir einen weiteren Bau Fischers von Erlach, die Dreifaltigkeitskirche und das Schloß Mirabell mit seiner Marmortreppe und den Kolossalstatuen G. R. Donners. Wer im Mirabellgarten verweilt, über sich den Schloßberg mit der gewaltigen Feste sieht, barocke Fassaden ringsum und farbenprächtige Fontänen aus Springbrunnen, der versteht, warum Alexander von Humboldt Salzburg zu den vier schönsten Städten der Welt zählte.

Schneidemühl

Hauptstadt der Grenzmark Posen-Westpreußen

Schneidemühls Anfänge liegen im Dunkel der Geschichte verborgen. Nachdem während der Völkerwanderung die bis dahin hier lebenden germanischen Stämme abgezogen waren, rückten Slawen nach. Erste Nachrichten über diesen Ort

Schwerin: Blick über die Stadt zum Schloß.

stammen aus dem Jahr 1380, als die Königin Hedwig, eine Tochter des Königs Ludwig von Ungarn, durch ein Privilegium »Snydemole« gründete. Die erste urkundliche Erwähnung als Stadt fällt in das Jahr 1505, und 1513 verleiht ihr der polnische König Sigismund I. das Magdeburger Stadtrecht. 1605 wurde Schneidemühl königlich und durfte die goldene Krone im Wappen führen. Damals schenkte König Sigismund II. seiner Gemahlin Konstantina die Stadt.

1772, bei der ersten Teilung Polens, kommt Schneidemühl an Preußen. Der Friede zu Tilsit 1807 unterbricht die preußische Verwaltung für kurze Zeit, da die Stadt dem Großherzogtum Warschau zugeschlagen wird, dem der mit Frankreich verbündete König von Sachsen vorstand. Auf dem Wiener Kongreß wurde Schneidemühl 1815 wieder preußisch.

Einige Eisenbahnlinien kreuzten sich seit der zweiten Hälfte des 19. Jahrhunderts in Schneidemühl, und die industrielle Entwicklung nahm einen positiven Verlauf. Dies änderte sich erst mit dem Ende des Ersten Weltkrieges. Das 1916 vom Deutschen Reich und Österreich-Ungarn wiedererrichtete Polen nahm die Schwäche seiner Nachbarn zum Anlaß, sein Territorium auszudehnen. Eine Großkundgebung am 3. Juni 1919 auf dem Neuen Markt konnte das Unheil für Schneidemühl selbst noch einmal abwenden. Große Gebiete Westpreußens und der Provinz Posen gingen jedoch verloren, und aus den Resten wurde die Grenzmark Posen-Westpreußen gebildet. 1922 wurde Schneidemühl Hauptstadt dieses Gebietes, das 7714 Quadratkilometer und über 340 000 Einwohner (1933) umfaßte.

Nach einem preußischen Gesetz vom 2. September 1938 über die Gebietsbereinigung wurde Schneidemühl Hauptstadt eines neuen Regierungsbezirkes »Grenzmark Posen-Westpreußen«, der Pommern angegliedert wurde. Die südlich der Netze gelegenen Gebiete kamen teils zu Brandenburg, teils zu Schlesien.

1945 schloß die Rote Armee die Stadt von Westen ein. 50 000 Einwohnern und 6000 Evakuierten war die Flucht versperrt. Schneidemühl wurde zu 80 Prozent zerstört.

Schwerin

Landeshauptstadt und Märchenschloß

Die Hauptstadt des Bundeslandes Mecklenburg-Vorpommern liegt am Südwestufer des Schweriner Sees in see- und waldreicher Umgebung. Auf einer Insel zwischen Schweriner und Burgsee befindet sich das Schloß der Großherzöge, die hier bis 1918 residierten.

Die Burg Swerin, erstmals erwähnt 1018, wurde 1160 von dem Obotritenfürsten Niklot vor der Eroberung durch Heinrich den Löwen zerstört. Heinrich begann noch im selben Jahr mit einem Burgneubau und gründete daneben die Stadt Schwerin, die damit die älteste deutsche Stadt östlich der Elbe ist. Er machte

Schwerin zum Zentrum der neuen Grafschaft gleichen Namens und seit 1167 zum Sitz des Bistums Mecklenburg.

Kaiser Karl IV. erhob 1348 das Land zum Herzogtum, und nach dem Erlöschen der Grafschaft war die Stadt von 1358 bis 1918 Residenz der Herzöge (seit 1815 Großherzöge) von Mecklenburg. 1365 bis 1430 wurde der gotische Dom errichtet. Die Stadt stand jahrhundertelang im Schatten von Dom und Burg. Ungünstig erwies sich ihre Lage abseits der mittelalterlichen Handelswege.

Gegen Ende des 16. Jahrhunderts war Schwerin ein kleines Landstädtchen mit 3000 Einwohnern, 12 engen und winkligen, kaum oder gar nicht gepflasterten Straßen. Die meist zweigeschossigen Fachwerkbauten fielen zahlreichen Bränden zum Opfer. Nördlich der Stadt begann 1705 die Neubebauung der Schelfvorstadt. Nordwestlich entstand seit 1338 die Paulsstadt nach Plänen von G. A. Demmler. Mit dem damit gewonnenen Anschluß an die 1847 angelegte Eisenbahnstrecke war die Entwicklung kleinerer Industriebetriebe verbunden. Zum Bruch mit bisherigen Bautraditionen führte 1859 die Übernahme der Berliner Bauordnung von 1853, die das bis dahin unbekannte Berliner Mietshaus zur Norm erhob und das zur Straße gerichtete Giebelhaus verbot. Typisch für diese Zeit wurde das Vorblenden massiver Putzfassaden vor Fachwerkhäuser. Gleichzeitig setzte die Neugestaltung des Zentrums ein. Vor allem der 1843 von Demmler begonnene, 1857 von H. Willebrand und F. A. Stüler beendete Um- und Neubau des Schlosses ist ein hervorragendes Baudenkmal dieser Zeit. Von Demmler stammen auch die Fassade des Alten Rathauses am Markt, der Marstall und das Arsenal. G. Daniel baute das Theater im Stil der Neurenaissance und den neugotischen Domturm.

Mit der Zunahme der Bevölkerung von 10 000 im Jahre 1819 auf 34 000 Einwohner 1890 wuchs die Stadt vor allem in westlicher Richtung. Demmler schuf 1863 einen Bebauungsplan für eine vom Zwang der Wälle befreite Stadt und plante eine, allerdings erst im 20. Jahrhundert verwirklichte, Straßentangente. Ein typisches Bauwerk der Gründerzeit ist das 1890 errichtete Empfangsgebäude des Hauptbahnhofs. Neue große Bauten wie das Staatsarchiv, 1909-11 nach den Plänen von P.Ehmig, kündigten eine neue Baurichtung an. 1936 wuchs das Stadtgebiet durch Eingemeindungen und den Bau von Stadtrandsiedlungen auf mehr als das Doppelte. Gegen Ende des Zweiten Weltkrieges hatte Schwerin als Landeshauptstadt Mecklenburgs 64 000 Einwohner.

Nach 1945 war die Stadtentwicklung eng verknüpft mit der Anlage von Industriegebieten in Lankow, am Hafen, in Sacktannen und Görries. Mehrere große Satellitenstädte entstanden, die Einwohnerzahl stieg bis 1988 auf 130 000. Die Innenstadt hatte den Zweiten Weltkrieg überstanden, die Restaurierung und Sanierung historischer Bausubstanz hielt jedoch nicht Schritt mit dem zunehmenden Verfall und so kam die Wiedervereinigung 1990 für manches kulturhistorisch wertvolle Gebäude fast oder ganz zu spät.

Sigmaringen

Sitz der Hohenzollern

Die baden-württembergische Kreisstadt, an der Donau gelegen, war einst die Residenz der Fürsten von Hohenzollern-Sigmaringen. Um 1250 erhielt sie das Stadtrecht. 1623 wurde Johann, der Stifter dieser Linie, in den Reichsfürstenstand erhoben. Unter seinem Enkel Maximilian I. (1681-89) kamen Besitzungen in den Niederlanden an das Haus. Diese gingen später wieder verloren. Infolge des Reichsdeputationshauptschlusses von 1803 und der Beteiligung am Rheinbund wurden diese Verluste mehr als ausgeglichen, und das kleine Fürstentum vergrößerte sich beträchtlich. Seit 1815 gehörte es zum Deutschen Bund.

1848 führte eine Erhebung der Bevölkerung zur Abdankung des Fürsten Karl zugunsten seines Sohnes Anton. Im folgenden Jahr waren die Differenzen zwischen Volk und Regierung immer noch nicht beigelegt und steuerten einem neuen Höhepunkt entgegen, als preußische Truppen einrückten. Der Fürst trat gegen die Zusicherung von Gütern und Einkünften sein Land an Preußen ab. Sein ältester Sohn, Fürst Leopold, wurde 1870 von der Cortes zum spanischen König ausersehen. Das war ein äußerer Anlaß des Deutsch-Französischen Krieges.

Heute ist im während des 18. und 19. Jahrhunderts auf einem malerischen Felsen in der Stadt entstandenen Hohenzollernschloß ein Museum untergebracht, in dem wertvolle Sammlungen altdeutscher Gemälde ausgestellt sind. Erwähnenswert sind noch die St. Johanneskirche von 1763, die ehemalige Franziskaner-Klosterkirche (17./18. Jahrhundert) und das Jagdschloß Josephslust.

Speyer

Einst des Reiches Zentrum

Die ersten Nachrichten über eine in römische Quellen »Noviomagus« genannte Siedlung stammen aus dem Jahr 70 v. Chr. und nennen die germanischen Nemeter als Bewohner. Etwa 40 Jahre darauf geriet sie unter römische Herrschaft und hieß fortan Civitas Nemetum. Mit dem Einfall der Hunnen im 5. Jahrhundert endete diese Epoche blutig. Im 6. Jahrhundert ging die Stadt an die Franken über und gewann wieder an Bedeutung. 614 wurde erstmals ein Bischofssitz in »Spira« erwähnt. 843 fiel die Stadt an das Ostfränkische (Deutsche) Reich.

Nach vielen, vor allem wirtschaftlichen Privilegien durch Konrad den Roten, Herzog von Lothringen, wurde Speyer dem Gericht des Grafen im Speyergau entzogen und dem des Bischofs unterstellt. Die salischen Kaiser erbauten den Dom neu (Grundsteinlegung 1030) und bestimmten ihn zu ihrer Grabstätte. Die salischen und die staufischen Herrscher weilten häufig in Speyer, das bis 1320 die heimliche Hauptstadt des Reiches war. Wichtige Entscheidungen wurden auf den

Portal des Schlosses zu **Sigmaringen.**

Der Kaiserdom zu **Speyer.**

Reichstagen in Speyer getroffen. Beispiele sind die Kirchenreform 1046. 1077 zog Heinrich IV. von hier nach Canossa. 1146 predigte Bernhard von Clairvaux in Speyer und bewegte König Konrad III. zur Teilnahme am 2. Kreuzzug.

Anläßlich der Beisetzung Kaiser Heinrichs IV. verlieh sein Sohn Heinrich V. im Jahre 1111 Speyer weitgehende Freiheiten. Als eine der ersten Städte nördlich der Alpen erhielt es eine Art Selbstverwaltung. Die städtischen Freiheiten führten ab 1260 zu Konflikten mit dem Bischof als Stadtherrn. 1294 befreite sich Speyer von der bischöflichen Herrschaft und blieb von da an (bis 1797) Freie Reichsstadt.

Durch das Reichskammergericht, das 1526 nach Speyer kam und bis 1689 hier seinen Sitz hatte, wurde die Stadt erneut sehr bedeutsam. Im Zuge der Reichsreformbewegung war 1495 auf dem Wormser Reichstag das königliche Kammergericht in ein königlich-ständisches Reichsgericht umgewandelt worden. Seine Zuständigkeit erstreckte sich in erster Instanz auf Landfriedensbruch und Prozesse gegen Reichsunmittelbare, in zweiter Instanz auf Appellationssachen. Trotz geringer personeller Ausstattung und langer Prozeßdauer wirkte es normierend auf die gesamte Rechtssprechung im Reich. 1689 wurde es nach Wetzlar verlegt, 1806 aufgelöst.

Speyer blieb darüber hinaus Stätte wichtiger Reichstage, die meist in einem Gebäude des Ratshofes abgehalten wurden. 1526 wurden die Ausführung des Wormser Edikts und die Abstellung von Mißbräuchen beraten, und 1529 standen neben der Türkenhilfe erneut die Religionsverhältnisse auf dem Programm. Aus dem hier geäußerten Protest der Stände gegen die kaiserlichen Verfügungen leitete sich der Name »Protestanten« für die Anhänger der Reformation ab. Die zunehmende Gefahr einer türkischen Invasion brachte 1542 eine Atempause in den Auseinandersetzungen der Konfessionen. Im März 1546 traf sich Kaiser Karl V. mit mehreren Reichsfürsten beider Lager, um die allgemeine Lage zu klären. Er wurde dabei in seinem Vorhaben der militärischen Niederwerfung der Protestanten bestärkt, was zum Schmalkaldischen Krieg führte. Der letzte Reichstag in Speyer fand 1570 statt. Die von Kaiser Maximilian II. geplante Reform des Reichskriegswesens scheiterte. Dennoch wurde ein neues Kriegsrecht angenommen und eine neue Türkenhilfe versprochen.

Im Dreißigjährigen Krieg wurde Speyer 1632-35 abwechselnd von den Schweden, den Kaiserlichen und den Franzosen erobert. Durch Kapitulation wurde die Stadt im Pfälzischen Erbfolgekrieg 1688 wiederum an die Franzosen übergeben, die sie aber im Mai 1689 beim Anrücken der kaiserlichen Truppen räumen mußten. Vorher hatten sie noch die Festungswerke geschleift und die Stadt und den Dom niedergebrannt. Selbst die alten Kaisergräber wurden aufgerissen und die Gebeine verstreut. Eine Wiederbesiedlung wurde erst 1714 erlaubt. Der Wiederaufbau gab Speyer ein vorwiegend barockes Gepräge. Seine frühere Bedeutung hat die Stadt nicht wieder erreicht. Ansätze zu neuer kultureller Blüte wurden mit dem Ausbruch der Französischen Revolution vernichtet.

Anfang Oktober 1792 kamen im Zuge der französischen Revolutionskriege Truppen unter Custine nach Speyer, nahmen es ein und brandschatzten es. 1797 ging der Rang als Freie Reichsstadt mit der Annexion durch Frankreich verloren. Bis 1814 war Speyer Hauptstadt des französischen Departements Donnersberg.

Mit der Befreiung von der napoleonischen Fremdherrschaft kam Speyer 1815 an Bayern. 1816 bis 1940 war die Stadt nun Sitz der Bezirksregierung Pfalz.

Heute leben etwa 46 000 Menschen in Speyer. Das Wahrzeichen der Stadt ist der Dom. Mit einer Länge von 133 Metern war er der gewaltigste Sakralbau des Heiligen Reiches. Die mächtigen Mauern wiederstanden 1689 der Schändung durch französische Truppen. 1772 bis 1778 von F. J. M. Neumann, Sohn Balthasar Neumanns, wiederhergestellt, wurde er 1794 von Franzosen abermals demoliert und in ein Heumagazin verwandelt. Nachdem er wiederaufgebaut war, konnte er 1822 neu eingeweiht werden. In der Kaisergruft, der größten unterirdischen Halle auf deutschem Boden, befindet sich die Grablege von acht deutschen Kaisern sowie von drei Gemahlinnen deutscher Majestäten.

Stettin

Ostseemetropole und Hauptstadt Pommerns

Die vermutlich aus der zweiten Hälfte des 8. Jahrhunderts stammende Siedlung Stettin entwickelte sich im 11. Jahrhundert nach Anlage einer sie schützenden Burg zu einem bedeutenden Handelsplatz. Zwischen dem 10. und dem 12. Jahrhundert hatten sich die hier herrschenden wendischen Herzöge aus dem Greifengeschlecht vieler Feinde zu erwehren, so der Dänen, Wikinger, Polen und auch deutscher Fürsten. Letztere wurden angeführt von Heinrich dem Löwen, dem Sachsenherzog und dem Hause der Askanier in Brandenburg. Im Jahr 1118 empfing Bogislaw I. aus der Hand des Kaisers Friedrich I. Barbarossa Pommern als Lehen und stellte sich damit unter den Schutz des Reiches. Seit dem Jahr 1231 hatte der Markgraf von Brandenburg die Lehnshoheit über das Land beiderseits der Odermündung.

Stettin nahm rasch einen vorderen Platz unter den Ostseestädten ein. Von Herzog Barnim I. erhielt es 1243 das Stadtrecht.

Seit 1107 Sitz eines pommerschen Fürstenhauses, stieg die Stadt 1503 zur festen Residenz der pommerschen Herzöge auf und blieb es bis zum Aussterben der einheimischen Dynastie. 1278 trat die Stadt dem Hansebund bei und nahm eine führende Rolle im Handel mit Dänemark ein. 1522 wurde die Reformation eingeführt. 1570 wurde hier der Friede zwischen Schweden und Dänemark unter Vermittlung des Kaisers geschlossen.

Im 17. Jahrhundert schlug der Verlust der Handelsprivilegien mit Dänemark sowie (seit 1571) ein Streit mit Frankfurt/Oder um das Stapelrecht auf das wirtschaftliche Leben Stettins durch.

Ohne daß sich Pommern am Dreißigjährigen Krieg beteiligt hätte, wurde es doch stark in Mitleidenschaft gezogen. Waren es zunächst die kaiserlichen Truppen, so kamen 1630 die Schweden. Herzog Bogislaw XIV. mußte mit ihnen ein Bündnis schließen, ihnen den Zutritt zu allen Städten gestatten und 200 000 Taler zahlen. Trotzdem hatte das Land weiter abwechselnd unter kaiserlichen und schwedischen Truppen zu leiden und wurde 1636 erneut Schauplatz des Krieges.

Der Hafen zu **Stettin.**

Inmitten dieser Wirren starb der letzte Herzog des pommerschen Herrschergeschlechts. Die Lehnsherrschaft der Brandenburger war zwar seit 1493 beendet, das Erbrecht jedoch erhalten geblieben. Den Erbverträgen zufolge hätte das Land nun an Brandenburg fallen müssen. In den Friedensverhandlungen von Osnabrück bestand der Große Kurfürst Friedrich Wilhelm auch auf seine Ansprüche auf ganz Pommern. Er mußte sich jedoch zunächst mit Hinterpommern begnügen und für die an Schweden gefallenen Landesteile als Ersatz die Gebiete Halberstadt und Magdeburg entgegennehmen.

1648 bis 1720 gehörte Stettin nun zu Schweden. Ein Zwischenspiel gab es 1678/79, als der Große Kurfürst die Stadt besetzte. Noch mußte er sich allerdings dem Druck insbesondere Frankreichs beugen und Pommern an die Skandinavier zurückgeben. Während des Nordischen Krieges ergab sich nach der schwedischen Niederlage bei Poltawa erneut eine Möglichkeit für Brandenburg-Preußen, seine Rechte durchzusetzen. Nachdem Stettin 1713 eine Belagerung der verbündeten Russen und Sachsen überstanden hatte, eroberte der preußische König Friedrich Wilhelm I. die Stadt und bekam sie im Frieden zu Stockholm 1720 mitsamt dem östlichen Teil Vorpommerns zugesprochen.

Der Ausbau der Swinefahrt setzte neue Impulse für den Handel und die Schiffahrt in der Odermündung. Nach dem Zusammenbruch der preußischen Militärmacht 1806 wurde die 1724-40 angelegte Festung vom General von Romberg ohne Widerstand an die Franzosen übergeben (29. Oktober), die sie bis zum 5. Dezember 1813 besetzt hielten. Durch das Reichsgesetz über den Umbau der deutschen Festungen vom 19. Mai 1873 wurde die Festung Stettin aufgehoben. Die Beseitigung der Anlagen ließ nun eine rasche Ausdehnung der Stadt zu. Bereits 1843 bestand die Eisenbahnlinie nach Berlin. Vor dem Zweiten Weltkrieg besaß die Hauptstadt der preußischen Provinz Pommern an der schiffbaren unteren Oder den größten deutschen Ostseehafen. Aus dem Fischerdorf war eine prosperierende Großstadt mit bedeutenden Industriezweigen (Schiffbau, Papier-, Bekleidungs- und Autoindustrie) geworden. Die Stadt war durch die Oder vor allem mit Schlesien, durch die Berlin-Stettiner Großschiffahrtsstraße mit Berlin, Brandenburg und der Elbe verbunden. Hinzu kam die Autobahn.

Stettin hatte im Jahr 1939 383 000 fast ausschließlich deutsche Einwohner. Im Zweiten Weltkrieg wurde die Innenstadt stark zerstört. Entgegen den Beschlüssen des Potsdamer Abkommens wurde Stettin im November 1945 von Polen besetzt, obwohl überwiegend westlich der Oder-Neiße-Linie gelegen. Seither steht die einst moderne, kulturell und industriell herausragende Großstadt unter polnischer Verwaltung. Die deutsche Bevölkerung wurde - ebenfalls entgegen den Bestimmungen des Potsdamer Abkommens, die eine (allerdings auch völkerrechtswidrige) »Umsiedlung« der Deutschen vorsahen - ausgetrieben. 1950 lebten erst wenig mehr als 200 000 neue Einwohner in Stettin. Vor allem die Landflucht sorgte für einen Anstieg auf 412 000 im Jahr 1990. Der förmliche Verzicht des Bundestages 1991 auf die deutschen Ostgebiete ändert jedoch nichts an der völkerrechtswidrigen Lage. Seit den 70er Jahren schwelt der Konflikt um die Oderbucht, deren Hoheit Polen beansprucht.

Straßburg: Das Münster und das Haus Kammerzell.

Straßburg

Hauptstadt des Elsaß

Unter der Regierung des Kaisers Augustus entstand an der Stelle des heutigen Straßburg die städtische Ansiedlung Argentoratum, die der achten Legion als Standquartier diente. Durch den Sieg über die Alemannen bei Straßburg 357 rettete Kaiser Julian noch einmal die Rheingrenze für das krisengeschüttelte Römische Reich. Doch schon um 406 fiel das Elsaß diesem germanischen Stamm zu. Bald darauf wurde der Ort wieder aufgebaut und in der Karolingerzeit durch die Neustadt im Westen erweitert. Hier schworen am 14. Februar 842 Ludwig der Deutsche und Karl der Kahle den Eid gegenseitiger Treue (»Straßburger Eide«), der in altfranzösischer und althochdeutscher Sprache erhalten ist. Er ist das älteste Zeugnis der Verschiedenheit dieser Sprachen.

Seit der Begründung des Bistums hob sich die Bedeutung der Stadt, die dabei noch lange Eigentum des Bischofs blieb, der den Schultheißen ernannte. Wie andere bischöfliche Städte wußte sich auch Straßburg eine größere Selbständigkeit zu verschaffen. An die Stelle der bischöflichen Ministerialen trat ein aus der Bürgerschaft hervorgehender Rat, und die Richter der Stadt, Consules genannt, sprachen vom Bischof unabhängig Recht. Die Reichsfreiheit hat aber erst Philipp von Schwaben Straßburg verliehen und Bischof Heinrich III. von Stahleck (1245-60) anerkannt. Sein Nachfolger Walther von Geroldseck wollte die Stadt wieder unterwerfen, wurde 1262 bei Hausbergen geschlagen und mußte seinen Plan aufgeben.

Für die hohe Blüte Straßburgs in dieser Zeit sprechen nicht nur die Namen Gottfried von Straßburg, Johannes Tauler (deutscher Mystiker), Meister Eckhart, sondern vor allem das Münster. Als eines der Hauptwerke mittelalterlicher Kirchbaukunst erhebt es sich auf den Fundamenten des 1015 begonnenen ottonischen Münsters, das 1176 durch ein Feuer weitgehend zerstört wurde. Die Bauzeit der spätromanischen, z.T. schon gotischen Abschnitte (Chor und Querhaus) reichte vom Ende des 12. bis zur Mitte des 13. Jahrhunderts. 1250-75 errichtete man in einheitlicher und rascher Bauführung das Langhaus als hochgotische Kathedrale.

1277 wurde mit dem Bau der von Erwin von Steinbach entworfenen Westfassade begonnen. Johannes Hültz und Ulrich von Ensingen waren die Meister des 143 Meter hohen Nordturms. Zur Ausstattung gehören Steinbildwerke aus der Zeit um 1230, Höchstleistungen staufischer Plastik. Aus dem 13. und 14. Jahrhundert stammen die bedeutenden farbigen Glasfenster. Glasgemälde im nördlichen Seitenschiff stellen deutsche Kaiser dar.

Der offen ausgetragene Haß zwischen zwei Adelsgeschlechtern führte 1332 zur Aufnahme der Zünfte in den Rat. Zu den bisherigen vier Stadtmeistern trat zugleich als Vertreter der Handwerker ein auf Lebenszeit gewählter Amtmeister. Straßburg schloß sich 1381 dem Städtebund zu Speyer an und leistete ein Jahrhundert später den Schweizern gegen Karl den Kühnen bei Granson und Nancy erfolgreiche

Unterstützung. In Straßburg hat der Mainzer Gutenberg die erste Druckerpresse aufgestellt, hier haben einige Jahrzehnte später die Dichter Sebastian Brant und Thomas Murner sowie der Humanist Wimpfeling gewirkt.

Die Reformation fand früh Eingang, besonders infolge des rastlosen Einsatzes Martin Bucers, der 1523 in Straßburg eine Zuflucht fand. Mit der Abschaffung der Messe 1529 war die Stadt protestantisch. In der gefährlichen Zeit der religiösen Streitigkeiten und Fehden hatte sie einen fähigen Führer in dem gelehrten und welterfahrenen Jakob Sturm, der z.B. nach dem Schmalkaldischen Krieg einen günstigen Frieden vom Kaiser erwirkte. Durch ihn wurde Straßburg auch eine Stätte der Wissenschaft, besonders als der Pädagoge Johannes Sturm sich hier niederließ. Das volkstümliche deutsche Element vertrat in der Literatur der Straßburger Johann Fischart. Für ihren Rücktritt von der Protestantischen Union belohnte Kaiser Ferdinand II. die Stadt 1621 mit der Errichtung der Universität. Im Westfälischen Frieden blieb Straßburg dem Reich erhalten.

Ludwig XIV. ließ 1680 durch die Reunionskammer in Breisach den Spruch fällen, daß Straßburg für die der Krone Frankreichs gehörenden, aber noch in städtischem Besitz befindlichen Vogteien von Wasselen, Barr und Illkirchen dem König den Huldigungseid zu leisten habe. Die Stadt wagte keine ablehnende Antwort zu erteilen, nur seitens des Reichs wurden Verhandlungen eröffnet. Da sandte Ludwig XIV. 1681 Louvois mit 30 000 Mann gegen das wehrlose Straßburg. Brutal nutzte der Franzosenkönig den deutschen Abwehrkampf gegen die Türken zum Raub der Stadt aus. Der Friede von Rijswijk 1697 bestätigte diese Annexion, und auch der von Utrecht änderte nichts daran, nachdem eine Schwäche Frankreichs während des Spanischen Erbfolgekrieges 1710 von deutscher Seite nicht genutzt worden war.

Die französische Krone begünstigte nun in Straßburg die Ausbreitung des katholischen Bekenntnisses, vermochte es aber nicht, der Stadt ihr deutsches Wesen zu rauben. Für dessen Erhaltung sorgte besonders die Universität, an der der Theologe Spener, die Sprachforscher Scherz und Oberlin sowie der Historiker Schöpflin lehrten.

Die Französische Revolution beseitigte die Vorrechte der alten deutschen Reichsstadt. Nach dem Sturz des Königtums blieb der Stadt die Schrekkensherrschaft nicht erspart. 1793 wurde auch hier ein Revolutionstribunal eingerichtet. Auf dem Wiener Kongreß kam man überein, die deutschen Gebiete des Elsaß und Lothringens Frankreich zu belassen. Am 30. Oktober 1836 mißlang ein erster Versuch Louis Napoleons, sich hier von der Garnison zum Kaiser ausrufen zu lassen.

Von 1871 bis 1918 war Straßburg die Hauptstadt des deutschen Reichslandes Elsaß-Lothringen. Das Gemeindeschulwesen wurde ausgebildet, Straßenbahnen gebaut, eine Wasserleitung hergestellt, eine großzügige Stadterweiterung nach Ankauf der alten Festungswerke durchgeführt usw. 1886 fand die Wahl eines Gemeinderats statt. Sie fiel deutschfreundlich aus, und Back wurde zum Bürgermeister ernannt. Seit 1872 bereits gab es wieder eine deutsche Universität, die den Namen Kaiser Wilhelms trug.

Einen schweren Schlag erlitt das Deutschtum mit der erneuten französischen Herrschaft ab 1919, die zur Verteibung von über 100 000 Bürgern im gesamten Gebiet führte. Von 1940 bis 1944 stand Straßburg unter deutscher Verwaltung. Das deutsche Element in der Bevölkerung wurde danach rigoros zurückgedrängt, selbst grundlegende, dem europäischen Standard entsprechende Minderheitenrechte werden bis heute nicht gewährt. Der überwiegende Teil der 250 000 Einwohner ist französisiert oder hat seine Wurzeln in anderen Kulturkreisen. In jüngster Zeit aber besinnt man sich auch in Straßburg wieder verstärkt der deutschgeprägten Eigenart. Auf dem Lande hat sich der dem Schwäbischen verwandte Dialekt erhalten.

Stuttgart

Des Ländles Zentrum

Urkundlich wurde Stuttgart zuerst im Jahr 1219 erwähnt, als es das Stadtrecht erhielt. Der Name leitet sich vermutlich von einem Gestütgarten oder Fohlenhof her, der bereits seit 950 bestanden haben und von Herzog Liudolf von Schwaben angelegt worden sein soll. 1312 wurde Stuttgart dem Grafen Eberhard entrissen und ergab sich an Eßlingen, jedoch 1316 wieder ausgeliefert. Seitdem hatten die Grafen von Württemberg hier ihren Sitz. Mit Unterbrechungen (als die Herzöge die Residenz nach Ludwigsburg verlegten) blieb Stuttgart ab 1482 über die Jahrhunderte Hauptstadt der württembergischen Lande. Bis 1822 stand Stuttgart unter eigener Regierung, danach wurden Stadt und Bezirk mit dem Neckarkreis vereinigt und bildeten ein eigenes Oberamt unter dem Namen einer Stadtdirektion.

Vom 6. bis 18. Juni 1849 hielt der Rest der deutschen Nationalversammlung, das sogenannte Rumpfparlament, in Stuttgart seine Sitzungen ab. Im September 1857 fand hier eine Zusammenkunft zwischen Alexander I. von Rußland und Napoleon III. statt.

Die Einwohnerzahl der württembergischen königlichen Residenzstadt (seit 1803) stieg im 19. Jahrhundert rasch an. Allein in den zehn Jahren von 1875 bis 1885 nahm sie um fast 20 000 auf knapp 126 000 zu. Mitte der 1930er Jahre waren es bereits 415 000, nicht zuletzt, weil eine Reihe von Nachbarorten wie Bad Cannstadt eingemeindet worden waren.

Während des Zweiten Weltkrieges war Stuttgart bis zum Juli 1944 im wesentlichen unzerstört geblieben. Doch zwei Luftangriffe besiegelten dann das Schicksal der Stadt. Der erste konnte durch die Erfolge der deutschen Nachtjäger teilweise abgewehrt werden, jener am darauffolgenden Tag jedoch verwüstete die Innenstadt. 898 Menschen starben, über 100 000 wurden obdachlos. Mehr als 5000 Gebäude waren zerstört oder schwer beschädigt.

1945 wurde Stuttgart der französischen Besatzungszone zugeteilt und zur Hauptstadt des Landes Württemberg-Baden erklärt. Mit dem Zusammenschluß

Stuttgart: Charlottenplatz mit Neuem Schloß, Landtagsgebäude und Oper.

der drei kleinen Bundesländer im Südwesten zu Baden-Württemberg 1952 wurde Stuttgart zum Zentrum eines der wirtschaftlich erfolgreichsten Gebiete der Bundesrepublik Deutschland. Die Zahl der Einwohner stieg auf annähernd 600 000. Wer heute durch Stuttgart geht, findet historische Gebäude neben modernen Zweckbauten. Die ältesten sind der »Fruchtkasten« aus dem 14. Jahrhundert, die Alte Kanzlei (1550-60) und Spital- und Leonhardskirche aus dem 15. Jahrhundert. Mehrere Schlösser sind in Stuttgarts Zeit als Residenzstadt entstanden. Zu nennen wären das Alte Schloß aus dem 16. Jahrhundert, das Neue Schloß (1746-1807), das Lustschloß Solitude und Schloß Hohenheim, beide aus dem 18. Jahrhundert. Neu dagegen ist das Rathaus, das 1953-56 errichtet wurde.

Tangermünde

Die Stadt, die vor Berlin kam

Die kleine Stadt in der Altmark verrät erst auf dem zweiten Blick, welch bedeutende Rolle sie einst im Mittelalter spielte. Erste Hinweise gibt bereits von weitem das imposante Bild, das die zahlreichen Türme und die Stadtmauer bieten. In der Stadt selbst fällt der gewaltige Backsteinbau der gotischen St. Stephanskirche auf. Unweit davon finden wir das aus der gleichen Zeit stammende Rathaus mit reicher Schmuckfassade, in dem sich heute das Heimatmuseum befindet. Die gut erhaltene, beeindruckende Burganlage an der Elbe gewährt einen weiten Blick über die Elbniederung, was der Hauptgrund für die einstige Bedeutung des Ortes war.

Tangermünde wurde 1009 erstmals als deutsche Burg erwähnt. Sie deckte einen wichtigen Elbübergang. Die bei ihr um 1200 entstandene Kaufmannssiedlung entwickelte sich Anfang des 13. Jahrhunderts zur Stadt. Um 1300 errichtete man die Stadtmauern. Im späten Mittelalter erlebte Tangermünde durch seine Hansezugehörigkeit eine wirtschaftliche Blüte. Kaiser Karl IV. ließ die Burg zu seiner brandenburgischen Residenz (1373-78) ausbauen. Als die Hohenzollern Herren der Mark Brandenburg geworden waren, residierten sie zunächst ebenfalls in Tangermünde. Nachdem sie im 15. Jahrhundert nach Berlin gewechselt waren, verlor die Burg und mit ihr die Stadt ihren Rang als Residenz.

Im Dreißigjährigen Krieg zerstörten die Schweden 1640 die Burg, von der jedoch bedeutende Reste erhalten blieben. Die geringe, sich auf die Verarbeitung von landwirtschaftlichen Produkten beschränkende Industrie ließ die Stadt kaum wachsen. 1885 zählte Tangermünde 5852 Einwohner, hundert Jahre später kaum doppelt soviel. Das Rathaus, viele der Fachwerkhäuser und die Kirche blieben unverändert erhalten. Die Besinnung auf die große Tradition führte 1902 zu einer historisierenden Ergänzung der Burgruine, deren Türme seither wieder weit ins Land hinausgrüßen.

Rathhaus (links) und Elbtor zu **Tangermünde.**

Thorn

Ausgangspunkt der Ordensritter

Die Geschichte der Stadt begann im Jahre 1231, als die ersten an die Weichsel gekommenen Ritter des Deutschen Ordens unter dem Landmeister Hermann Balk rechts der Weichsel eine hölzerne Burg und eine Siedlung anlegten. Sie wurde ein paar Jahre später einige Kilometer flußaufwärts verlegt und zur wehrhaften Stadt ausgebaut.

1233 erhielt Thorn das Kulmer Stadtrecht und bedeutenden Landbesitz. Die deutschen Bürger kamen aus Westfalen, der Lausitz und dem bereits deutsch besiedelten westlichen Schlesien in so großer Zahl, daß schon 1264 eine Neustadt gegründet werden mußte. Auch heute noch ist deren besondere Anlage im Straßenbild zu erkennen. Dort, wo Alt- und Neustadt an die Weichsel grenzen, lag das Ordensschloß. Dank seiner Rechte, insbesondere des Stapelrechts, und seiner günstigen Lage am Weichselufer und am Eingangstor des Ordenslandes entwikkelte sich Thorn zu einer reichen und mächtigen Handelsstadt, die zunächst von keiner Stadt des Preußenlandes, dann nur von Danzig an Wohlstand und Selbstbewußtsein übertroffen wurde und die die weitere im Bunde der »drei großen preußischen Städte«, Elbing, auf den dritten Platz verwies.

1454 empörten sich die Thorner gegen den Orden, dessen Burg sie im Februar desselben Jahres so gründlich zerstörten, daß nur mühselige Ausgrabungen durch Archäologen in der Gegenwart den einstigen Zustand einigermaßen rekonstruieren lassen. Wahrscheinlich diente die Burgruine als Steinbruch, so daß sich ihr Mauerwerk in den Gebäuden jener Zeit wiederfindet. Zu diesen gehören die heute noch stehenden, herrlichen spätgotischen Backsteinkirchen St. Johann, St. Jakob und St. Marien sowie das um 1400 erbaute Rathaus mit dem mächtigen Eckturm.

Über 300 Jahre lang, vom zweiten Thorner Frieden 1466 bis zur zweiten Teilung Polens, unterstand die Stadt dem König von Polen. In dieser Zeit, in der auch Thorns berühmtester Sohn, der aus deutscher Familie stammende und sich zum Deutschtum bekennende Nikolaus Kopernikus geboren wurde (1473), erlebte die Stadt harte Kämpfe um die Bewahrung des 1557 angenommenen evangelischen Bekenntnisses.

1558 wurde die Marienschule zu einem Gymnasium erhoben. Auf Veranlassung des polnischen Königs Wladislaw IV. wurde hier 1645 das sogenannte Colloquium caritativum zur Versöhnung der Katholiken und Protestanten abgehalten. Dennoch kam es einige Jahrzehnte danach zu einem schweren Zwischenfall.

Streitigkeiten, welche am 16. Juli 1724 zwischen den Jesuitenzöglingen und den Schülern des protestantischen Gymnasiums anläßlich der Fronleichnamsprozession entstanden, hatten einen Tumult zur Folge. Die polnische Regierung ließ deshalb auf der Grundlage eines vollkommen ungesetzlichen Verfahrens am 7. Dezember desselben Jahres den Stadtpräsidenten Rößner und darüber hinaus neun weitere Thorner Bürger enthaupten. Ferner wurde bestimmt, daß die

Rathaus mit Kopernikus-Denkmal zu **Thorn**.

Marienkirche den Katholiken zu übergeben sei und daß der Rat zur Hälfte aus Katholiken bestehen müsse. Die letzte Forderung war aufgrund des geringen Anteils gebildeter, ratsfähiger Mitglieder dieser Religionsgemeinschaft in der Stadt nicht durchsetzbar und die erste wurde durch den Bau einer neuen Kirche auf dem Altstädtischen Markt ausgeglichen.

Als der Rat 1793 aufgefordert wurde, dem König von Preußen zusammen mit anderen polnischen Städten in Posen zu huldigen, weigerte er sich mit der Begründung, Thorn sei »nie zu den polnischen Städten gezählt worden«. So durfte man in Danzig huldigen, zusammen mit dem dortigen deutschen Rat. Durch den Frieden zu Tilsit kam Thorn 1807 an das Großherzogtum Warschau. Am 16. April 1813 mußte die Stadt, nachdem sie von den verbündeten Russen und Preußen eingeschlossen worden war, nach achttägiger Beschießung kapitulieren. Die Wiener Kongreßakte brachte sie von Polen an Preußen zurück. Die Stadt wurde seit 1818 mit Festungswerken versehen. Da sie in der Nähe der Grenze zum Zarenreich lag, bekam sie nicht wieder die Bedeutung, die sie zur Zeit des Deutschen Ordens hatte. Die Verwaltungszentren lagen in Posen, Bromberg und Marienwerder. 1910 wohnten etwa 58 000 Bürger, von denen 77,4 Prozent Deutsche waren, in der Stadt. Nach den Bestimmungen des Versailler Diktats wurde Thorn am 16. Januar 1920 an Polen übergeben. Der deutsche Bevölkerungsanteil sank rapide, und schon 1926 war er auf 12,5 Prozent reduziert. Der Vertreibungsholocaust 1945 löschte das Thorner Deutschtum fast vollständig aus.

Tondern

Deutsche Stadt in Nordschleswig

Es ist schwer zu entscheiden, welcher der ehemaligen Kreisstädte, Tondern oder Apenrade, der Titel »Hauptstadt« des Gebietes Nordschleswig gebührt. Das Stadtrecht erhielten sie 1243 bzw. 1284. Sie blieben jedoch relativ klein. 1871 kamen sie an das Deutsche Reich.

Im Versailler Diktat wurde eine Volksabstimmung angeordnet. Dabei wurden drei Abstimmungsgebiete gebildet, wobei das nördliche überwiegend deutsche Städte wie Tondern und Apenrade mit einschloß. Seit 1900 zugewanderten Bürgern wurde das Stimmrecht vorenthalten. So kam in Nordschleswig 1920 ein Abstimmungsergebnis zustande, das mit 74,2 Prozent für Dänemark ausfiel. Weiter südlich gab es ein klares Votum für Deutschland.

Das mehrheitlich von Dänen besiedelte Gebiet wurde am 5. Mai 1920 abgetreten. Mitte der dreißiger Jahre gab es wie später in den Fünfzigern deutsch-dänische Abkommen über den gegenseitigen Minderheitenschutz. Das Ergebnis der Abstimmung wurde während des Zweiten Weltkriegs nicht revidiert. Versuche, eine prodänische Veränderung nach 1945 herbeizuführen, scheiterten. Heute gilt das

Ein Straßenzug im alten **Tondern.**

deutsch-dänische Verhältnis in Minderheitenfragen als vorbildlich. Dabei wird allerdings übersehen, daß die Rechte für die 25 000 Deutschen in Dänemark weniger gut abgesichert sind als die der Dänen in der Bundesrepublik.

Tondern liegt vier Kilometer nördlich der deutsch-dänischen Grenzen am Rande einer großen Marsch. Es hat heute rund 13 000 Einwohner. Die Christuskirche wurde im 16. Jahrhundert, das Rathaus im 17. Jahrhundert erbaut. Obwohl 2504 Stimmen für Deutschland und nur 761 für Dänemark abgegeben wurden, kam die Stadt 1920 an Dänemark.

Trier

Die älteste Stadt des Reiches

Trier war im Altertum das Zentrum der germanischen Treverer. Kaiser Augustus gründete hier bei einem römischen Militärlager die Stadt Augusta Treverorum. Im dritten Jahrhundert n. Chr. war sie häufig Residenz der römischen Kaiser und unter Konstantin I. Metropole einer der vier Präfekturen des Reichs. Um die Mitte des 5. Jahrhunderts kam der Ort unter die Herrschaft der Franken, wurde aber 451 von den Hunnen zerstört.

Durch den Vertrag von Verdun kam Trier zunächst zum Reich Lothars. 870, endgültig unter König Heinrich I., wurde es Bestandteil des Deutschen Reiches. Zunächst wurde die Stadt von Grafen verwaltet, seit dem 9. Jahrhundert von den Erzbischöfen. Trier strebte wie andere Städte nach der Reichsunmittelbarkeit, die ihr 1212 Otto IV. gewährte und Konrad IV. bestätigte. 1308 erkannte sie jedoch wieder die Gerichtsbarkeit des Erzbischofs an.

Erzbischof Theoderich I. und sein Nachfolger Arnold II. befestigten im 13. Jahrhundert die Stadt durch Mauern. Später, besonders aber nach der Vollendung des neuen Schlosses (1786), wurde Trier Residenz der Erzbischöfe. 1473 wurde in Trier eine Universität gestiftet, die bis 1797 bestand. 1612 fand hier der Reichstag statt, auf dem die Kreisverfassung im Reich endgültig festgelegt wurde.

1634 wurde die Stadt von den Spaniern erobert, 1645 von den Franzosen unter Turenne genommen. Es war nicht das letzte Mal. 1674, 1688 und auf längere Dauer 1794 war Trier französisch besetzt. 1801 kam die Stadt an Frankreich und wurde Hauptstadt des Departements Saar. 1814 fiel sie an Preußen und wurde Sitz der Behörden des gleichnamigen Regierungsbezirks in der Rheinprovinz, heute im Bundesland Rheinland-Pfalz.

In Trier als der wohl ältesten Stadt Deutschlands gibt es zahlreiche Bauten aus römischer Zeit. Am bekanntesten ist die Porta Nigra. Kaiserthermen, Amphitheater, Basilika und die ältesten Teile des Doms sind weitere steinerne Zeugen dieser Zeit.

Dom und Liebfrauenkirche zu **Trier.**

Troppau

Das Zentrum des österreichischen Schlesiens

In der Nähe der Burg Gräz entwickelte sich die deutsche Ansiedlung Troppau, die 1195 erstmals urkundlich erwähnt wurde. 1224 erscheint sie bereits als Stadt mit deutschem Recht. Der böhmische König Ottokar II. erhob das Gebiet um Troppau zum Fürstentum und verlieh es 1261 seinem Sohn Nikolaus. Nachdem es unter seinen Nachkommern 1377 in die Fürstentümer Jägerndorf, Leobschütz und Troppau aufgeteilt worden war, fiel es 1460 durch Kauf an den König Podiebrad von Böhmen. Sein Sohn Viktorin überließ es durch Tauschvertrag 1485 Matthias Corvinus. Damit hatte der Wechsel der Besitzer jedoch kein Ende. Johann Corvinus, der Sohn Matthias', verkaufte es 1501 wieder an Wladislaw, den König von Böhmen und Ungarn. Er verleibte das Gebiet 1511 der böhmischen Krone ein. 1526 nahm es Erzherzog Ferdinand von Österreich als König von Böhmen in seinen Besitz. Stadt und Fürstentum Troppau teilten von nun an das Schicksal Schlesiens.

Kaiser Matthias verlieh es 1613 unter Mißachtung des Landesprivilegiums von 1511 als Mannlehen an das Haus Liechtenstein, in dessen Besitz es bis ins 20. Jahrhundert hinein blieb. Das ist heute der Grund des Rechtsstreits zwischen dem Fürsten und der Tschechischen Republik. Mit dem ersten Schlesischen Krieg wurde das einstige Fürstentum geteilt. Troppau war von nun an nicht mehr Hauptstadt ganz Oberschlesiens, sondern nur noch von Österreichisch-Schlesien. Der an Preußen gekommene Teil bildete fortan den Leobschützer Kreis des Regierungsbezirks Oppeln.

Vom 20. Oktober bis 30. Dezember 1820 fand hier ein durch die neapolitanische Revolution veranlaßter Fürstenkongreß statt. Die Monarchen Österreichs, Rußlands und Preußens verpflichteten sich zur Aufrechterhaltung des Zustandes von 1815 in Europa. Darüber hinaus behielten sie sich das Recht auf Intervention für den Fall revolutionärer Unruhen vor. Die weitere Ordnung der neapolitanischen Frage wurde dem Kongreß von Laibach überlassen.

1880 lebten hier 4292 meist deutsche Einwohner. Der Zusammenbruch der Donaumonarchie brachte den Deutschen jedoch nicht die erhoffte Selbstbestimmung. Die Sieger im Ersten Weltkrieg verweigerten sie ihnen, so daß Troppau zur CSR kam. Mitte der dreißiger Jahre lebten hier 36 000 Einwohner, von denen noch zwei Drittel Deutsche waren. 1938 führte das Münchener Abkommen zum Anschluß an das Deutsche Reich. Das Ende des Zweiten Weltkrieges brachte Tod und Vertreibung auch über das einstige Österreichisch-Schlesien. Von der Zeit, in der hier Deutsche lebten, zeugen aber u.a. der aus dem 13. Jahrhundert stammende Mariendom und weitere, etwa gleichalte Kirchen sowie barocke Paläste.

Das Schmetterhaus zu **Troppau.**

Tsingtau

Das deutsche Hongkong

In den neunziger Jahren des vorigen Jahrhunderts hatte der deutsche Handel in Ostasien einen großen Aufschwung genommen. Immer dringender und notwendiger für die Sicherung dieses Handels und die Unabhängigkeit der zu seinem Schutz erforderlichen Seestreitkräfte wurde der Erwerb eines Stützpunktes an der chinesischen Küste. Die ausgedehnte und geschützte Bucht von Kiautschou schien für die Erfüllung dieser Aufgabe am besten geeignet.

Am 13. November 1897 erschienen drei deutsche Kriegsschiffe vor der Kiautschou-Bucht und warfen bei einem kleinen chinesischen Dorf Anker. Den äußeren Anlaß hierzu gab die Ermordung zweier deutscher Missionare. Vizeadmiral von Diederichs hatte den Befehl, vollkommene Sühne zu erzwingen. Beim Morgengrauen wurde das Landungskorps ausgeschifft, und unter dem Donner der Salutschüsse stieg die deutsche Flagge empor. Die sich an die Besetzung anschließenden Verhandlungen zwischen Deutschland und China wurden am 6. März 1898 erfolgreich abgeschlossen. Durch den Kiautschou-Vertrag verpachtete China an Deutschland auf 99 Jahre ein Gebiet von etwas über fünfhundert Quadratkilometern.

Im Gegensatz zu allen anderen Schutzgebieten unterstand das Pachtgebiet dem Reichsmarineamt. Es konnte geeignete Beamte, Techniker, Tropenärzte usw. einsetzen, über die es in ausreichender Zahl verfügte.

Öde, unwegsam und unwirtlich war dieses Land. Gewaltige Gebirge ziehen in drei parallelen Ketten quer durch das Gebiet. Steil und wild zerklüftet recken sich die Granit- und Porphyr-Felsen zum Himmel, den Kenner an die Dolomiten erinnernd.

Sogleich nach der Besitzergreifung dieses Pachtgebietes durch die Deutschen begann ein rascher Aufschwung. Eine neue, blühende Kolonie wurde geschaffen. Das Ziel war eine Ein- und Ausfuhrpforte für die Provinz Schantung und ein Stützpunkt für das Kreuzergeschwader.

In den knapp sechzehn Jahren der deutschen Verwaltung entstand an der Stelle des armseligen Fischerdorfes Tsingtau eine blühende Handelsstadt. Ein Netz breiter, mit Bäumen bepflanzter Straßen zog sich zwischen geschmackvollen Wohn- und Handelshäusern hindurch. Großzügig errichtete öffentliche Gebäude und prachtvolle Paläste verschönerten das Stadtbild wie zahlreiche Plätze mit Rasenflächen und Blumen. Modern ausgestattete Krankenhäuser und Schulen für Europäer und Chinesen sowie eine deutsch-chinesische Hochschule gereichten auch der chinesischen Bevölkerung zum Segen.

Viele große und ausländische Firmen hatten den Schwerpunkt ihrer Geschäfte bereits nach Tsingtau verlegt, da es mit seinen technischen Voraussetzungen und den schützenden Molen der beste Hafen an der chinesischen Küste war. Überseedampfer liefen ein und aus, löschten ihre Ladungen und luden neue.

Tsingtau in deutscher Zeit: Die Bucht vor der Stadt (oben),
Geschäftshäuser im Inneren des Ortes (unten).

Dschunken und Zampans kreuzten durch das tiefblaue Wasser und boten ein malerisches, farbenprächtiges Bild. Aus der fahlen Landschaft ringsum war ein Garten geworden. Wo einst kahle Felsen ragten, waren Nadel- und Laubbäume gepflanzt worden, deren dunkles und helles Grün den Anblick von See belebte.

Zur wirtschaftlichen Erschließung des Hinterlandes war die deutsche Schantungbahn erbaut worden, die 400 Kilometer weit nach Tsinanfu führte und über die transsibirische Eisenbahn eine Verbindung nach Europa herstellte. Kohlenbergwerke und Erzgruben wurden für den Eigenbedarf, die Kriegs- und Handelsschiffe sowie den Export von der Schantung-Bergbaugesellschaft angelegt.

In Tsingtau liefen 1913 schon 900 Schiffe, darunter 317 deutsche, ein. Der Gesamtwert des Handels betrug 190 Millionen Mark. Die Ausfuhr bestand aus Strohgeflechten, Erdnüssen und dem daraus gewonnenen Öl, aus Kohle, Seide, Baumwolle, tierischen Produkten und Bier. Der Staatszuschuß von neun Millionen Mark wurde fast ausschließlich für die Truppe, die Befestigungen usw. verwendet. Drei chinesische und drei nichtchinesische Banken befanden sich hier. Dreimal im Monat legten die großen Reichspostdampfer in Tsingtau an. Mit Schanghai und Tientsin bestand zweimal wöchentlich eine deutsche Dampferverbindung.

Das Schutzgebiet bildete ein Denkmal deutscher Kulturleistung, die am stärksten von den Chinesen selbst anerkannt wurde. Während eine andere kleine europäische Kolonie in China in 50 Jahren fast 40 000 Tote durch Seuchen beklagte, wurden in Tsingtau durch Kanalisation, getrennte Bauweise, Trinkwasserleitung und andere Hygienemaßnahmen schon innerhalb zweier Jahre Ruhr und Typhus auf Dauer verbannt. Das Seebad entwickelte sich schnell zu dem meistbesuchten in ganz Ostasien.

Trotz aller Erfolge war doch erst der Anfang gemacht. Für 1915 war eine starke Vergrößerung der Hochschule geplant. Eine große Bautätigkeit war beabsichtigt, die Industrialisierung sollte in einem Ausmaß fortgeführt werden, daß Tsingtau in fünf bis zehn Jahren zum größten industriellen Platz der Region geworden wäre.

Tsingtau war nur zur Verteidigung gegen chinesische Aufständische, nicht gegen den Angriff einer Macht europäischen Zuschnitts befestigt worden. Nach Ausbruch des Ersten Weltkrieges stand Japan im Lager unserer Gegner. Die Besatzung der Festung bestand aus dem III. Seebataillon (1200 Mann) und der Matrosen-Artillerie-Abteilung Kiautschou (200 Mann). Kriegsfreiwillige aus ganz China erhöhten ihre Zahl auf insgesamt 4800 Mann. Gegen die Festung kämpften 35 englische und japanische Kriegsschiffe und 78 000 Japaner zu Lande.

Gekämpft wurde bis zur letzten Patrone. Als am 7. November die Waffen gestreckt werden mußten, waren 200 Mann der deutschen Besatzung vor dem Feind geblieben. Mit 10 000 Gefallenen hatte Japan den Sieg teuer erkauft. Der Mikado, Japans Kaiser, aber beließ in Würdigung ihrer Tapferkeit den deutschen Offizieren ihre Degen.

1922 übergab Japan Tsingtau an China, 1923 verzichtete Deutschland gegenüber China auf seine Rechte.

Tübingen

Hort der Wissenschaft

Die Burg Tübingen wurde um 1050 erbaut. Ihre Herren führten seit 1146 den Titel Pfalzgraf und beherrschten zeitweise ein großes Gebiet. Die bei der Burg entstandene Siedlung wurde 1231 erstmals als Stadt genannt. 1342 wurden Stadt und Herrschaft Tübingen an die Grafen von Württemberg verkauft. Graf Eberhard im Bart stiftete 1477 die Universität, die zu Ende des 15. Jahrhunderts bereits 230 Studierende zählte, und verlieh Tübingen 1493 ein neues Stadtrecht.

Am 8. Juli 1514 wurde in der Stadt der berühmte Tübinger Vertrag zwischen Herzog Ulrich von Württemberg und den Landständen abgeschlossen. Sie übernahmen die Schulden des Herzogs, erhielten ihn damit auf dem Thron und bewahrten das Land vor weiterem Druck. 1519 belagerte der Schwäbische Bund unter Herzog Wilhelm von Bayern die Stadt und eroberte sie am 25. April.

1534 wurde die Reformation eingeführt. Den Charakter der Stadt prägte hauptsächlich die Universität. 1536 wurde mit dem Tübinger Stift von Herzog Ulrich eine Bildungsanstalt für evangelische Theologen gegründet. Aus ihr gingen eine Reihe bedeutender Persönlichkeiten hervor. Zu nennen sind vor allem Kepler,

Zu den folgenden farbigen Abbildungen:

Blick auf **Prag.**

Die Hakenterrasse zu **Stettin.**

Blick von der Königsbrücke auf das Münster zu **Straßburg.** Gemälde von Gustav Schönleber.

Das kaiserliche **Wien**; Gemälde von Canaletto, 1759.

Hegel, Schelling, Hölderlin, Baur, Schwab, Mörike und D.F. Strauß. Im Dreißigjährigen Krieg wurde Tübingen von den Franzosen belagert (1647), ein weiteres Mal standen sie 1688 vor den Toren. Dabei schleiften sie die Mauern der Stadt.

Tübingen gehört zu den Hauptstädten, die erst spät ihren Rang erhielten und ihn bald wieder verloren. Die ehemalige Oberamtsstadt im württembergischen Schwarzwaldkreis, die vor hundert Jahren erst 13 000 und vor dem Zweiten Weltkrieg 23 000 Einwohner zählte, wurde 1945 von den französischen Besatzern zur Hauptstadt des kurzlebigen Landes Württemberg-Hohenzollern bestimmt. Als 1952 aus drei kleinen Bundesländern Baden-Württemberg gebildet wurde, verlor Tübingen diesen Status wieder. Danach blieb es Hauptstadt des Regierungsbezirks Südwürttemberg-Hohenzollern, bis dieser 1973 in Tübingen umbenannt wurde. Die Einwohnerzahl beträgt heute rund 85 000.

Das Rathaus zu **Tübingen.**

Das Schloß über **Vaduz**/Liechtenstein.

Vaduz

Des deutschen Fürstentums Residenz

Das fürstliche, zuvor gräfliche Haus Liechtenstein wird zuerst im 12. Jahrhundert genannt. Die Linie Liechtenstein-Murau, der der Minnesänger Ulrich von Liechtenstein angehörte, starb 1619 aus. Eine zweite Linie, Liechtenstein-Nikolsburg, teilte sich 1585 in von Hartmanns IV. Söhnen Karl und Gundakar begründete neue Linien, deren Oberhäupter 1618 bzw. 1623 in den Fürstenstand erhoben wurden. Karl erwarb von Kaiser Matthias 1614 das Fürstentum Troppau und von Ferdinand II. 1623 Jägerndorf.

Sein Enkel Johann Adam Andreas kaufte 1699 noch die reichsunmittelbare Herrschaft Vaduz und Schellenberg, die zuletzt die Grafen von Hohenems besessen hatten und erhielt für ein dem Kaiser gewährtes unverzinsliches Darlehen von 250 000 Gulden eine Stimme auf der Fürstenbank des Schwäbischen Kreises. Mit ihm erlosch 1712 die ältere Karlsche Linie im Mannesstamm. Das beim Schwäbischen Kreis stehende Kapital nebst Vaduz und Schellenberg kam an den Fürsten Joseph Wenzel Lorenz von der Gundarkarschen oder Hartmannschen Linie. Anton Florian, der Bruder seines Vaters, kaufte ihm Vaduz und Schellenberg ab, und Kaiser Karl IV. erhob diese Herrschaften 1719 unter dem Namen Liechtenstein zu einem unmittelbaren Reichsfürstentum. 1723 bekam deshalb sein Sohn Joseph Johann Adam Sitz und Stimme im Reichstag.

Das Fürstentum wechselte durch Erbschaft noch einige Male den Besitzer innerhalb derselben Familie und blieb politisch bedeutungslos. Ab 1806 Mitglied des Rheinbundes, seit 1815 des Deutschen Bundes blieb es auch nach dessen Auflösung der österreichisch-ungarischen Monarchie eng verbunden. Formal unabhängig, regelte das benachbarte Kaiserreich die Zoll- und Steuerangelegenheiten, und der Fürst lebte auch meist in Wien.

Im Ersten Weltkrieg neutral, schloß sich das Fürstentum ab 1918 stärker der Schweiz an. Der Fürst nahm in den dreißiger Jahren seinen Wohnsitz in Vaduz, das von den Schicksalsschlägen des Zweiten Weltkrieges zunächst verschont blieb.

Als Anfang Mai 1945 Angehörige der mit Deutschland verbündeten 1. Russischen Nationalarmee unter Generalmajor A. Holmston-Smyslowsky sich auf das Gebiet des Alpenfürstentums retteten und um Asyl nachsuchten, ließ sich Fürst Franz Joseph II. von sowjetischen Forderungen nach Auslieferung nicht beeindrukken. Da auch die Schweiz dem Ersuchen um Intervention in Liechtenstein nicht nachkam, konnten die Geretteten am 1. Oktober 1947 die Reise nach Argentinien antreten, wo sie eine neue Heimat fanden. Das Fürstentum zahlte sogar die Reisekosten in Höhe von 1300 Franken pro Mann. Die Gesamtkosten des Aufenthalts von 450 000 Franken übernahm Jahre später die Bundesrepublik Deutschland. Um den anfangs erwähnten Besitz im heutigen Tschechien führt das Fürstenhaus einen Rechtsstreit, der bislang nicht entschieden ist. Als »deutsches Eigentum« fällt der Troppauer Besitz bis heute unter die Benesch-Dekrete.

Weimar: Bastille mit Stadthaus und Neptunbrunnen (oben),
die Goethe- und Schiller-Gruft (unten).

Weimar

Stadt der Dichter und Denker

Weimar wurde erstmals 975 als Wimares erwähnt. Neben einer um 1000 errichteten Wasserburg an der Ilm entstand eine Siedlung, die 1348 Stadtrecht erhielt. Seit 1372 war Weimar im Besitz der Wettiner. Bei der Teilung zwischen Ernst und Albert 1485 kam die Stadt an die Ernestiner. 1547-1918 befand sich hier die Residenz der Herzöge von Sachsen-Weimar und ab 1815 der Großherzöge von Sachsen-Weimar-Eisenach.

In den letzten Jahrzehnten des 18. und den ersten des 19. Jahrhunderts wurde die Stadt ein Mittelpunkt des deutschen Kulturlebens. Der Glanzpunkt in der Geschichte Weimars fällt in die Regierungszeit Karl Augusts, der Wieland, Goethe, Herder und Schiller, die Koryphäen der deutschen Literatur, hier wirken ließ und Weimar den Ruf eines deutschen Athens verschaffte.

1919/20 tagte in Weimar die Deutsche Nationalversammlung, was der krisengeschüttelten Republik ihren Namen gab. 1920 wurde Weimar die Hauptstadt des aus einigen Teilstaaten gebildeten Landes Thüringen. Nachdem 1944 Erfurt, das bis dahin zur preußischen Provinz Sachsen gehörte, zu Thüringen gekommen war, mußte Weimar 1948 den Titel Landeshauptstadt an die größte Stadt des grünen Herzens Deutschlands abgeben. Die Zerstörungen, die Weimar kurz vor Kriegsende erlitten hatte, wurden nur sehr langsam beseitigt. Sie fanden ihre traurige Ergänzung in den verfallenden Wohngebäuden, die die sozialistische Planwirtschaft produzierte, obwohl den zahlreichen Forschungs- und Gedenkstätten der internationalen Beachtung wegen mehr Mittel zur Verfügung standen als anderswo.

Noch extremer verhielt es sich mit der Bewältigung der Geschichte des unweit der Stadt auf dem Ettersberg gelegenen früheren Konzentrationslagers Buchenwald. Während man der kommunistischen Opfer aus der Zeit des Nationalsozialismus in einer pompösen Weihestätte gedachte, war jede Erinnerung an die danach im sowjetischen Sonderlager Nr.2 ums Leben gekommenen Menschen ausgelöscht. Erst mit dem Untergang der DDR war eine Korrektur des einseitigen Geschichtsbildes teilweise möglich.

Wien

Am längsten Hauptstadt des Deutschen Reiches

Wien war in vorrömischer Zeit ein keltischer Ort, zuerst Vianomina, dann Vindobona genannt. Die Römer befestigten ihn zur Beherrschung der Donau. Die 13. und später die 10. Legion hatten ihr Standquartier in diesem Castrum stativum, das etwa ein Viertel der mittelalterlichen »innern« Stadt umfaßte. Hier starb 180

Der Dom St. Stephan zu **Wien.**

Kaiser Marcus Aurelius. In der Zeit der Völkerwanderung wird Vindobona die Grenzstadt der Rugier und Ostgoten genannt. Die jetzige Namensform Wien erscheint zunächst in den »Neuen Altaicher Annalen« 1030, nachdem es 881 als »Wenia« bezeichnet worden war.

Karl der Große zerstörte das seit dem 6. Jahrhundert dort entstandene Awarenreich und gründete die Ostmark, die 907 dem Ansturm der Ungarn erlag. Nach Ottos des Großen Sieg auf dem Lechfeld verlieh Otto II. die Markgrafschaft an seinen Anhänger Leopold I. von Babenberg. Unter den ersten Babenbergern trat Wien in politischer Bedeutung hinter Tuln, Mautern und Klosterneuburg zurück. Doch seit der Mitte des 12. Jahrhunderts entwickelte sich die Geltung dieses durch seine Lage begünstigten Ortes rasch. Der »Hof«, das einstige römische Prätorium, wurde zur Residenz der Babenberger. Heinrich II. Jasomirgott legte 1144 den Grundstein zum Stephansdom, baute sich 1160 eine Burg am Hof und stiftete 1158 das Schottenkloster. Herzog Leopold VI. verlieh 1208 den Altbürgern einen Freiheitsbrief und 1221 der Stadt selbst eine Rechtsurkunde, die älteste bekannte Grundlage des Wiener Stadtrechts. Um 1200 bereits baute er eine neue Burg an der Stelle, wo heute die Hofburg steht, und 1221 die Michaelskirche.

Gegen Herzog Friedrich den Streitbaren lehnten sich die Wiener auf und fanden bei Kaiser Friedrich II. Hilfe. Er kam selbst nach Wien, erklärte es 1237 zur Freien Reichsstadt und gab ihm eine lateinische Schule, die der Ausgangspunkt der späteren Universität wurde. Allerdings nahm schon 1240 der Herzog Wien durch eine Hungerblockade und verlieh ihr 1244 ein neues Stadtrecht, das 1247 vom Kaiser bestätigt wurde. Im Jahr zuvor waren die Babenberger ausgestorben, und Wien wurde wieder Reichsstadt.

Ottokar II. von Böhmen gewann indessen die Stadt durch Überredung und Privilegien. Er erweiterte ihren Umfang beträchtlich, indem er auch den Schottenhof und die Burg zur Stadt zog. Sein Gegner Rudolf von Habsburg belagerte Wien 1276. Es kam vor der Stadt zu einem Ausgleich, worin Ottokar zusammen mit den deutschen Provinzen Wien abtrat, das nun Hauptresidenz der Habsburger wurde. 1278 verlieh König Rudolf I. der Stadt wichtige Rechte. Unter Herzog Albrecht I. (1281-96) mußte die Stadt ihren Widerstand gegen die landesfürstliche Gewalt aufgeben. Herzog Rudolf IV. gründete 1365 die Universität und ließ den Stephansdom so ausbauen, wie er heute noch zu sehen ist.

Am 17. Februar 1448 schloß Kaiser Friedrich III. mit dem Papst das Wiener Konkordat, das den Reformbestrebungen der Konzile ein Ende machte. Gegen Friedrich empörte sich die Stadt, und als er 1462 Wien belagerte, überlisteten ihn die Bürger und belagerten nun ihn zwei Monate lang. König Podiebrad von Böhmen befreite ihn aus dieser Lage. 1480 wurde Wien Sitz eines Bistums. 1484 eroberte es der ungarische König Matthias Corvinus, der nun selbst seine Residenz hier aufschlug. Unter Ferdinand I. und seinen Nachfolgern wurde Wien über viele Jahrhunderte die ständige Residenz der deutschen Kaiser.

In den Türkenkriegen wurde die Stadt zum erstenmal vom 22. September bis 15. Oktober 1529 von Sultan Soliman dem Prächtigen mit 120 000 Mann belagert. Von nur 16 000 Soldaten und 5000 Bürgern unter Nikolaus von Salm wurde Wien tapfer verteidigt, so daß der Sultan wieder abziehen mußte. Graf Matthias von

Thurn, von den Protestanten zu Hilfe gerufen, belagerte 1619 den Erzherzog Ferdinand in Wien vergeblich. 1640 wollten es die Schweden im Handstreich nehmen, mußten aber ebenfalls unverrichteter Dinge wieder abziehen. Die Pest hingegen ließ sich von den Mauern der Stadt nicht abwehren und hielt immer wieder ihre tödliche Ernte in schweren Epidemien.

Vom 14. Juli bis zum 12. September 1683 versuchte der türkische Feldherr Kara Mustafa mit 200 000 Mann die Stadt zu stürmen. Der heldenhafte Widerstand, den 13 000 Soldaten und 7000 Bürger unter Rüdiger von Starhemberg leisteten, konnte nicht gebrochen werden. Als schließlich der Herzog von Lothringen die Stadt entsetzte, mußten die Türken weichen, und Kara Mustafa nahm sich das Leben.

1722 erhob der Papst Wien zum Erzbistum. Mit Napoleon Bonaparte erwuchs den Habsburgern ein Gegner, dem sie zunächst kaum gewachsen waren. Unter dem Druck der Ereignisse legte Franz II. 1806 die Krone des Heiligen Römischen Reiches Deutscher Nation nieder, nachdem er sich 1804 zum Kaiser von Österreich erklärt hatte. Wien wurde am 13. November 1805 von französischen Truppen besetzt, die aber am 12. Januar 1806 infolge des Preßburger Friedens wieder abzogen. Im selben Jahr kamen die Reichskleinodien nach Wien, wo sie seither (außer in den Jahren 1938 bis 1945, als sie in Nürnberg waren) in der Hofburg verwahrt werden. In dem neuen Krieg mit Frankreich langten die französischen Vortruppen am 10. Mai 1809 vor Wien an und bombardierten in der Nacht des 12. von den Vorstädten aus die innere Stadt, worauf sie am 13. Mai kapitulierte. Wien war nun der Mittelpunkt der französischen Kriegsmacht bis zum zweiten Wiener Frieden, der am 14. Oktober 1809 geschlossen wurde. Bei ihrem Abzug nahmen die Franzosen viele Kunstschätze mit sich und sprengten die Wälle vom Kärntner Tor bis zur Elendbastei.

1815 endlich war Napoleon überwunden, und es kam zum berühmten Wiener Kongreß. Die Hoffnung breiter Bevölkerungskreise auf ein einiges Deutsches Reich wurde nicht erfüllt. Im Gegenteil, jegliche national-freiheitlichen Bestrebungen wurden mit allen Mitteln verfolgt und unterdrückt. Im März 1848 brachen schließlich Unruhen aus, die den Sturz Metternichs zur Folge hatten. Letztlich wurden die Aufstände jedoch niedergeschlagen.

1858 wurde mit der Beseitigung der alten inneren Befestigung der Anfang gemacht und auf ihrem Gelände die großartige Ringstraße angelegt. 1872-83 wurde das Neue Rathaus auf einer Fläche von nahezu zwanzigtausend Quadratmetern ausgeführt. Die Bevölkerung wuchs jährlich um über zwei Prozent. Waren es 1754 erst etwa 175 000, so kam man 1857 auf über 407 000 und 1880 auf gut 726 000 Einwohner.

Das Ausscheiden Österreichs aus dem Deutschen Bund wirkte sich auf die Entwicklung der Stadt Wien weniger aus als die zunehmende Freizügigkeit für die zahlreichen Völker der Donaumonarchie. Die Liberalen verloren die Mehrheit an die Christsoziale Partei. Ihr Führer Karl Lueger war von 1897 bis zu seinem Tode 1910 Bürgermeister und erwarb sich außerordentliche Verdienste um die Stadtentwicklung. Dann erlangte die Sozialdemokratie das Übergewicht.

Nach dem Zusammenbruch der Habsburger Monarchie 1918 wurde Wien die Hauptstadt der Republik Deutsch-Österreich, der jedoch im Vertrag von Saint-

Germain das Selbstbestimmungsrecht und damit der erstrebte Anschluß an das Deutsche Reich verwehrt wurde. Durch den Verfassungsbeschluß der Nationalversammlung vom Oktober 1920 wurde Wien eigenes Bundesland. In der Verwaltung der Stadt behauptete die Sozialdemokratie, obwohl sie an den Bundesregierungen seit 1920 nicht mehr beteiligt war, die Herrschaft. Karl Seitz war seit 1923 Bürgermeister und Landeshauptmann von Wien. Maßgeblichen Einfluß übte der Stadtrat und Finanzreferent Breitner aus. Seine kommunale Steuerpolitik begünstigte die armen Schichten und ermöglichte die Anlegung großer Wohnhausbauten und gemeinnütziger Anstalten. Die Radikalisierung der unteren Bevölkerungsschichten führte am 15. Juli 1927 zu einem blutigen Aufruhr und zum Brand des Justizpalastes. Seither schwand die Macht der Sozialdemokratie. Zum Endkampf gegen die Volksherrschaft schritt aber erst im Februar 1934 die Regierung Dollfuß, gestützt auf Heimwehren. Am 12. Februar erfolgte die Besetzung des Rathauses, die Auflösung des Gemeinderates und die Ernennung des christlichsozialen Politikers Richard Schmitz zum Bundeskommissar für Wien. In den nächsten Tagen wurden unter schweren und blutigen Kämpfen gegen den sozialdemokratischen Republikanischen Schutzbund die z.T. festungsartig ausgebauten Wohnhausanlagen der Gemeinde erstürmt. Am 6. April 1934 wurde Schmitz zum Bürgermeister der Stadt Wien ernannt.

1938 kam Wien zum Deutschen Reich. Von 1939 bis 1945 war es Reichsgau. Der alliierte Bombenterror schlug auch der Donaumetropole schwere Wunden. 1945 wurde Wien wie Berlin in vier Sektoren der Sieger aufgeteilt. Die politische Niederlage der Kommunisten in den Jahren darauf und der Verzicht auf erneute Anschlußforderungen an Deutschland ermöglichten 1955 den Staatsvertrag. In ihm verpflichtete sich die Bundesrepublik Österreich ferner zur Neutralität. Die Besatzer zogen ab.

Die Kriegsschäden wurden zügig beseitigt. Die Einwohnerzahl der Vorkriegszeit (1,9 Millionen) wurde noch nicht wieder erreicht. Heute beträgt sie rund 1,5 Millionen. Seit 1979 ist Wien einer der Amtssitze der Vereinten Nationen.

Wiesbaden

Von Nassau zu Rheinland-Pfalz

Die Hauptstadt des Landes Hessen, am Südhang des Taunus und am Rhein gelegen, ist nicht nur ein bedeutendes Verwaltungszentrum, sondern auch eine internationale Kur- und Kongreßstadt. Wiesbaden zählt rund 270 000 Einwohner. Das Statistische Bundesamt und das Bundeskriminalamt haben hier ihren Sitz. Im klassizistischen Schloß, das 1837-40 erbaut wurde, finden wir jetzt den Landtag und die Ministerien. Einen Besuch wert sind das Hessische Staatstheater, die Gemäldegalerie und andere Sammlungen. In der Stadt finden wir das Alte Rathaus von 1609, den Marktplatz mit dem Rathaus (1884-87) und der Marktkirche (1852-62) sowie das 1905-07 errichtete Kurhaus mit der weltbekannten Spielbank.

Die Marktkirche zu **Wiesbaden.**

Warme Salzquellen wie der Kochbrunnen und die Adlerquelle machen Wiesbaden zu einem anerkannten Heilbad.

Wiesbaden ist bei einem Kastell entstanden, das die Römer im Jahre 11 vor der Zeitenwende am Kreuzungspunkt von drei Heerstraßen anlegten. Bald wurden die heilkräftigen Quellen entdeckt und so entwickelte sich rasch eine Siedlung. Der Ort führte nach den germanischen Mattiakern den Namen Aquae Mattiacae. Von diesem Kastell sind 1838 auf der Höhe des sogenannten Heidenbergs und der Röderstraße Mauerreste gefunden worden. In karolingischer Zeit bestand dort der Königshof Wisibada, der 829 erstmals erwähnt wurde. Seine Lage im deutschen Gau Kunigesundra, dem Stammgebiet der Grafen von Nassau, erklärt, warum Wiesbaden seit dem 11. Jahrhundert diesem alten Geschlecht gehörte. Bis ins 13. Jahrhundert war Wiesbaden Reichsstadt. 1255 fiel es der walramschen Linie zu, kam 1355 an den alten Idsteiner und 1605 an den Saarbrücker Zweig. Bei der Teilung 1659 wurde die Linie Nassau-Usingen Herr über Wiesbaden und machte es 1744 zu ihrer Residenz. 1806 wurde es Hauptstadt des Herzogtums Nassau und blieb es bis 1866.

1835 trat Nassau dem Deutschen Zollverein bei. Im Vorfeld des Deutschen Krieges 1866 schloß sich Nassau den Zielen der Habsburger an. Die österreichische Anfrage vom 16. März beantwortete der Adjutant des Herzogs, General von Zimiecki, positiv und verfügte bereits am 4. Mai die Mobilisierung seines Kontingents. Gegen den Willen des Landtags stimmte die Regierung dem Bundesbeschluß vom 14. Juni zu und beantwortete die Ablehnung der Kriegskreditforderung mit einer Auflösung der Kammer. Die Schlacht von Königgrätz brachte bald die Entscheidung gegen Österreich, und Nassau wurde von preußischen Truppen besetzt. Die Bevölkerung Wiesbadens brachte dabei ihre Unzufriedenheit mit der bisherigen Regierung zum Ausdruck. Am 3. Oktober 1866 verfügte ein Patent des Königs von Preußen die Angliederung des ehemaligen Herzogtums Nassau. Unter Hinzunahme von Hessen, Homburg und Frankfurt am Main bildete der Regierungsbezirk Wiesbaden die neue Provinz Hessen-Nassau. Mit dem ehemaligen Herzog schloß Preußen einen Abfindungsvertrag, der eine Entschädigung in Höhe von 15 Millionen Gulden sowie die Anwartschaft auf das Großherzogtum Luxemburg für den Fall des Endes der Personalunion mit den Niederlanden vorsah, ein Umstand, der 1890 eintraf.

1885 war Wiesbaden mit über 55 000 Einwohnern eine Provinzstadt unter anderen in Preußen, die allerdings ihres Kurbetriebs wegen herausragte. Die Einwohnerzahl stieg jedoch rasch an, um vor dem Zweiten Weltkrieg 160 000 zu erreichen. Hinzu kamen noch jährlich rund 100 000 Kurgäste, die hier Erholung, Heilung und Zerstreuung suchten.

1946 wurde das Land Hessen gebildet. Seither ist Wiesbaden Landeshauptstadt.

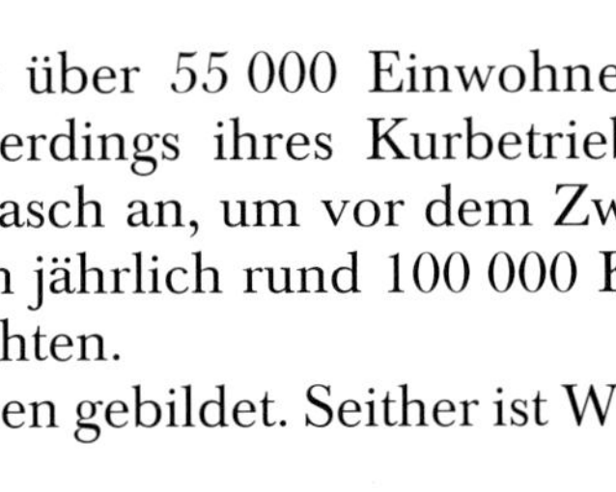

Schutztruppendenkmal »Der Reiter von Südwest« und deutsche evangelische Kirche in **Windhuk.**

Windhuk

Hauptstadt von Deutsch-Südwest

Die Hauptstadt von Deutsch-Südwestafrika spielt in der deutschen Kolonialgeschichte eine Sonderrolle wie das Land selbst. Denn anders als Ostafrika, Kamerun und Togo eignete sich das heutige Namibia als Siedlungsraum.

Mit einer Fläche von 835 000 Quadratkilometern und 250 000 Einwohnern, was einer Person auf ca. 3,3 Quadratkilometern entspricht, war dieses Land extrem dünn besiedelt. Das Schutzgebiet bildete einen Ausschnitt aus dem südafrikanischen Hochlandsdreieck und umfaßte eine trockene Abdachung zum Atlantischen Ozean. Ein schmaler Landstreifen, der Caprivi-Zipfel, reichte im Nordosten zum Sambesi-Fluß.

Südwestafrika wurde 1884 erstes deutsches Schutzgebiet, nachdem der Kaufmann Adolf Lüderitz Verträge mit Häuptlingen geschlossen und der Forscher Gustav Nachtigal das Terrain bereitet hatte. 1891 zur Hauptstadt von Deutsch-Südwestafrika ernannt, ließen sich bald danach in Windhuk die ersten weißen Siedler nieder. Im März 1892 wurde in Berlin eine Siedlungsgesellschaft ins Leben gerufen, die einen Gebietsstreifen östlich Windhuks erwarb. Bis zum Jahr 1895 hatte er eine Ausdehnung von 10 000 Quadratkilometern erreicht.

Die ersten Siedler dieser Gesellschaft landeten am 15. Juli 1892 in der neuen Heimat. Auf Ochsenkarren verladen, traten sie den beschwerlichen Weg hinauf zu den Bergen von Windhuk an. Da mit weiteren Einwanderern zu rechnen war, wurde eine Eisenbahnlinie von der Küste nach Windhuk gebaut. Sie kostete das Deutsche Reich 14 Millionen Mark und wurde am 19. Juli des Jahres 1902 anläßlich einer landwirtschaftlichen Ausstellung in der Hauptstadt Deutsch-Südwests dem Verkehr übergeben.

Der am anderen Endpunkt der Bahn gelegene Hafen von Swakopmund überflügelte rasch das südlich davon gelegene britische Walfischbai. Weitere Eisenbahnstrecken führten in das erzreiche Otavibergland und über eine Längsbahn durch das Hochland nach Keetmanshoop. Diese Verbindung mit der Südbahn brachte den Anschluß an Lüderitz, den zweiten wichtigen Hafen im Süden, in dessen Nähe sich das Zentrum des seit 1908 aufblühenden Diamantenbergbaus befindet.

Die wirtschaftliche Erschließung des inneren Hochlandes ging bis zum Ausbruch des Ersten Weltkrieges zügig voran. Auf mehr als 1300 Farmen mit etwa 13 Millionen Hektar Fläche standen 1913 über 200 000 Stück Rindvieh, dazu kamen 470 000 Fleisch- und 54 000 Wollschafe. Auch eine Karakulzucht entstand, so daß im gleichen Jahr 10 000 Halbbluttiere und 800 reine Karakulschafe vorhanden waren.

Die wichtigsten Gebäude Windhuks aus deutscher Zeit liegen auf einer Anhöhe: Die Alte Feste mit dem historischen Museum, der »Tintenpalast«, wie das 1912-13 errichtete Parlamentsgebäude genannt wird. Ferner finden wir hier die evangeli-

Marktplatz zu **Wittenberg** mit den Denkmalen für Melanchthon (vorn) und Martin Luther.

sche Christuskirche, die in den Jahren 1907 bis 1910 erbaut wurde, und das Von-Estorff-Haus mit der Afrikana-Bücherei.

1920 wurde Südwest-Afrika Mandatsgebiet des Völkerbundes, der es Südafrika zur Verwaltung übergab. Als einziges ehemaliges deutsches Schutzgebiet hat sich hier eine deutsche Minderheit bis in die heutigen Tage und über die nach langjährigen Kämpfen erklärte staatliche Unabhängigkeit hinaus erhalten.

Wittenberg

Die Lutherstadt

Die an der mittleren Elbe gelegene Stadt wurde im Jahre 1180 erstmals erwähnt. Unter Albrecht I. wurde sie Residenz der askanischen Herzöge und blieb es danach für die Linie Sachsen-Wittenberg. 250 Jahre lang residierte dieses Fürstenhaus in der Stadt, bis es ausstarb.

1423 kam Wittenberg mit Kursachsen an das Haus Wettin und erhielt 1441 eigene Gerichtsbarkeit. 1485 wird das Land geteilt. Die Albertiner erhalten das Land Sachsen mit dem Zentrum Meißen, die Ernestiner Kursachsen und Thüringen mit Wittenberg und Torgau. Unter Kurfürst Friedrich dem Weisen beginnt nun eine neue Epoche. Als er 1493 von einer Palästinafahrt heimkommt, baut er die Stadt systematisch zur Residenz aus. Wittenberg soll »ein Athen der Bildung und ein Rom der Frömmigkeit« werden. 1502 wird deshalb von ihm die Universität gegründet. Ohne scholastische Tradition kann sie sich ganz dem modernen Humanismus öffnen. So wurde sie nach Luthers Auftreten für lange Zeit der Hauptsitz der deutschen Aufklärung.

In der Nähe des Markts befindet sich die mittelalterliche Stadtkirche, die mit dem weltberühmten Flügelaltar Lucas Cranachs geschmückt wurde. In den Jahren 1490-99 errichtete Friedrich der Weise die Schloßkirche, auch Universitätskirche genannt, an deren Portal Martin Luther am 31. Oktober 1517 seine 95 Thesen angeschlagen haben soll. Heute birgt sie die Gräber Luthers, seines Mitstreiters und Motors der Wittenberger Universitätsreform (»Praeceptor Germaniae«) Philipp Melanchthon, Friedrichs des Weisen und Johanns des Beständigen.

Nach der Niederlage im Schmalkaldischen Krieg, in der Wittenberger Kapitulation von 1547, trat Kurfürst Johann Friedrich sein Land nebst der Kurwürde an Herzog Moritz ab. Am 22. Mai ergab sich die Stadt auf Rat des entthronten Fürsten dem Kaiser, welcher sie daraufhin schonend behandelte.

Im Siebenjährigen Krieg wurde Wittenberg von den Preußen besetzt. Österreicher und die Reichsarmee bombardierten es vom 10. bis 14. Oktober 1760. Sie erzwangen so die Kapitulation. Die Stadt wurde dabei teilweise eingeäschert, Schloß und Schloßkirche erlitten schwere Schäden. Die Thesentür, das Hauptgedenkstück der Reformationszeit, ging verloren. Es war bezeichnend für die Situation des sächsischen Staates, daß die Universitätskirche Jahre hindurch als Ruine stehenblieb. Das sogenannte Vorschloß wurde nicht wieder aufgebaut, nur das Hauptschloß notdürftig wiederhergestellt. Es wirkt bis auf den heutigen Tag recht trostlos auf den Betrachter.

Nach 1767 begann man mit dem ebenfalls in sehr schlichten Formen gehaltenen Wiederaufbau der Schloßkirche. Von der einstigen reichen, vielseitigen Ausstattung blieb nichts.

1806 besetzten die Franzosen Wittenberg. Napoleon I. ließ die noch vorhandenen Festungswerke instandsetzen und betraute 1813 den Marschall Victor mit dem Oberbefehl. Nach der Schlacht bei Dennewitz wurde die Stadt vom Bülowschen Korps eingeschlossen. Die eigentliche Belagerung begann nach der Eroberung von Torgau am 28. Dezember, worauf die Erstürmung am 13. Januar 1814 erfolgte. Dabei geriet die Schloßkirche erneut in Brand, konnte jedoch bis auf den Turm, von dem nur ein Stumpf blieb, gerettet werden. Insgesamt wurden in diesen Tagen 285 Häuser zerstört. General Tauentzien, der die Belagerung geleitet hatte, erhielt den Ehrennamen Tauentzien von Wittenberg. Die Stadt wurde Teil der neugebildeten Provinz Sachsen im Königreich Preußen.

Die Universität wurde am 12. April 1815 mit der von Halle vereinigt und dorthin verlegt. Von 6000 Studenten zu Beginn des 18. Jahrhunderts war die Zahl der Hochschüler hundert Jahre später auf 300 zurückgegangen, am Ende der Befreiungskriege war fast keiner mehr da.

In Wittenberg entstand nun ein Predigerseminar, dessen Zentrum die Schloßkirche wurde. Die Stadt hatte kaum politische Bedeutung mehr, wurde aber ihrer Refomationsgedenkstätten wegen interessant. So rückte die Unversitätskirche stärker in den Mittelpunkt des historischen Interesses als der Ort, von dem die Reformation ausgegangen war.

Infolge der Engstirnigkeit der geistlichen Kreise Wittenbergs konnten zunächst nur die notwendigsten Reparaturen vorgenommen werden. Erst 1832 kam ein Werk Karl Friedrich Schinkels, ein wohl in Berlin gegossenes Taufbecken, in die Kirche. 1858 wurde das neue Thesenportal eingeweiht.

Der spätere Kaiser Friedrich III. zeigte als Kronprinz reges Interesse an der Erneuerung der Schloßkirche. 1880 wurde der Regierungsbaumeister Adler beauftragt, Entwürfe für den Neuausbau zu liefern. 1883 wurden sie beschlossen. Bis zum Jahr 1892 bekam der Bau ein vollkommen verändertes Aussehen. Der Turm war weitgehend abgerissen und nach dem Vorbild alter Stiche wiederhergestellt worden. Der Innenraum erhielt einen hallenartigen Charakter; ein der späten Gotik nachempfundenes Netzgewölbe ruht auf den nach innen gezogenen Strebenpfeilern. An der Südseite wurde eine neue Sakristei angebaut.

Bis heute ist sie in dem Zustand geblieben, den ihr der Geist der Gründerzeit gegeben hat, eine Gedächtnisstätte, eine Ruhmeshalle, dem Gedenken der Reformation und der Reformatoren gewidmet.

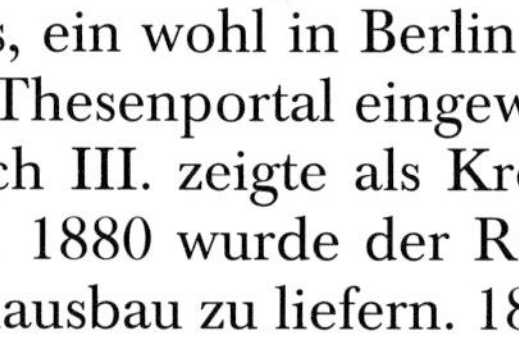

Würzburg

Zentrum Unterfrankens

In der Hauptstadt des bayerischen Regierungsbezirks Unterfranken, größtenteils am rechten Ufer des mittleren Mains gelegen, leben rund 130 000 Bürger. Die Stadt ist der kulturelle und wirtschaftliche Mittelpunkt Unterfrankens und Sitz eines katholischen Bischofs.

Der links des Mains gelegene Würzberg, der seit dem 12. Jahrhundert Marienberg genannt wird, war in der späten Hallstattzeit ein bedeutender Fürstensitz. Funde griechischer Keramik zeugen von einem regen Handel mit der Mittelmeerregion. Am Fuß des Berges entwickelte sich am Mainufer eine frühmittelalterliche Fischersiedlung. Im 7. Jahrhundert wurde Würzburg Mittelpunkt eines von den Merowingern errichteten Herzogtums mit Sitz auf dem rechten Mainufer, 704 erstmals bezeugt.

788 wurde eine erste Kirche errichtet. Im Jahre 855 brannte sie ab und wurde in der Nähe neu erbaut, an der Stelle, an der später der Dom entstehen sollte. Hier entwickelte sich eine Siedlung, die in regem Austausch mit jener auf dem anderen Mainufer stand. 1030 verlieh Kaiser Konrad II. der schon befestigten Stadt Münz-, Zoll- und Marktrechte. Vor 1133 wurde die bestehende Furt durch eine Brücke ersetzt. Zu einer ersten Blüte kam es unter den Staufern. 1156 fand die Hochzeit Barbarossas hier statt, und es wurden mehrere Reichstage abgehalten. Erwähnenswert ist der von 1180, auf dem Herzog Heinrich der Löwe abgesetzt wurde. Ein weiterer fand 1209 statt. Die hierbei beschlossene Verlobung Ottos IV. mit Beatrix, der Tochter seines ermordeten Rivalen Philipp, brachte dem Reich einstweilen den Frieden.

Die Burg auf dem Marienberg wurde Sitz der Bischöfe. Die Folgezeit ist erfüllt von Kämpfen der nach Selbständigkeit strebenden Bürgerschaft gegen die bischöfliche Herrschaft. Den Höhepunkt erreichten die Auseinandersetzungen während des Bauernkrieges. Am 7. Mai 1525 wurde Würzburg von den aufständischen Bauern unter Götz von Berlichingen eingenommen. Die Feste Marienberg ergab sich jedoch nicht und leistete energischen Widerstand. Am 7. Juni mußte sich die Stadt dem vereinigten Heer des Schwäbischen Bundes von Pfalz und Trier ergeben. Bis zu dieser Zeit wirkte der Bildhauer Tilman Riemenschneider in Würzburg. Seit 1520 Bürgermeister, wurde er wegen seiner Teilnahme an der Erhebung aus dem Rat ausgestoßen und derart gefoltert, daß er seine Hände bis zu seinem Tode 1531 nicht mehr für künstlerische Arbeiten benutzen konnte.

Fürstbischof Julius Echter von Mespelbrunn gründete das Juliusspital und die Universität. Eine zweite Blütezeit erlebte Würzburg unter den Fürstbischöfen aus dem Haus Schönborn.

Am 3. September 1796 erfochten hier die Österreicher unter Erzherzog Karl einen Sieg über die Franzosen unter Jourdan. 1803 fiel Würzburg an Bayern; 1805 wurde das Gebiet als Großherzogtum von Napoleons Gnaden dem Erzherzog Ferdinand als Entschädigung für Salzburg gegeben. Mit der Niederlage Frank-

Würzburg: Blick auf die Feste Marienburg. Vorn das Denkmal für St. Burkard.

reichs zerfiel auch der Rheinbund, und Mittel- wie Unterfranken wurde wieder bayerisch besetzt. Der Großherzog ging zurück in sein früheres Herrschaftsgebiet, die Toskana.

Vom 23. Oktober bis Ende November 1848 tagte hier eine Versammlung der deutschen Bischöfe. Sie verfaßten eine Denkschrift, in der sie die Trennung von Kirche und Staat verwarfen, jedoch für erstere die volle Selbständigkeit verlangten. Vom 23. bis 27. November 1859 fand hier die unter dem Namen Würzburger Konferenzen bekannte Zusammenkunft der Minister und Bevollmächtigten der deutschen Klein- und Mittelstaaten statt. Das Ziel, eine engere Zusammenarbeit in Bundesangelegenheiten zu erreichen, scheiterte ebenso wie die am 18. und 19. Februar 1864 erfolgte Suche nach einer gemeinsamen Lösung der schleswig-holsteinischen Frage.

Am 27. Juli 1866 wurde die Festung von den Preußen beschossen. Nach dem Waffenstillstand besetzten sie am 2. August die Stadt, die Festung blieb jedoch in den Händen der Bayern. Im Jahr darauf wurde sie dann aufgehoben, und 1871 begann die Entfestigung der Stadt.

Das vor allem vom Barock geprägte Würzburg wurde 1945 von alliierten Bombern verwüstet. Nach dem Zweiten Weltkrieg baute man bedeutende Teile originalgetreu wieder auf. Der Marienberg war 1253 bis 1720 Residenz der Fürstbischöfe. Heute befindet sich hier das Mainfränkische Museum. Die ehemalige fürstbischöfliche Residenz, eine 167 Meter lange barocke Ehrenhofanlage mit vier Innenhöfen, 1720-44 erbaut, wurde von der Unesco zum Weltkulturerbe erklärt.

Der Dom, 1045 begonnen, 1188 geweiht, mit hochragender Doppelturmfassade, ist nach Mainz und Speyer der drittgrößte romanische Sakralbau in Deutschland. 1699-1709 kam es zu einem barockisierenden Umbau. 1721-36 wurde die Schönbornkapelle errichtet, in der es heute noch bedeutende bischöfliche Grabdenkmäler zu besichtigen gibt.

Nachwort zum Titel des Buches

UNTER DEM DEUTSCHEN REICHSADLER - der Titel dieses Buches enthält mit DEUTSCH, REICH und ADLER drei bedeutungsvolle Bestandteile, deren Wesenskern im folgenden erläutert sei:

DEUTSCH

Das Wort wurzelt im germanischen Mythos, ist verwandt mit den aus Vorsilben wie Di- und Ti- bzw. Od- und Ot- gebildeten Götternamen der Germanen, die unter »Theoda« Stamm, Volk verstanden. Anfang des 8. Jahrhunderts ist bei den germanischen Stämmen Mitteleuropas theudisk als Eigenbezeichnung in Gebrauch gewesen; auch als Abgrenzung zu den Romanischsprachigen, die man als »walhisk« (welsch, walsch, also: fremd) bezeichnete. In frühmittelalterlichen Gelehrtenstuben wurden Wörter wie theodiscus für das Deutsche gebraucht, auch teutonicus - in Anlehnung an die germanischen Teutonen. Im 10. Jahrhundert war diutisk als Eigenbezeichnung der Germanen im Ostfränkischen (Deutschen) Reich verbreitet. Formen wie tutisk, tiutsch, teutsch kamen auf. 919 erwähnen die Salzburger Annalen das regnum teutonicorum, das Königtum der Deutschen. Schließlich setzte sich das Wort deutsch als Volks- und Landesname durch. Es hatte aber stets auch tieferen Sinn. Im Deutschen Wörterbuch der Brüder Grimm hieß es: » ›deutsch‹ bezeichnet das edle und treffliche...ein deutscher mann ist ein tüchtiger, ein deutsches gemüt ein tiefes, wahrhaftes!«

Die deutsche Sprache bildete sich ungefähr vor 1300 Jahren aus. Der um das Jahr 765 in Freising entstandene Abrogans, eine Wortliste, gilt als ältestes deutsches Schriftdenkmal. 788 wurde im Ingelheimer Palast Karls des Großen die theodisca lingua, die deutsche Sprache, wohl erstmals schriftlich beim Namen genannt. Der Mainzer Reichslandfriede war 1235 das erste auch in deutscher Sprache verkündete Gesetz. Dem Althochdeutschen (750-1100) folgte das Mittelhochdeutsche (1100-1500) und das Neuhochdeutsche (ab 1500), an dessen Gestaltung Martin Luther großen Anteil hatte. Als echte Volkssprache hatte sich das Deutsche anfangs gegen das Latein der Gelehrten und später gegen Nachäffen des Fremden (Spanisch, Französisch, neuerdings amerikanisches Englisch) zu behaupten. Deutsche Dichter setzten herrliche Sprachdenkmale. Die Kraft der deutschen Sprache bändigte Separatismus, doch gab es die Verselbständigung des Niederländischen. In Unterdrückungszeiten bewahrte die deutsche Sprache das Volkstum, zum Beispiel in den Katakombenschulen Südtirols in italienischer Diktaturzeit. Deutsch ist heute die Muttersprache von rund 100 Millionen Menschen und zählt damit zu den am weitesten verbreiteten Sprachen der Erde. Seit Beseitigung des Eisernen Vorhangs gewinnt es allmählich seine alte Bedeutung als sprachliche Brücke zum Osten wieder.

Im geschlossenen deutschen Sprachraum Mitteleuropas unterscheidet man drei Mundartengruppen. Zum Niederdeutschen zählen das Niederfränkische (Niederländische), Niedersächsische, Westfälische und Ostfälische, Schleswigsche und Holsteinische, das Mecklenburgische, Vor- und Ostpommerische, das Märkische, das Niederpreußische (Ostpreußen). Mitteldeutsche Mundarten sind: Das Ripuarische (Rheinische), Moselfränkische, Rheinpfälzische, Rheinfränkische, Hessische, Thüringische, Obersächsische, Berlinische, Neiderländische, Schlesische und Hochpreußische (mittleres Ostpreußen). Zum Oberdeutschen werden folgende Mundarten gerechnet: Das Oberrheinische, Nordalemannische, Hochalemannische, Walserdeutsche, Schwäbische, Ostfränkische, Nordbairische, Mittelbairische, Südbairische. Mundarten eigener Prägung entstanden in den deutschen Volkstumsinseln des Ostens. Sonderformen nahm die deutsche Sprache in Übersee an, so das Pennsylvaniendeutsch in den USA und das Afrikaans in Südafrika. In den Mundarten kommt die landsmannschaftliche Vielfalt des deutschen Volkes zum Ausdruck. Ohne starke deutsche Hochsprache besteht aber die Gefahr der Absonderung, die beim Niederländischen sehr weit gediehen ist.

Mit rund 100 Millionen Angehörigen auf annähernd 500 000 (bis 1945: 650000) Quadratkilometern Siedlungsraum in Mitteleuropa und etlichen Gebieten außerhalb ist die deutsche Nation, die vor über 1200 Jahren die Bühne der Geschichte betrat, nach den Russen das zweitgrößte Volk des Abendlandes. Über 50 Millionen Nachfahren deutscher Auswanderer leben in aller Welt; in den Vereinigten Staaten von Amerika stellen sie die größte Gruppe. Eng mit den Deutschen verwandt sind Niederländer und Flamen. Deutsch besiedelt sind die Bundesrepublik Deutschland, Österreich, Luxemburg und Liechtenstein. Die Schweizer sind zu zwei Dritteln deutschen Volkstums. Deutsche sind im Süden Dänemarks (Nordschleswig), im Osten Belgiens (Eupen-Malmedy, Arel, Montzen), im französischen Staatsgebiet (Elsaß, Lothringen), im italienisch beherrschten Südtirol ansässig. Starke geschlossene deutsche Minderheiten befinden sich im polnischen Machtbereich (insbesondere Oberschlesien), in Südosteuropa (durch Aussiedlung neuerdings stark vermindert beispielsweise in Siebenbürgen), in Rußland und Kasachstan (wohin Rußlanddeutsche auf Stalins Geheiß verschleppt wurden), in Namibia (dem früheren Deutsch-Südwestafrika).

REICH

Das Wort kommt aus dem Germanischen und hat wohl eine keltische Wurzel (Bezeichnung für König, Königtum). Im mittelalterlichen Verständnis war das Reich seit der Kaiserkrönung Ottos des Großen im Jahre 962 (translatio imperii) die Einheit der christlichen Völker des Abendlandes unter deutscher Führung. Dann ging der Begriff auf das Land und den Staat der Deutschen über. Seit dem Ende des Heiligen Römischen Reiches Deutscher Nation (Erläuterung folgt unten) im Jahre 1806, welches auch als erstes Deutsches Reich bezeichnet wird, war die Reichsidee gleichbedeutend mit dem Streben, das in zahlreiche Staaten aufgespaltene deutsche Volk zu vereinen. Der 1871 von Bismarck neu geschaffene Staat trug die offizielle Bezeichnung Deutsches Reich (siehe unten). Auch zur Weimarer

Zeit und unter den Nationalsozialisten hieß der größte deutsche Staat Deutsches Reich. Für Deutschland mit den ab 1938 angeschlossenen Gebieten kam der Name Großdeutsches Reich auf.

Heiliges Römisches Reich Deutscher Nation (Sacrum Romanum Imperium Nationis Germanicae) war der seit etwa dem Jahre 1438 gebräuchliche, 1486 erstmals gesetzlich erwähnte, ab 1512 offizielle und bis zum staatlichen Ende, 1806, geltende Name des ersten Deutschen Reiches. Zuvor hatte die offizielle Titulatur (erstmals 1034) Romanum Imperium und (ab 1157) Sacrum Imperium Romanum gelautet. Damit wurde die Fortsetzung des antiken Kaisertums sowie die religiöse Dimension des Staates zum Ausdruck gebracht. Daneben war aber schon ab dem 10. Jahrhundert die Bezeichnung Reich der Deutschen als inoffizieller Name üblich, der sich seit dem 11. Jahrhundert durchsetzte. Der Zusatz »Deutscher Nation« ab dem 15. Jahrhundert war Ausdruck neuen Nationalbewußtseins, geweckt vor allem durch die Humanisten; er betonte den überwiegend deutschen Charakter des Reiches. Die Geschichte des ersten Deutschen Reiches begann mit der fränkischen Reichsteilung im Jahre 843. Als eigentlicher Gründer gilt der Sachse König Heinrich I., der von 875 bis 936 lebte. Sein Sohn Otto der Große nahm 962 den Kaisertitel an, den achteinhalb Jahrhunderte deutsche Majestäten trugen. Vom 11. bis zum 14. Jahrhundert war das Imperium der Deutschen sowohl politisch als auch kulturell die Vormacht des Abendlandes. Nur der Herrscher dieses Reiches war Kaiser; die anderen Monarchen Europas waren »reguli« (»kleine Könige«, so ein Wort Rainalds von Dassel, eines der bedeutendsten Reichskanzler des hohen Mittelalters). In der großen Zeit des ersten Deutschen Reiches kam das Rittertum zur höchsten Blüte; Romanik und Gotik zeugen von der gewaltigen künstlerischen Energie, die damals freigesetzt wurde. Durch Übergriffe fremder Mächte und inneren Hader verlor das Heilige Reich an Kraft. Im Dreißigjährigen Krieg trugen Fremde ihren Zwist blutig auf dem Boden des Reiches aus. Franz II., der letzte Kaiser, legte 1806 die Krone des nahezu tausendjährigen Reiches nieder, in dessen Grenzen sich auch nichtdeutsche Nationen frei hatten entfalten können.

Deutsches Reich war die amtliche Bezeichnung des am 18. Januar 1871 gegründeten deutschen Staates mit ursprünglich 541 000 Quadratkilometern Fläche (470 000 qkm zur Weimarer Zeit; 650 000 qkm als Großdeutsches Reich Hitlers). 1871 betrug die Einwohnerzahl 41 Millionen, 1910 waren es 64 Millionen und 1938 rund 70 Millionen. Zunächst war das Reich eine konstitutionell-demokratische Monarchie, ab 1918 eine parlamentarische Demokratie (ab 1930 autoritär geführt) mit starkem Päsidenten, ab 1934 ein totalitärer Führerstaat, und nach Hitlers Tod 1945 für kurze Frist ein autoritäres Präsidialsystem unter dem letzten Reichspräsidenten Großadmiral Karl Dönitz. Im Deutschen Reich gab es nach 1871 ein kulturelles Erblühen und vor beiden Weltkriegen ein Wirtschaftswunder, das weltweit bestaunt, aber auch beneidet wurde. Gewaltige Militärbündnisse wurden gegen das Reich geschmiedet, die über 80 Prozent der Weltrohstoffe und des Rüstungsarsenals der Erde verfügten und denen sich die Deutschen nach tapferem Kampfe 1918 und 1945 ergeben mußten. Am 8. Mai 1945 kapitulierte die Deutsche Wehrmacht, nicht das Deutsche Reich, das von Rechts wegen nicht untergegangen ist und dessen Nachfolge die Bundesrepublik Deutschland - unter Verzicht auf die Bezeichnung Reich - angetreten hat.

Im Namen Österreich lebt das Wort Reich fort. Die Republik Österreich ist rund 84 000 Quadratkilometer groß und hat siebeneinhalb Millionen Einwohner. 98 Prozent der eingesessenen Bevölkerung sind deutschen Volkstums, vorwiegend bairischen (in Vorarlberg alemannischen) Stammes. Nach 1945 sind - wie in das Gebiet der späteren deutschen Staaten Bundesrepublik Deutschland und DDR - Massen vertriebener Deutscher nach Österreich gekommen, die auch dort einen hervorragenden Anteil am Wiederaufbau hatten. In Österreich gibt es kleine kroatische, slowenische, tschechische und ungarische Minderheiten in der eingesessenen Bevölkerung. Österreichs Hauptstadt Wien war annähernd ein halbes Jahrtausend deutsche Kaiserstadt. Die Herrscher Österreichs, die Habsburger, trugen bis 1806 die Kaiserkrone des Heiligen Römischen Reiches Deutscher Nation. Otto der Große hatte im 10. Jahrhundert die deutsch (bairisch) besiedelte Mark Österreich gegründet (als Ostarrichi am 1. November des Jahres 996 erstmals urkundlich erwähnt). Bis 1806 war Österreich Teil des ersten Reiches der Deutschen, bis 1866 Mitglied des Deutschen Bundes. Im Ersten Weltkrieg kämpften Reichs- und Österreichdeutsche gemeinsam. Alle bedeutenden Österreicher der Geschichte bekannten sich als Deutsche. Beispielhaft sei das Wort des großen österreichischen Dichters Franz Grillparzer (1791-1872) zitiert, der am Grabe Beethovens 1827 sagte: »Indem wir hier stehen, sind wir gleichsam die Repräsentanten einer großen Nation, des deutschen gesamten Volkes.« Der von sämtlichen innenpolitischen Kräften gewünschte Zusammenschluß mit dem Deutschen Reich wurde den Österreichern nach 1918 von den Siegermächten des Ersten Weltkrieges verboten; sie machten die Vereinigung der Deutschen der Weimarer und der Wiener Republik zu einem demokratischen Großdeutschland unmöglich. Ein solches Großdeutsches Reich hätte mit hoher Wahrscheinlichkeit die furchtbaren Entwicklungen, die dann eintraten und zum Zweiten Weltkrieg entarteten, verhindert. 1938 kam es zum Anschluß Österreichs ans nationalsozialistisch geführte Deutsche Reich. 1945 wurde Österreich von den Siegern in vier Besatzungszonen aufgeteilt. Der Österreichische Staatsvertrag des Jahres 1955 brachte den Abzug der fremden Mächte, doch mußte Wien der Wiedervereinigung mit den anderen Deutschen abschwören.

ADLER

Der mächtigste König des Luftreviers, der Adler (in alter deutscher Sprache der adelar, was Edel-Aar bedeutet), galt Völkern des Abendlandes seit althers her als verehrungswürdig und heilig; in der Antike auch den Römern, Griechen und Germanen. In der christlichen Symbolik wurde der Adler zum Sinnbild der Auferstehung und der Himmelfahrt des Heilandes Jesus Christus.

In der deutschen Heraldik spielte der Adler von Anbeginn eine herausragende Rolle. Große Geschlechter, deutsche Staaten und Städte führten bzw. führen ihn im Schilde. Ab der Kaiserkrönung Karls des Großen im Jahre 800 setzte sich der Aar als Symbol des Reiches durch. Gegen Ende des 10. Jahrhunderts, unter Kaiser

Otto III., wurde der Adler als Bekrönung des Reichszepters (Teil der Reichskleinodien) übernommen. Kaiser Friedrich Rotbart (Barbarossa) erkor ihn zum Reichswappen. Ab Ende des 12. Jahrhunderts erschien er in Schwarz auf Gold; der Schnabel und die Fänge meist in Rot. Weshalb im 19. Jahrhundert Schwarz, Rot und Gold als die alten deutschen Farben galten und zur deutschen Trikolore wurden.

Bis zur Regierungszeit des deutschen Königs und Kaisers Sigmund, der von 1368 bis 1437 lebte, war der Reichsadler einköpfig. Dann wurde der Doppeladler Wappen des Reiches der Deutschen. Der doppelköpfige Aar symbolisiert die weltliche und geistliche Dimension des deutschen Imperiums. Im Reichswappen wurden dem doppelköpfigen Adler Reichsinsignien beigegeben, außerdem das Hausschild des jeweiligen Kaisers. Fast ein halbes Jahrtausend versinnbildlichte der doppelköpfige Aar das erste Deutsche Reich. Nach dessen Auflösung 1806 wurde er in Österreich als kaiserliches Symbol bis 1918 weitergeführt. In den 30er Jahren kam er im österreichischen Staatswappen kurzzeitig zu neuen Ehren. Die Frankfurter Nationalversammlung (1848/49) hatte den Doppeladler ohne weitere Attribute zum Wappen des Deutschen Bundes erklärt.

1871 erhielt das von Bismarck geschaffene Deutsche Reich den einköpfigen schwarzen Adler in Gold mit preußischem Adlerschild als Wappen. 1919 wurde der einköpfige schwarze Aar, jenem der Stauferzeit im Mittelalter ähnelnd, ohne Attribute Reichswappen. Der Reichsadler zur Hitlerzeit war ein rechtsblickender Aar mit Hakenkreuz. Die Bundesrepublik Deutschland übernahm als Wappen den Reichsadler der Weimarer Republik. Der deutsche Adler ist das älteste heute noch bestehende abendländische Hoheitszeichen.

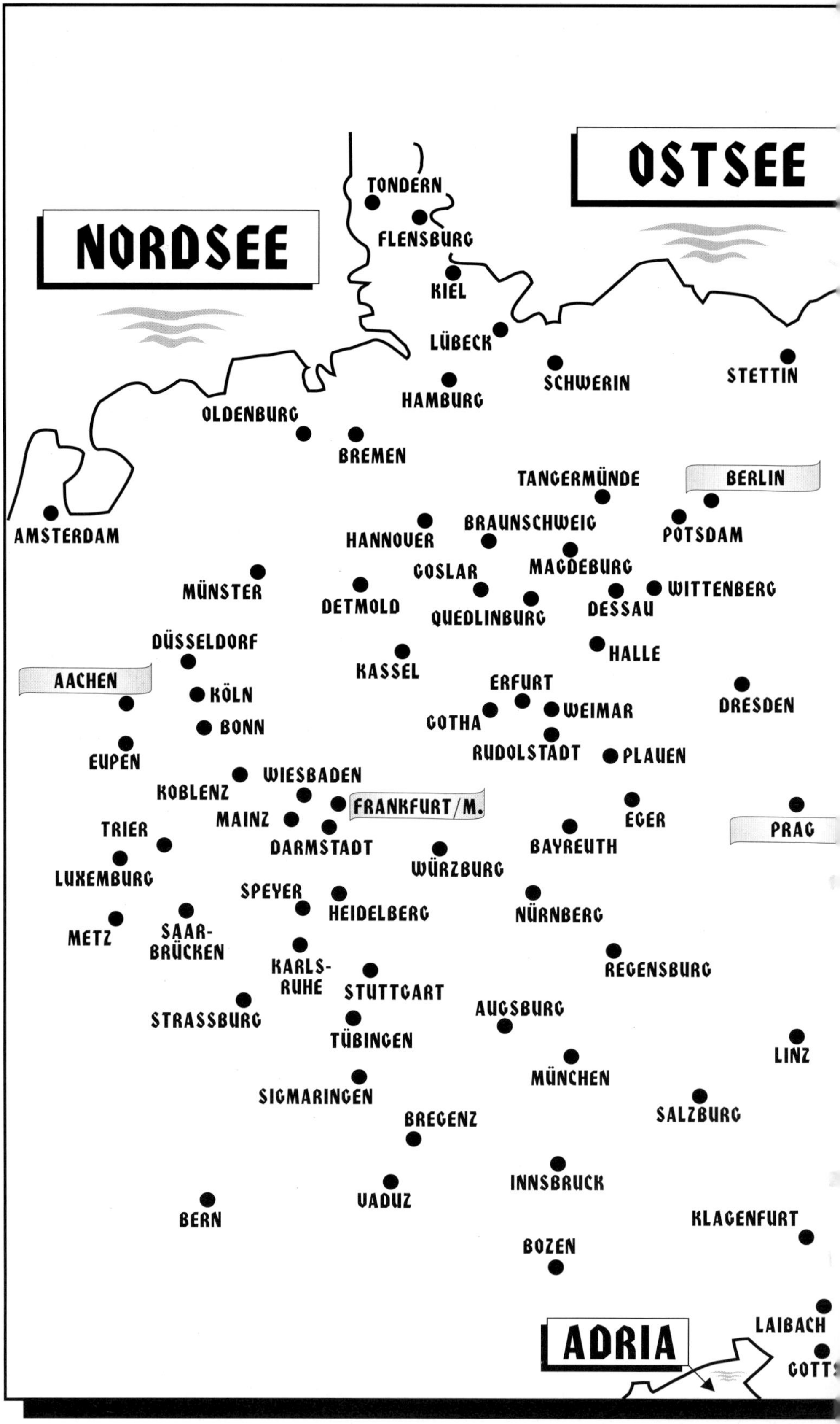
OSTSEE
NORDSEE
TONDERN
FLENSBURG
KIEL
LÜBECK
HAMBURG
SCHWERIN
STETTIN
OLDENBURG
BREMEN
TANGERMÜNDE
BERLIN
AMSTERDAM
HANNOVER
BRAUNSCHWEIG
POTSDAM
GOSLAR
MAGDEBURG
MÜNSTER
DETMOLD
QUEDLINBURG
DESSAU
WITTENBERG
DÜSSELDORF
KASSEL
HALLE
AACHEN
KÖLN
ERFURT
DRESDEN
GOTHA
WEIMAR
BONN
RUDOLSTADT
PLAUEN
EUPEN
WIESBADEN
KOBLENZ
FRANKFURT/M.
MAINZ
EGER
TRIER
DARMSTADT
BAYREUTH
PRAG
LUXEMBURG
WÜRZBURG
SPEYER
HEIDELBERG
NÜRNBERG
METZ
SAAR-
BRÜCKEN
KARLS-
RUHE
REGENSBURG
STUTTGART
STRASSBURG
AUGSBURG
TÜBINGEN
LINZ
MÜNCHEN
SIGMARINGEN
SALZBURG
BREGENZ
INNSBRUCK
VADUZ
BERN
KLAGENFURT
BOZEN
LAIBACH
ADRIA
GOTT

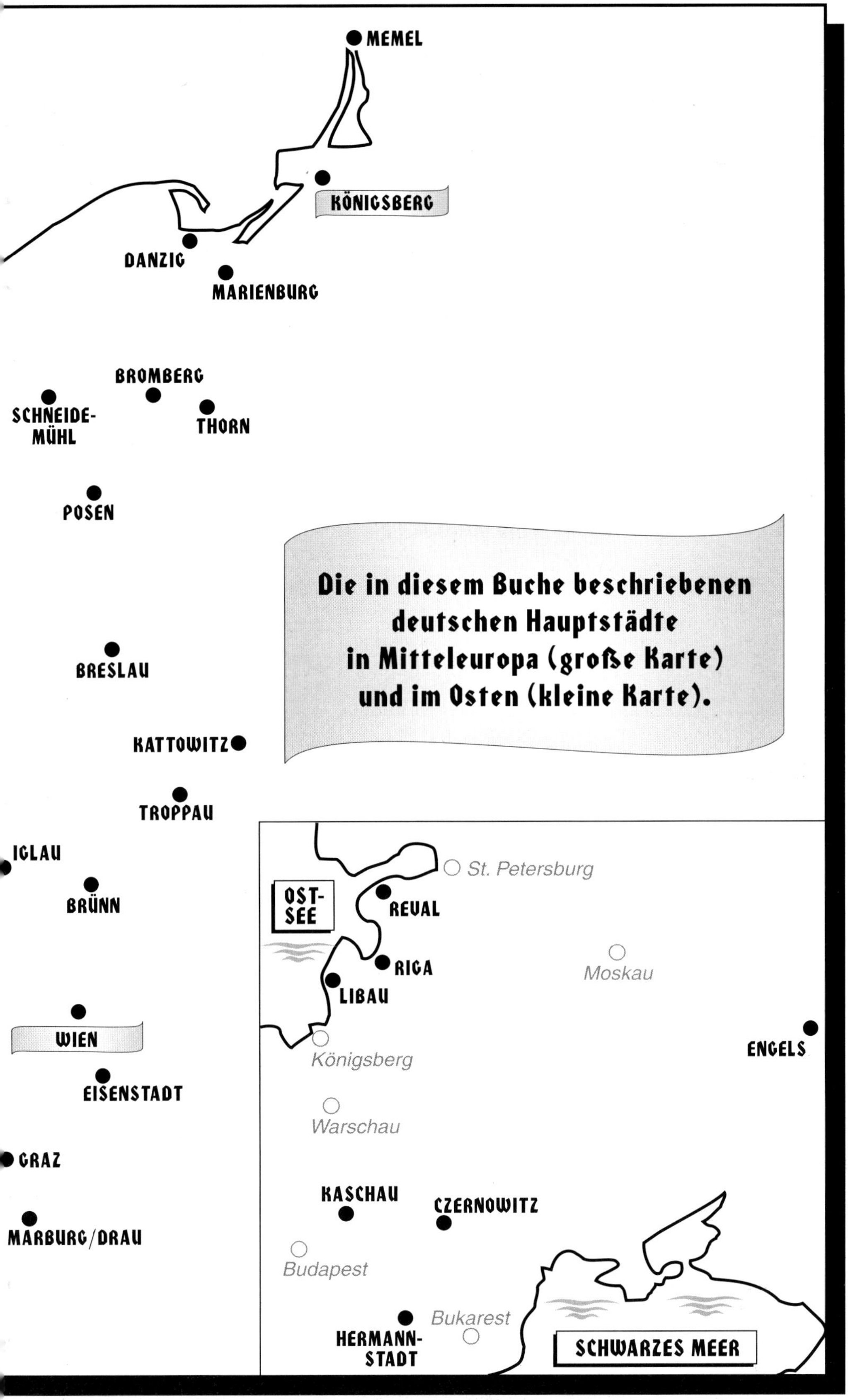
MEMEL
KÖNIGSBERG
DANZIG
MARIENBURG
BROMBERG
SCHNEIDE-MÜHL
THORN
POSEN
Die in diesem Buche beschriebenen deutschen Hauptstädte in Mitteleuropa (große Karte) und im Osten (kleine Karte).
BRESLAU
KATTOWITZ
TROPPAU
IGLAU
BRÜNN
WIEN
EISENSTADT
GRAZ
MARBURG/DRAU
OST-SEE
St. Petersburg
REVAL
RIGA
LIBAU
Moskau
Königsberg
ENGELS
Warschau
KASCHAU
CZERNOWITZ
Budapest
Bukarest
HERMANN-STADT
SCHWARZES MEER

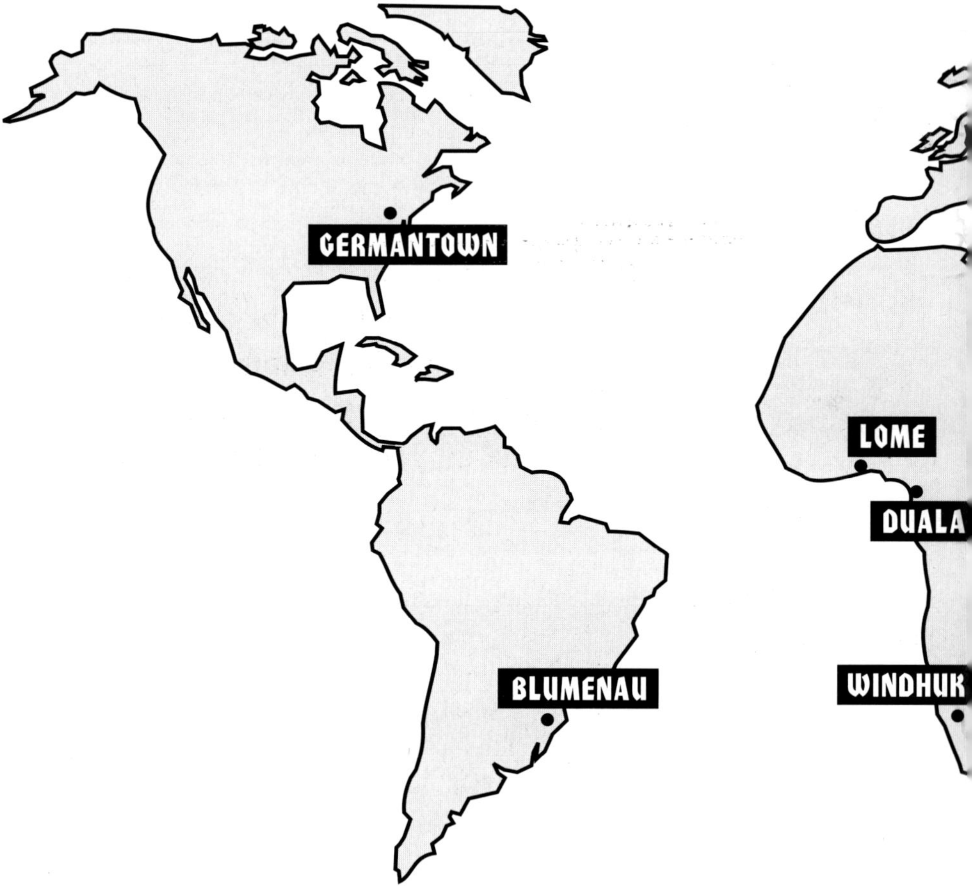

Die Karte zeigt die in diesem Buche vorges
Überseebesitzungen zur Zeit des Bismarckreiches sowie Ort

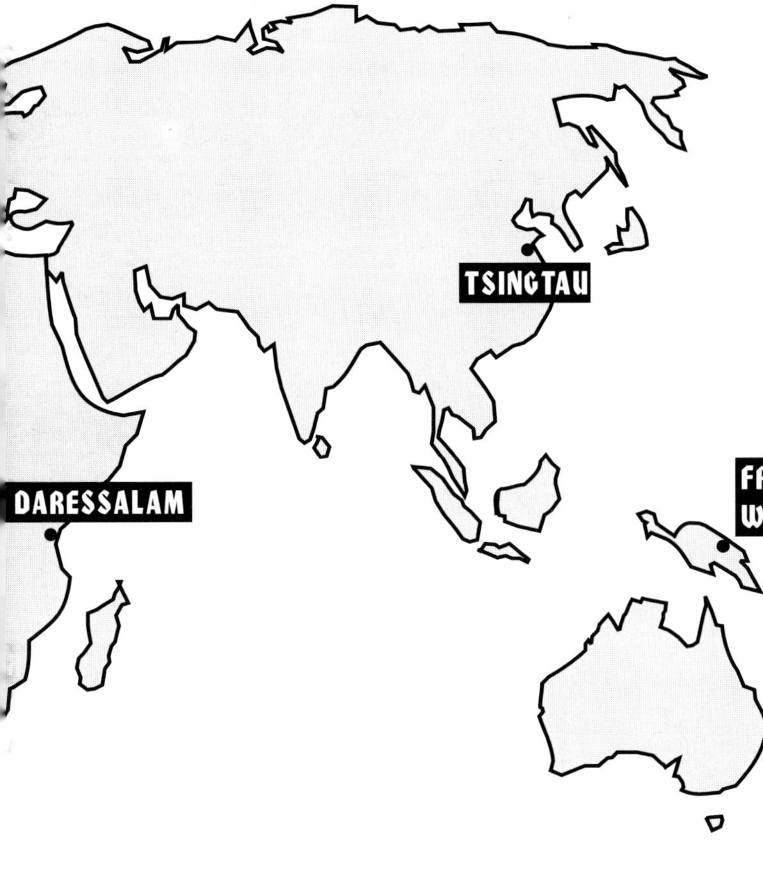

n Haupt- bwz. Verwaltungsorte deutscher
herausragender Bedeutung für das Deutschtum in Amerika.

Werke zur geschichtlichen Aufklärung und nationalen Neubesinnung:

DM 49,90

DM 49,90

DM 49,90

DM 49,90

DM 19,95

DM 19,90

DSZ Verlag

81238 München

CD, DM 29,90

CD, DM 29,90

DM 49,90

DM 19,95

DM 49,90

DM 49,90

DM 49,90

DM 19,90

DM 49,90

DM 39,90

DM 19,95

DM 49,90

Deutsche

National+Zeitung

Hintergründe der Tagespolitik und zeitgeschichtliche Enthüllungen. Was andere verschweigen, lesen Sie jede Woche in der DEUTSCHEN NATIONAL-ZEITUNG. Im Abonnement DM 10,– monatlich.

Deutsche Wochen-Zeitung

Die DWZ bringt aktuelle Berichte sowie ausführliche Analysen politischer und geschichtlicher Fragen. Hinzu kommt der allwöchentliche große Kulturteil. Im Abonnement DM 10,– monatlich.